Roswitha Gruber
Rosenkohl im Trabi

Roswitha Gruber

Rosenkohl im Trabi

Die Geschichte einer Bäuerin

rosenheimer

2. Auflage
© 2015 Rosenheimer Verlagshaus GmbH & Co. KG,
Rosenheim
www.rosenheimer.com

Titelfoto: © hrstlnkr - www.istockphoto.com (links) und
© Bundesarchiv, Bild 183-15844-0033 (rechts)
Lektorat: Gisela Faller, Stuttgart
Satz: Satzpunkt Ursula Ewert GmbH, Bayreuth
Druck und Bindung: Finidr s.r.o.
Printed in Czech Republic

ISBN 978-3-475-54214-5

Inhalt

Vorwort 7

Eine glückliche Kindheit 9

Der Ernst des Lebens beginnt 36

Mangelhafte Aufklärung 58

Im Krüppelheim 68

Meine Freundin Martl 78

Omas Rache mit Rizinus 85

Achtung, die Russen kommen! 99

Die Ausweisung 109

Lagerleben und Neubeginn 131

Schwanger 149

Schikanen und Aufregungen 181

In der LPG 206

Der Unfall................................ 221

Rosenkohl im Trabi 244

Wer Liebe gibt 257

Vorwort

Auf der Feier einer Silberhochzeit kam ich mit einer mir unbekannten jungen Dame ins Gespräch. Als sie erfuhr, dass ich mit Vorliebe Bücher über starke Frauen schreibe, empfahl sie mir spontan: »Dann sollten Sie mal mit meiner Großmutter reden; die ist wirklich eine starke Frau, und sie hat so einiges erlebt.«

»Und wo wohnt Ihre Großmutter?«, bekundete ich sogleich Interesse.

»In Udersleben.«

»Wo liegt denn das?«

Ich erfuhr, dass Udersleben ein Ortsteil von Bad Frankenhausen ist, in Thüringen liegt und nicht allzu weit von Leipzig entfernt ist. Da ich ohnedies alljährlich im März zur Buchmesse nach Leipzig fahre, plante ich gleich einen Besuch bei der bewussten Großmutter mit ein.

Oma Martl, eine zierliche alte Dame, empfing mich ausgesprochen herzlich, und ich war überrascht, wie viel Temperament noch in der damals knapp Neunzigjährigen steckte. Nachdem wir ein wenig Smalltalk gehalten hatten, baute ich mein Tonbandgerät auf, und schon legte sie los. Sie war für mich ein Phänomen: Während ich nach zwei Stunden vom bloßen Zuhören erschöpft war und um eine Pause bat, zeigte meine Gesprächspartnerin noch keinerlei Ermüdungserscheinungen. Nach der kurzen Pause berichtete sie weiter, bis ich nach zwei Stunden wieder erschöpft war.

Am folgenden Tag hatten wir abermals zwei Sitzungen zu je zwei Stunden. Dann hatte ich das Wichtigste im Kasten. Zur Ergänzung gab sie mir noch einige Aufzeichnungen mit, die sie schon etliche Jahre zuvor gemacht hatte.

Während ich an Martls Lebensgeschichte schrieb, tauchten bei mir immer wieder neue Fragen auf. Deshalb war noch ein zweites Treffen mit ihr nötig. Aber auch danach rief ich noch einige Male bei der freundlichen Großmutter an, wobei sie mir all meine neuen Fragen unermüdlich und präzise beantwortete. Darüber hinaus informierte sie mich zusätzlich über Ereignisse, die zwischenzeitlich eingetreten waren, sodass ich bis zur Drucklegung dieses Buches auf dem Laufenden blieb. Was dabei herausgekommen ist, sehen Sie in dem vorliegenden Band.

Nun wünsche ich Ihnen viel Spaß beim Lesen von Oma Martls bewegter und bewegender Lebensgeschichte.

Roswitha Gruber

Eine glückliche Kindheit

Heute bin ich fast neunzig Jahre alt, und wenn ich so auf mein Leben zurückblicke, muss ich sagen, es hat viele Höhen und Tiefen gehabt. Aber was auch geschah, irgendwie ging's immer weiter. Ich hatte immer Glück, und Gott hat mich nie verlassen. Dafür bin ich ihm von ganzem Herzen dankbar.

Dass ich mal Bäuerin sein werde, ist mir wirklich nicht an der Wiege gesungen worden, denn zur Zeit meiner Geburt war mein Vater als braver Arbeiter in einer großen Spinnerei in Voigtsbach im Sudetenland, im damaligen Königreich Böhmen, angestellt, wo er den Lebensunterhalt für seine Familie verdiente. Böhmen hat eine wechselhafte Geschichte: Zu jener Zeit, vor dem Ersten Weltkrieg, war es noch ein Teil von Österreich-Ungarn, und ab 1918 sollte es zur Tschechoslowakei gehören. Noch später, nach Hitlers Münchener Abkommen, wurde das Sudetenland dem deutschen Reich zugeschlagen, nach dem Zweiten Weltkrieg gehörte es dann wieder zur Tschechoslowakei und heute zur Tschechischen Republik.

Obwohl wir arm waren wie die Kirchenmäuse, war ich nie unglücklich. Im Gegenteil. Ich wuchs auf in dem Bewusstsein, ein glückliches Kind zu sein. Ehe ich aber über meine Kindheit berichte, sollte ich erst ein bisschen über meine Eltern erzählen. Es war schon höchst eigenartig, wie die beiden zusammengekommen sind.

Meine Mutter, Juliane, Jahrgang 1887, und ihr Bruder Franz, nur drei Jahre älter als sie, waren bei einer Stiefmutter aufgewachsen. Ihre leibliche Mutter war nämlich bei der Geburt des dritten Kindes im Kindbett gestorben. Das arme, zu früh geborene Würmchen hat sie gleich mit in den Himmel genommen. Der Witwer aber, Franz senior, sah sich genötigt, so bald wie möglich wieder zu heiraten, um seine beiden Kinder, zwei und fünf Jahre alt, versorgt zu wissen, während er in der Arbeit war. Er musste ja das Geld herbeischaffen, damit die Familie nicht verhungerte. Bruder und Schwester hatten bei ihrer Stiefmutter jedoch nichts zu lachen. Deshalb hat Franz junior wohl die erstbeste Frau geheiratet, die ihm über den Weg gelaufen ist. Zufällig hieß diese ebenfalls Juliane.

Da Franz es mit seiner Schwester gut meinte, gab er ihr noch vor seiner Hochzeit den Rat: »Juliane, such dir so bald wie möglich einen Mann, dass du auch von zu Hause wegkommst. Denn schlimmer, als wir es daheim haben, kannst du es nicht mehr kriegen.«

Aber wie findet man auf Kommando einen Ehemann? Juliane blieb vorerst gar nichts anderes übrig, als es weiter bei der Stiefmutter auszuhalten. Untätig war sie in dieser Zeit aber nicht. Im Elternhaus gab es drei große Webstühle, die tagaus, tagein klapperten. An dem einen saß die Stiefmutter, an dem anderen Juliane und an dem dritten ihr Vater, wenn er von der Arbeit in einer Weberei nach Hause kam. Aus Flachs webten sie solide Leintücher sowie feine Bettbezüge und Tischdecken. Diese verkauften sie, um die Haushaltskasse etwas aufzubessern, denn was der Vater verdiente, reichte hinten und vorne nicht. Ein Teil ihrer Erzeugnisse wanderte aber auch in Julianes Aussteuertruhe.

In ihrer äußerst knapp bemessenen Freizeit pilgerte das Mädchen immer wieder hinaus zum Friedhof im benachbarten Einsiedel, wo sich das Grab ihrer Mutter befand. Während sie mit einer kleinen Hacke die Erde auflockerte und das Unkraut wegsammelte, hielt sie stets stille Zwiesprache mit ihrer Mutter, obwohl sie sich noch nicht einmal mehr an sie erinnern konnte. Auch schickte sie immer wieder stumme Gebete zum Himmel. Danach fühlte sie sich auf wunderbare Weise getröstet, und es fiel ihr leichter, wieder in ihren Alltag zurückzukehren.

Eines Tages, als sie wieder mal ganz in die Grabpflege und die Zwiesprache mit ihrer Mutter vertieft war, vernahm sie über sich eine Stimme: »Gewiss haben Sie auch einen lieben Menschen verloren!?«

Erschrocken richtete Juliane sich auf und sah sich einem Mann gegenüber, der nur wenig älter als sie selbst sein mochte. »Ja, in diesem Grab ruht meine Mutter«, gab sie zur Antwort. »Allzu früh habe ich sie verloren.«

»Da haben wir beide ein ähnliches Schicksal«, stellte er fest. »Im übernächsten Grab liegt meine Mutter. Ich war erst vier, als sie starb.«

Als er ihr nun auch noch anvertraute, dass sein Vater mit fünf kleinen Kindern allein dagestanden war und bald wieder geheiratet hatte, die Kinder es bei ihrer Stiefmutter aber nicht gut gehabt hatten, lockerte ihr das die Zunge, und sie erzählte von ihrer eigenen Stiefmutter.

»Wir waren zwar nur zwei kleine Kinder, aber bei ihr gab es mehr Schläge als zu essen. Deshalb hat mein Bruder ...« Erschrocken schluckte sie den Rest ihres Satzes hinunter, denn der hätte lauten sollen: »... mir empfohlen, so bald wie möglich zu heiraten.« Wie musste das aber auf diesen jungen Mann wirken?

»Was hat Ihr Bruder?«, wollte der Jüngling nun wissen, weil sie ihre Rede so plötzlich abgebrochen hatte. Aber inzwischen hatte sie eine andere Wendung gefunden, die sie dem Satz geben konnte. »Er hat gemeint, ich solle versuchen, irgendwo eine Arbeit zu finden. Aber das ist gar nicht so einfach.«

»Da haben Sie recht«, stimmte er ihr zu. »Für einen Mann ist es schon schwierig und für ein Mädchen erst recht.«

Dann erzählte er ihr einige schlimme Episoden aus seiner Kindheit, zu denen Juliane immer wieder nickte. Sie hatte Ähnliches erlebt. Ohne Umschweife stellte der fremde Mann auf einmal die Frage: »Wissen Sie was? Wir beide sollten heiraten. Dann kommen wir von zu Hause weg.«

Juliane wusste nicht, ob sie über diesen plötzlichen Antrag glücklich oder erschrocken sein sollte. »Darüber muss ich erst mal nachdenken«, wich sie aus.

»Also gut«, antwortete der Fremde. »In genau vier Wochen, um die gleiche Zeit, bin ich wieder hier. Dann erwarte ich Ihre Antwort. Übrigens, ich heiße Gustav Hauser.«

»Und ich heiße Juliane Blenk.«

Mit Herzklopfen begab sich Juliane nach genau vier Wochen zum Grab ihrer Mutter. Sie war schon viel zu früh da. Während sie fleißig mit Unkrautzupfen beschäftigt war, kam sie gar nicht dazu, mit ihrer Mutter zu »reden«. Stattdessen schielte sie ständig zum übernächsten Grab hinüber. Deshalb erblickte sie Gustav sogleich, als er sich dem Grab seiner Mutter näherte. Zielstrebig ging er sofort auf das mit Hacken beschäftigte Mädchen zu. Er reichte ihr die Hand und sah sie fragend an.

»Ja«, flüsterte sie, sich ängstlich umschauend, weil sie fürchtete, andere Friedhofsbesucher könnten sie vielleicht hören. »Wenn Sie mich noch wollen, werde ich Sie heiraten.«

Spontan schloss er sie in die Arme und drückte ihr einen Kuss auf den verdutzten Mund. Erschrocken wich das Mädchen zurück: »Aber Gustav! Doch nicht hier auf dem Friedhof!«

»Warum nicht? Unsere Mütter haben uns zusammengeführt – da bin ich mir ganz sicher –, deshalb sollen sie auch bei unserer Verlobung dabei sein.«

Danach traf man sich noch viele Male bei der Grabpflege in Einsiedel. Denn so schnell, wie sich die beiden das gewünscht hätten, wurde es nichts mit der Heirat. Es galt ja erst mal eine Wohnung zu finden. Das war für die mittellosen jungen Leute gar nicht so einfach. In ihrer Notlage wandte sich Juliane schließlich an ihren Bruder Franz. Der hatte es mittlerweile zum stellvertretenden Bürgermeister in Voigtsbach gebracht und damit einigen Einfluss in dem Ort. Für seine Schwester und ihren Verlobten fand er schon bald eine Bleibe bei einem Bauern. Es war eher eine Notunterkunft als eine Wohnung: zwei winzige Zimmer, von denen eines im Parterre und das andere im ersten Stock des uralten Bauernhauses lag. Dieses befand sich in Winkel, einem Ortsteil von Voigtsbach. Es stand ganz nah am Waldrand, wohin sich kaum ein Sonnenstrahl verirrte. Deshalb waren die Räume dunkel und feucht. Aber so konnten sie im Jahre 1911 endlich heiraten und bekamen nach einem Jahr eine Tochter, die auf den Namen Anna getauft, aber nur Annl gerufen wurde. Das zweite Kind, der erwünschte Stammhalter, kam im Jahre 1915 auf die Welt. Dadurch wurde es für die junge Familie in dem Bauernhaus noch enger. Der Junge bekam den Namen Rudolf, wurde aber zeitlebens nur Rudl gerufen.

Wie bereits erwähnt, hatte meine Mutter von ihrer Stiefmutter das Weben gelernt. Auch nach ihrer Heirat ging sie – obwohl es ihr nicht leicht fiel – nahezu täglich ins Elternhaus zum Weben, um sich ein bisschen dazuzuverdienen, denn als Spinner verdiente mein Vater nicht gerade viel. Als ich am 12. Oktober 1922 das Licht der Welt erblickte, gab meine Mutter das Weben allerdings auf, denn mit drei Kindern wurde ihr das einfach zu viel.

Da unsere Familie nun auf fünf Personen angewachsen war, drohte aber unsere Behausung aus allen Nähten zu platzen. Erneut wandte sich meine Mutter Hilfe suchend an ihren Bruder. Der konnte zwar nicht sofort helfen, aber er konnte ihr immerhin Hoffnung auf baldige Hilfe machen: Im Rathaus sei gerade beschlossen worden, ein Gemeindehaus mit mehreren Wohnungen zu bauen. Dabei werde man sie berücksichtigen. Es dauerte dann aber noch ein ganzes Jahr, bis Onkel Franz mit der erfreulichen Nachricht erschien: »Gustav, das Gemeindehaus ist fertig. Für euch habe ich die schönste Wohnung reserviert. Da brauchst du noch nicht mal viel Miete zu bezahlen, und die Kinder haben es näher zur Schule.«

Das neue Gebäude, das die Gemeinde für ihre weniger begüterten Einwohner hingestellt hatte, lag nur einige Häuser weiter unterhalb der bisherigen Wohnung meiner Eltern, aber damit doch ein gutes Stück näher am Ortszentrum, in dem sich die Schule befand. Man muss sich das so vorstellen: Das Dorf bestand nur aus einer einzigen Straße, in der standen die Häuser, aber nicht eines am anderen, sondern überall war ganz viel Platz dazwischen mit Kartoffeläckern, Wiesen und Gärten. Der Ort war daher so lang, dass man über eine Stunde brauchte, um von dem einen Ende an das andere zu gelangen. Dabei führte die Straße sogar über einen Berg. Im Winter war das für uns Kinder ideal. Auf dem Weg zur Schule nahmen wir den Schlitten mit. Den musste man zwar erst den Berg hinaufziehen, auf der anderen Seite aber konnte man hinuntersausen – bis auf den Schulhof. Auf dem Heimweg musste man den Schlitten zunächst auch wieder nach oben ziehen, dann ging's jedoch – juchhe! – den Berg wieder hinunter bis vor unsere Haustür. Da es zu jener Zeit in unserem Dorf noch keine Autos gab, konnte man auf dieser Straße gefahrlos rodeln. Doch bis ich in diesen Genuss kam, dauerte es noch geraume Zeit. Bei unserem Umzug in das neue Zuhause befand ich mich ja erst im zarten Alter von einem Jahr.

Gegen unsere vorherige Behausung muss – wenn ich meinen Eltern glauben darf – die neue geradezu eine Komfortwohnung gewesen sein. Außer einer großen Wohnstube und einer geräumigen Küche enthielt sie drei Schlafzimmer, eines für die Eltern, eines für meinen Bruder und eines für uns zwei Mädchen. Und vor allem, es war eine abgeschlossene Wohnung! Ein Bad gab es allerdings nicht. Das war seinerzeit noch nicht üblich. Wie in anderen Familien auch wurde am Samstagabend die Zinkwanne in die Küche gestellt, in der wir der Reihe nach geschrubbt wurden. Das Klo befand sich außerhalb des Hauses in der Scheune. Das heißt, dort gab es sogar zwei von diesen Plumpsklos, direkt nebeneinander. Dennoch wurde es manchmal knapp. Im Gemeindehaus befanden sich nämlich vier Etagen mit jeweils zwei Wohnungen. Zeitweilig lebten also mehr als vierzig Personen unter diesem Dach, deshalb kam es öfters vor, dass man vor den stillen Örtchen Schlange stehen musste. Da der Wind von allen Seiten in die Scheune pfiff, war das im Winter manchmal ganz schön unangenehm.

Fließendes Wasser hatten wir schon, aber nicht im Haus. Das befand sich in dem Bach, der sich in einer Entfernung von fünfzig oder sechzig Metern durch die Wiese schlängelte, die hinter unserem Haus lag. An diesem Bach gab es zwei Stellen, an denen wir unser Brauchwasser und auch das Trinkwasser schöpften. Deshalb achteten alle Hausbewohner strengstens darauf, dass keines von uns Kindern mit den Füßen darin rumpatschte und dass wir keinen Dreck hineinschmissen. Auf der Wiese, die zwischen Wohnhaus und Bach lag, bleichten alle ihre Wäsche, denn die damaligen Waschmittel waren noch nicht sehr wirkungsvoll. Alle Weißwäsche wurde auf dieser Wiese ausgebreitet und regelmäßig mit dem Wasser von den sauberen Bachstellen begossen.

Unterhalb dieser Stellen durften wir Kinder aber baden und nach Herzenslust plantschen. Ach, bei uns war was los! In dem Gemeindehaus verlebte ich eine wunderschöne Kindheit, denn dort hatte ich eine Menge Spielkameraden. Außer uns gab es nämlich noch sieben weitere Familien, alle mit Kindern. Allein die Familie, die direkt unter uns wohnte, hatte zwölf Kinder. Davon passten einige altersmäßig ganz gut zu mir, während meine Geschwister wegen ihres Altersvorsprungs für mich als Spielkameraden kaum infrage kamen. Außerdem verließen sie schon bald das Elternhaus, denn sobald sie der Schule entwachsen waren, mussten sie in Stellung gehen, um sich ihr Brot selbst zu verdienen. Annl ging bereits aus dem Haus, da zählte ich gerade mal vier Lenze. Sie wurde nach Reichenberg geschickt, wo sie in einem Restaurant als Küchenmädchen und Bedienung arbeitete. Drei Jahre später verließ unser Rudl das Haus. Da er das Glück hatte ein Junge zu sein, durfte er ein richtiges Handwerk erlernen. Er ging nach Friedland zu einem Fleischer in die Lehre.

So war ich ab meinem siebten Lebensjahr ein Einzelkind, von Vater und Mutter liebevoll umsorgt. Aber mit meinen Spielkameraden verbrachte ich wesentlich mehr Zeit als mit den Eltern. Besonders bei Familie Hübner, das war die mit den zwölf Kindern, hielt ich mich bevorzugt auf. Wenn ich nicht wusste, was ich tun sollte, setzte ich mich auf die dritte Treppenstufe von unten. Denn irgendwann musste sie ja mal aufgehen, die Tür von unseren unteren Nachbarn. Kam endlich Frau Hübner heraus, sprach sie mich an: »Na, Martl, so allein? Willst du nicht zu uns reinkommen?«

Das ließ ich mir nicht zweimal sagen. Sofort war ich mittendrin in dem Gewimmel der Hübner-Kinder. Ach, war ich glücklich, wenn ich mich zwischen sie mengen konnte. Und wenn ich gar zum Essen eingeladen wurde! Meine Mutter hat zwar besser gekocht, aber unten hat es mir besser geschmeckt. Natürlich waren nie alle zwölf Hübner-Geschwister gleichzeitig anwesend. Die Älteren waren schon in Stellung und kamen meist erst zum Abendessen nach Hause.

Doch obwohl ich so gerne spielte und so viel Gelegenheit dazu hatte, freute ich mich unbändig auf den Tag, an dem ich in die Schule kommen sollte. Ich wollte doch so gerne lernen. Deshalb hatte ich schon oft neben meinem Bruder gesessen und begeistert Zahlen und Buchstaben auf ein Blatt gemalt, wenn er seine Hausaufgaben erledigte. Während er immer darüber stöhnte, beneidete ich ihn glühend. Zu gern hätte ich schon zu dieser Zeit die Künste Schreiben, Lesen und Rechnen beherrscht. Auch bei Familie Hübner hatte ich schon immer neidvoll zugeschaut, wenn die Größeren über ihren Hausaufgaben saßen.

Endlich war es dann soweit! Ich wurde eingeschult. Wir Kinder waren von der ersten bis zur vierten Klasse in einem Saal zusammengefasst. Es gab noch einen weiteren Raum, in dem die Großen, also die Schüler von der fünften bis zur achten Klasse, unterrichtet wurden. Dort saß mein Bruder, dessen letztes Schuljahr angebrochen war.

Solange die jüngeren Kinder der Familie Hübner noch klein waren, durften sie oft mit mir spielen. Sobald sie aber zur Schule gingen, hatte jedes seine festen Aufgaben. Diese beschränkten sich nicht nur auf die Mithilfe im Haushalt und aufs Einkaufen. So musste z. B., wenn die Heidelbeeren reif waren, jedes Kind bereits vor dem Unterricht einen Behälter davon vollpflücken. Ich erinnere mich noch gut, dass meine Mutter eines Morgens, als ich mich nach dem Wecken noch mal genüsslich umdrehen wollte, zu mir sagte: »Martl, jetzt aber heraus aus den Federn. Du hast es sowieso gut. Du brauchst erst um halb acht aufzustehen. Für die armen Hübner-Kinder ist die Nacht schon um sechs Uhr vorbei.«

In die Kirche ging ich ebenfalls gern, obwohl diese in Einsiedel lag und wir jeden Sonntag über eine halbe Stunde dorthin zu laufen hatten. Dort fand auch mein Kommunionunterricht statt, den ich gleichfalls mit Freude besuchte. In Einsiedel befand sich auch die Post, und dort gab es Geschäfte, während bei uns in Voigtsbach einige Fabriken waren: die bereits erwähnte Spinnerei, eine Weberei, eine Gablonzer Schmuckfabrik und eine Brettsäge. Dort wurden Kisten zusammengeklopft, in denen man Obst und Gemüse transportierte.

Unsere Lehrer waren schon sehr fortschrittlich. Im Sommer wanderten sie jede Woche zweimal mit uns zur Talsperre, wo sie uns das Schwimmen beibrachten. Der Stausee, der ursprünglich als Wasserspeicher angelegt worden war, befand sich zu einem Viertel auf dem Gebiet von Einsiedel und zu drei Vierteln auf dem Gebiet von Voigtsbach. Schon zu Beginn des Jahrhunderts hatte man den Voigtsbach, der unserem Ort seinen Namen gegeben hatte, unerbittlich gestaut. In den zwanziger Jahren begriffen die Gemeindeväter, dass sich dieser See nicht nur als Wasserreservoir für die beiden Gemeinden nutzen ließ, sondern auch als Attraktion für Sommerfrischler. Um den künstlichen See herum ließen sie alles ordentlich anlegen. An der Straße stellte man Kabinen auf, in denen man sich umziehen konnte. Es entstanden gepflegte Wanderwege, an denen weiße Bänke die müden Wanderer zu einer Rast einluden. Und auf dem See gab es ein Schiff, mit dem man darauf herumfahren konnte. So waren in kurzer Zeit aus den beiden verschlafenen Orten Einsiedel und Voigtsbach aufstrebende Fremdenverkehrsorte geworden. Nicht zuletzt trug dazu auch die wunderschöne Umgebung bei.

Weil ich so gerne lernte, war ich bald in meinem Jahrgang die Allerbeste. Von Anfang an, bis zur vierten Klasse, hatte ich lauter Einsen auf dem Zeugnis. Deshalb bestellte der Herr Oberlehrer meinen Vater zu sich und schlug ihm vor: »Herr Hauser, schicken Sie die Martl nach Ruppersdorf auf die Oberschule, damit sie später studieren kann.« »Ja, wovon soll ich das Mädchen studieren lassen?«, fragte mein Vater zurück. »Ich bin doch arbeitslos. Ich könnte ja noch nicht mal das Schulgeld aufbringen.«

Aus welchen Gründen mein Vater – etwa zwei Jahre vor diesem Gespräch – seine Arbeit in der Spinnerei verloren hatte, habe ich nie erfahren. Vermutlich hing das aber mit der großen Arbeitslosigkeit zusammen, die Ende der zwanziger und Anfang der dreißiger Jahre allgemein herrschte. In dieser Zeit konnte sich mein Vater lediglich ein paar Kronen bei der Gemeinde verdienen, indem er an der Talsperre die Bänke für die Sommerfrischler sauber machte, die Wege harkte und drum herum den Unrat wegräumte. Diese kleinen

Nebenverdienste hatte ihm ebenfalls Onkel Franz zugeschanzt, der ja als zweiter Bürgermeister einiges zu sagen hatte.

Als mein Vater seine Arbeit verloren hatte, war meiner Mutter nichts anderes übrig geblieben, als reumütig ins Elternhaus zurückzukehren und sich wieder an einen der Webstühle zu setzen. Aber zum Glück ergab sich für sie dann bald eine andere Möglichkeit.

Nicht weit vom Gemeindehaus entfernt stand die schöne Villa des Oberförsters, der uns wohlgesonnen war. Nach meiner Geburt hatte meine Mutter nämlich zunächst nicht gewusst, wen sie für mich als Patin nehmen sollte, und so war ihr der Gedanke gekommen, bei der Oberförsterfrau anzufragen, und diese übernahm das Amt sehr gerne. So war ich auch zu dem Namen Marta gekommen, denn so hieß meine Patin mit Vornamen. Nachdem der Oberförster nun von der Arbeitslosigkeit meines Vaters erfahren hatte und davon, dass meine Mutter am Webstuhl im Haus der ungeliebten Stiefmutter den Unterhalt für die Familie verdienen musste, sagte er: »Juliane, beim Weben musst du dich furchtbar plagen, und es bringt nicht viel ein. Ich hätte da etwas Besseres für dich. Wir wollen den Wald aufforsten. Geh doch mit den anderen Frauen Fichten setzen. Da verdienst du mehr Geld als mit deiner Weberei, und du bist nicht so lange von zu Hause weg.«

Mit einigen anderen Frauen, die gleichfalls auf diesen Verdienst angewiesen waren, ging sie nun jeden Werktag in den Wald. Von morgens um zehn bis nachmittags um drei pflanzten sie Bäumchen. Das muss doch anstrengender gewesen sein, als der Oberförster sie hatte glauben machen, denn in der Folge hörte ich sie häufig über ihren schmerzenden Rücken klagen.

Dass sie die Arbeit im Forst machte, hatte nicht nur den Vorteil, dass sie mehr verdiente, dadurch kamen wir auch kostenlos an Brennholz für den ganzen Winter. In diesen Jahren brauchten wir keine Kohlen zu kaufen. Die Frauen durften nämlich von dem Abfallholz so viel mitnehmen, wie sie befördern konnten. Mein Vater bastelte für die Mutter eigens eine kleine Karre, indem er aus Brettern eine Pritsche zimmerte. An diese montierte er zwei Räder, die von einem ausgedienten Fahrrad stammten. In ihrer Mittagspause brachte ich der Mutter immer warmes Essen. Das hatte sie am Vorabend selbst gekocht, und ich hatte es, wenn ich um zwölf von der Schule kam, für uns beide aufgewärmt. Wenn sie mit Essen fertig war, beluden wir gemeinsam ihren Karren mit Holz. Gegen drei Uhr, wenn ihr Dienst zu Ende ging, bin ich wieder in den Wald gegangen. Dort sammelte ich immer noch ein großes Bündel Reisig zusammen, das ich dann auf dem Rücken nach Hause trug, während sie ihren Karren zog.

Am Sonnabendnachmittag hatte sie frei. Dann haben beide Eltern im Hof – jeder Familie war ein Platz zugeteilt – gesägt und gehackt. In der großen Scheune, in der jede Familie ihre Ecke hatte, haben sie das Holz aufgestapelt, ganz ordentlich. Unsere tschechischen Nachbarn, zu denen wir ein gutes Verhältnis hatten – sie sprachen Deutsch – staunten nur so, als sie das sahen. Inzwischen gehörte das Gebiet, in dem wir wohnten, schon lange nicht mehr zu Österreich, sondern bereits zur Tschechoslowakei.

Dort lebten Deutsche und Tschechen aber immer noch friedlich nebeneinander. Später, als sich die Nazis dieses Gebiet unter den Nagel gerissen hatten, wurde es in Sudetenland umbenannt. Die Schule, die ich besuchte, war aber auch in der tschechischen Zeit eine deutsche Schule, in der nur in deutscher Sprache unterrichtet wurde.

In diesem Zusammenhang fällt mir eine Geschichte ein, die auch mit Schule zu tun hat. Weil ich in der Schule so gescheit war, kamen eines Nachmittags zwei Jungen aus meiner Klasse zu mir nach Hause. »Du, Martl«, sagten sie, »hilfst du uns bei den Hausaufgaben? Wir wollen nämlich auch so gescheit werden wie du.«

Ja, ich setzte mich dann mit ihnen hin und opferte zwei Stunden, um ihnen bei den Hausaufgaben zu helfen. Was war der Dank dafür? Am anderen Tag auf dem Schulhof taten sie so, als würden sie mich nicht kennen, und lachten andere Mädchen an. Als diese beiden Kameraden am Nachmittag die Unverfrorenheit besaßen, abermals mit ihren Hausaufgaben zu mir zu kommen, wies ich sie ungerührt ab: »Geht doch zu den Mädchen, die ihr heute Morgen angelacht habt.«

Da packte einer der beiden unsere Schöpfkelle, tauchte sie in die Kanne mit unserem Trinkwasser und schüttete mir den ganzen Schwall ins Gesicht. Ich musste lachen. »Ja, meinst du, damit könntest du mich umstimmen?«, fragte ich. Das sahen sie wohl ein, denn dann gingen sie wieder. Der Junge mit der Schöpfkelle kann aber gar nicht so dumm gewesen sein, er ist nämlich Lehrer geworden.

Dass meine Mutter die Oberförsterfrau als Patin für mich ausgesucht hatte, erwies sich als Glücksfall, denn Marta hatte eine Tochter, die drei Jahre älter war als ich, und sie brachte uns alles, was sie von ihr noch hatte, etwa Windeln. Die Windeln, die von meinen Geschwistern noch existierten, waren nämlich schon ziemlich aufgebraucht. Die des Försterkinds waren von viel besserer Qualität und schon deshalb wesentlich besser erhalten. Aus ihnen habe ich später sogar noch Scheibengardinen genäht.

Die Tochter der Försterleute, Waltraud, war ein armes Ding. Sie war von Geburt an gehbehindert, denn ein Bein war kürzer als das andere. Heutzutage könnte man bestimmt etwas dagegen tun, aber damals nahm man das eben als Schicksal hin. Durch dieses leichte Gebrechen war das Mädchen sehr menschenscheu geworden. Sie traute sich nicht nach draußen, um mit den anderen Kindern zu spielen. Vor mir aber hatte sie keine Hemmungen. Zu uns kam sie nie, aber sie lud mich häufig zu sich ein. Ich ging sehr gerne hin, besonders im Sommer, denn diese Leute besaßen bereits ein kleines Schwimmbecken, einen Swimmingpool, würde man heute sagen, und darin konnten wir nach Herzenslust herumplantschen. Dort machte ich auch meine ersten Schwimmversuche. Aber richtig schwimmen gelernt habe ich, wie gesagt, erst von unserem Lehrer in der Talsperre.

Später ist der Herr Oberförster dann noch höher aufgestiegen. Von einem Schlossherrn, der in einer anderen Gegend wohnte, erhielt er eine Anstellung. So siedelte bald die ganze Familie über in dessen Schloss. Zuerst war ich sehr traurig, dass meine Freundin Waltraud so weit wegzog. Aber dann bekam ich eine Einladung, ich solle bei ihr die Sommerferien verbringen, und machte vor Freude einen Luftsprung. Alle drei kamen per Bahn angereist, um mich abzuholen. Als meine Mutter für mich ein Bündel packen wollte, wehrte meine Patin ab: »Nein, nein, Juliane, Martl braucht nichts mitzubringen. Wir haben doch noch genug gute Sachen, aus denen Waltraud herausgewachsen ist.«

Im Schloss und im Schlosspark verbrachte ich wunderschöne Wochen mit meiner Freundin. Der Opa und die Oma von Waltraud, die Eltern des Forstmeisters, lebten auch bei ihnen. Diese Großeltern mochten mich ebenfalls sehr gern. Der alte Herr hatte vor seiner Pensionierung ebenfalls etwas mit Forst zu tun gehabt. »Am liebsten würden wir dich adoptieren«, sagte er mal zu mir, und seine Frau nickte eifrig dazu.

Als mich Waltraud und ihre Eltern am Ende der Ferien wieder heimbegleiteten, war ich von Kopf bis Fuß gekleidet wie eine Prinzessin. Und auch in dem Koffer, den sie mir geschenkt hatten, waren die schönsten Sachen. Sie sahen noch aus wie neu, weil Waltraud sie kaum getragen hatte. Sogar einen funkelnagelneuen Schirm hatten sie mir eingepackt.

Danach verbrachte ich noch einige Male die Sommerferien bei ihnen. Im Sommer 1939, es war der Sommer, in dem ich sechzehn war, weilte ich zum letzten Mal bei Waltraud im Schloss. Niemand von uns ahnte, dass dies unser letzter gemeinsamer Sommer sein würde, sonst hätten wir diese Zeit bestimmt nicht so unbeschwert verbracht. Meine damalige Chefin hatte sich großzügig gezeigt und mir zwei Wochen

Urlaub bewilligt. Als ich bei meiner Freundin ankam, vertraute sie mir an, dass sie einen heimlichen Verehrer habe. Mit diesem wäre sie gar zu gern zum Tanzen gegangen. Er war aber Tscheche, und Waltraud wusste, dass ihre Eltern von einer solchen Verbindung nicht begeistert gewesen wären. Deshalb fragte sie mich: »Martl, hättest du nicht Lust, mit mir am Sonnabend zum Tanzen zu gehen?«

Inzwischen merkte man Waltraud nämlich nicht mehr an, dass ihre Beine ungleich lang geraten waren. Das war einem geschickten Schuhmacher zu verdanken, einem wahren Künstler auf seinem Gebiet. Er hatte für sie Schuhe angefertigt, die waren so raffiniert gearbeitet, dass kaum jemandem auffiel, dass bei einem der Absatz und die Sohle höher waren als bei dem anderen.

»Liebend gern«, antwortete ich, »aber ich kann leider nicht tanzen.«

»Das ist das geringste Problem. Das bringe ich dir bis zum Wochenende bei.«

»Es gibt aber noch ein zweites Problem.«

»Und das wäre?«

»Ich habe kein Tanzkleid.«

»Oh, dieses Problem ist noch leichter zu lösen.« Waltraud öffnete ihren Kleiderschrank. »Da, schau, such dir davon aus, was dir gefällt.«

Ausgesucht war das Kleid schnell. Ich wählte eines aus seegrünem Chiffon, das ausgezeichnet zu meinem kastanienbraunen Haar passte. Aber leider passte es mir nicht. Ich war ja immer noch sehr klein und schmächtig, während Waltraud sich schon zu einer richtigen jungen Dame gemausert hatte. Ihr Kleid war mit viel zu weit und viel zu lang.

»Dann such dir halt ein anderes aus«, schlug sie vor.
Ich bewegte die Kleider, eines schöner als das andere, hin und her, dann schüttelte ich den Kopf. »Nein, Waltraud, das hat keinen Sinn. Die passen mir alle nicht.«

Aber unser geplantes Vergnügen fiel deswegen nicht ins Wasser. Da ich sehr geschickt im Umgang mit Nadel und Faden war – meine Mutter hatte mir schon so einiges beigebracht –, machte ich das Kleid mit ein paar Stichen enger und nähte den Saum ein gutes Stück um. Ich probierte es an, und siehe da: Ich sah hinreißend aus in dem Kleid. Der Tanzunterricht konnte beginnen!

Meine Freundin besaß ein Grammophon. Nach dessen Musik übten wir sogleich in ihrem Zimmer fleißig die gängigsten Tanzschritte. Danach verkündete Waltraud ihren Eltern: »Ich möchte am Wochenende gerne mit Martl zum Tanzen gehen.« Dagegen hatten sie natürlich nichts einzuwenden. An meinem zweiten Urlaubswochenende wiederholten wir das Spielchen. So konnte sich die Förstertochter mit ihrem Freund ungestört auf dem Tanzboden treffen. Mir gefiel diese Lösung ebenfalls, denn das Tanzen machte mir unheimlich viel Spaß.

Aus lauter Dankbarkeit, weil ich ihrer Tochter in diesen zwei Wochen so viel Freude bereitet hatte, sagte ihre Mutter mir beim Abschied: »Martl, wenn du mal heiratest, kriegst du die ganze Aussteuer von mir.«

Leider brach einige Wochen danach der Zweite Weltkrieg aus, und ich verlor diese netten Leute aus den Augen. Ich habe nach Kriegsende nach ihnen geforscht, aber nichts herausfinden können und auch nie mehr von ihnen gehört. Vermutlich sind sie den Bomben zum Opfer gefallen.

In den Jahren, bevor ich mit meiner Freundin Waltraud »Ferien im Schloss« machte, verbrachte ich meistens einige der Ferienwochen bei Tante Julie, einer Schwester meines Vaters. Von all meinen Tanten war sie die allerbeste. Sie hatte selbst keine Kinder, aber sie lud mich und ihren Neffen Josl, den Sohn ihrer Schwester Marie, immer mal für ein bis zwei Wochen zu sich ein. Cousin Josl war etwa in meinem Alter. So hatte ich stets einen guten Spielkameraden, und wir hatten viel Spaß miteinander.

Annl, meine Schwester, die ja seit ihrer Schulentlassung in Stellung war, kam nur ganz selten mal für ein Wochenende nach Hause. Dann schlief sie in ihrem ehemaligen Bett, das noch immer bei mir im sogenannten Mädchenzimmer stand. Es mochten etwa zwei Monate seit meinem zehnten Geburtstag vergangen sein, da kehrte meine Schwester überraschend ins Elternhaus zurück. Als ich von der Schule heimkam, waren meine Sachen bereits in das Zimmer meines Bruders geräumt worden, und Annl hatte sich in meinem Zimmer eingerichtet.

»Warum muss ich ausziehen?«, fragte ich. Das war nicht vorwurfsvoll gemeint, ich war nur erstaunt. »Annl und ich könnten doch gemeinsam in dem Mädchenzimmer schlafen, wie sonst auch.«

»Ja, weißt du«, erklärte meine Mutter mit einiger Verlegenheit, »die Annl braucht mehr Platz. Sie wird nämlich in den nächsten Wochen heiraten.«

Oh – heiraten! Das klang interessant für mich! Eine Hochzeit! In der eigenen Familie! Das war ein Ereignis, das ich immer schon mal gerne erlebt hätte. Mitschülerinnen hatten mir von Hochzeiten in ihrer Familie vorgeschwärmt. Auch hatte ich schon mal am Straßenrand gestanden und neugierig zugeschaut, wie ein Brautpaar feierlich in die Kirche einzog. Die Braut, ganz in Weiß, mit wehendem Schleier und einem Blumenstrauß im Arm, schritt an der Seite eines gutaussehenden Mannes, der einen eleganten schwarzen Anzug trug, durch ein Spalier von vielen neugierigen Menschen. Ihnen folgten engelgleiche Mädchen in feinen langen Kleidern. Sie hatten Körbchen umhängen, worin sich lauter Blüten befanden. Dahinter schritten viele elegant gekleidete Damen und Herren. Beim Auszug aus der Kirche schritten die kleinen Mädchen vor dem Brautpaar her und warfen von ihren Blüten auf die Straße. Im Geiste sah ich mich schon als solch ein Blumenmädchen, in einem rosa Kleid, bodenlang und mit zahlreichen Rüschen verziert, wie ich aus meinem Körbchen fleißig Blüten auf den Weg streue.

Wie groß war daher meine Enttäuschung, als ich an dem Sonnabend nach den Weihnachtsferien nach Hause kam. Da war die ganze Hochzeit schon gelaufen. Das war daran erkennbar, dass ein wildfremder Mann mit am gedeckten Tisch saß, den man mir als meinen Schwager vorstellte. Sein Name war Rudolf Schütz. Er ließ sich das Mahl munden, das zur Feier des Tages etwas festlicher ausgefallen war als das normale samstägliche Mittagessen. Dass es etwas Besseres zu essen gab als den üblichen Sonnabendeintopf, tröstete mich nur schwach über die ausgefallenen Hochzeitsfeierlichkeiten hinweg.

Etwas mehr half die Anwesenheit meines geliebten Bruders, der eigens zu diesem Anlass angereist war. Während sich alle über das Hochzeitsmahl hermachten, erfuhr ich einige Einzelheiten über die Hochzeit. Kaum dass ich am Morgen das Haus verlassen hatte, um zur Schule zu eilen, hatte man sich in ganz kleiner Besetzung zum Standesamt begeben: nur das Brautpaar und die beiden Zeugen, wovon mein Vater der eine und mein Bruder der andere war. Anschließend war man in derselben Besetzung zur Kirche marschiert.

»Und wo soll unser Rudl heute Nacht schlafen?«, machte ich mir hörbar Gedanken. »Denn in seinem Zimmer schlafe ja ich.«

»Ach, die eine Nacht kann er mal in der Stube auf dem Kanapee verbringen«, schlug meine Mutter vor, und der Rudl nickte dazu.

Meine Enttäuschung über die entgangene prunkvolle Hochzeit legte sich allmählich, und das Leben nahm seinen normalen Lauf. Der Schwager verließ zum Glück jeden Morgen zeitig das Haus, weil er zur Arbeit musste. Er war Friseur in Reichenberg. Es hieß, er verdiene gutes Geld, sodass meine Schwester einer sorgenfreien Zukunft entgegenzublicken schien. Eigentlich war es ganz angenehm, sie im Hause zu haben. Denn wenn ich von der Schule heimkam, stand mein Essen fertig auf dem Tisch, und ich brauchte mir nichts mehr vom Vorabend aufzuwärmen. Sobald ich gegessen hatte, brachte ich meiner Mutter von dem frischgekochten Essen in den Wald.

Eines Tages aber, als ich von der Schule nach Hause kam, stand nicht meine Schwester am Herd, sondern meine Mutter. Sie wirkte fahrig und aufgeregt.

»Wo ist Annl?«, wollte ich wissen.

»Der geht es nicht gut. Drum ist sie im Bett geblieben.«

Ich wollte nach ihr schauen gehen, doch an der Küchentür erwischte mich die Mutter noch am Arm. »Halt! Da kannst du jetzt nicht rein!«

»Warum nicht?«, fragte ich erstaunt.

»Weil ... weil ... der Doktor ist jetzt bei ihr.«

Wenn man sogar den Doktor gerufen hatte, dachte ich, dann musste es schlimm um sie stehen. Denn einen Arzt pflegte man bei uns nicht so leicht zu rufen. Jetzt begann ich mir solche Sorgen zu machen, dass ich nur mit Mühe mein Essen runterwürgen konnte. Doch meine Mutter feuerte mich an: »Beeil dich! Du musst gleich zur Großmutter gehen und ihr helfen.«

Trotz meiner Sorge um Annl ließ ich mir das nicht zweimal sagen. Wenn auch meine Mutter kein herzliches Verhältnis zu ihrer Stiefmutter hatte, so war diese doch äußerst nett zu mir, und ich hing so an ihr, als ob sie meine leibliche Oma wäre.

Das Elternhaus meiner Mutter stand gar nicht weit von uns entfernt. Da brauchte ich nur über die Wiese zu laufen, schon war ich bei der Oma. Bei ihr fand ich es immer sehr interessant. In ihrer Wohnung standen nämlich immer noch die großen Webstühle, und an denen wurde immer noch gearbeitet. Noch immer fanden sich Käufer für ihre Webwaren, und selbst für meine Aussteuertruhe hatte die Großmutter schon rechtzeitig mit Weben begonnen. Daher besaß ich eine feine Aussteuer, als ich zum Heiraten kam. So manches Stück davon existiert heute noch.

Als Kind fand ich es aufregend, dass derjenige, der an dem riesigen Webstuhl arbeitete, immer hin- und herlaufen musste. Wenn die Spule raussprang, was im Eifer des Gefechts immer mal vorkam, durfte ich sie wieder einsetzen, was ich mit Begeisterung tat. Mein Vater hatte mir vor langer Zeit gezeigt, wie das geht, und so konnte ich mich schon früh nützlich machen.

Auch an diesem Tag, an dem bei mir zu Hause alles außer Lot geraten war, durfte ich meiner Großmutter den ganzen Nachmittag am Webstuhl helfen. Als ich mich danach verabschieden wollte, behielt sie mich zum Abendessen zurück. Ich muss gestehen, bei ihr schmeckte es mir immer besonders gut, obwohl es vielleicht das gleiche gab wie bei uns. Wir hatten gerade unsere Mahlzeit beendet, da betrat mein Vater die Küche. Er hatte dabei einen so freudigen Gesichtsausdruck, dass das nur Gutes bedeuten konnte. Deshalb war meine erste Frage: »Geht es Annl wieder besser?«

»Und ob!«, nickte er. Und auf die Frage der Großmutter nach ihrem Befinden antwortete er voller Stolz: »Du kannst uns einen Schnaps eingießen. Einen strammen Buben hat sie gekriegt, einen kleinen Rudl.«

»Ach, wie schön!« Schon öffnete sie die angrenzende Stubentür, zog einen kleinen Schlüssel aus ihrer Schürzentasche und machte sich damit an einem kleinen Wandschrank zu schaffen, der in einer Mauernische eingelassen war. Ich hatte ihn noch nie offen gesehen. Darin erblickte ich zwei Flaschen und mehrere Schnapsgläser. Zwei von den Gläsern nahm sie heraus sowie die Flasche, die nur noch zur Hälfte mit einer klaren Flüssigkeit gefüllt war. In der Küche füllte sie davon die beiden Gläser.

»Prost, Opa!«, stieß sie mit meinem Vater an. »Prost, Uroma!«, entgegnete er.

»Und was ist mit mir?«, fragte ich, begehrlich auf die beiden Gläser schauend. »Krieg ich nichts?«

»Nein. Schnaps ist nichts für Kinder«, belehrte mich mein Vater.

»Du bist jetzt Tante«, klärte mich die Großmutter auf. Das erfüllte mich mit Stolz. Das war doch immerhin etwas, wenn man mir schon den Schnaps vorenthielt.

Daheim fand ich dann tatsächlich einen rosigen pausbackigen Engel vor, der friedlich in meinem alten Kinderbett schlief. Ich war hellauf begeistert. Woher dieser kleine Prinz so plötzlich gekommen war, konnte ich mir nicht denken. Es interessierte mich auch gar nicht. Ich fand es nur unpassend, dass er ausgerechnet zu einer Zeit gekommen war, in der es meiner Schwester schlecht ging, denn so blieb ja die ganze Arbeit, die ein solch kleiner Mensch verursacht, zusätzlich an meiner Mutter hängen! Allerdings durfte ich ihr schon bald helfen, wenn sie ihn wickelte oder badete. Zum Glück ging es meiner Schwester nach einigen Tagen wieder so gut, dass sie das Bett verlassen und sich selbst um ihr Kind kümmern konnte. Meine Mutter nahm ihre Arbeit im Wald wieder auf, während meine Schwester und ich uns die Fürsorge für den kleinen Rudl teilten.

Nach einigen Wochen wurde in einem Nachbarhaus zufällig eine Wohnung frei. Sofort griffen meine Schwester und mein Schwager zu. Diese Wohnung hatte den Vorteil, dass sie im Parterre lag und so groß war, dass sich der Rudl darin auch noch einen Friseursalon einrichten konnte. Kundschaft hatte er auch bald genug.

Wir alle waren erleichtert, als das Paar wieder ausgezogen war, vor allem ich, weil ich wieder zurück in mein Zimmer konnte. Das Kinderbett blieb allerdings noch darin stehen. Darin musste mein kleiner Neffe seinen Mittagsschlaf halten, denn tagsüber blieb er bei uns, weil meine Schwester nun täglich nach Reichenberg fuhr, wo sie eine Ausbildung zur Kindergärtnerin machte. Sie wollte endlich einen richtigen Beruf haben. Da sie nun Familie hatte, schien ihr die Arbeit im Wirtshaus nicht mehr das Richtige, denn dort war sie meist bis spät in die Nacht beschäftigt gewesen.

Ich war glücklich, dass ich meine »lebendige Puppe« tagsüber behalten durfte, denn jeden Tag entdeckte ich an dem kleinen Kerl Fortschritte, und es ließ sich von Tag zu Tag mehr mit ihm anfangen. Allerdings war er nur nachmittags mein Kind, am Vormittag hatte die Schule Vorrang. Damit am Vormittag jemand bei dem Kleinen war, musste meine Mutter ihre Arbeitszeit umstellen. Statt von zehn bis drei Uhr ging sie nun von ein Uhr bis sechs Uhr zum Bäumepflanzen. In den Ferien jedoch konnte ich mich ganztags um den Buben kümmern.

Zu Beginn der Sommerferien war der Kleine sieben oder acht Monate alt, als ich einmal gegen Abend mit ihm die Hübners besuchen wollte. Ich hielt ihn auf dem Arm und war im Begriff, die Treppe hinunterzugehen. Was dann genau passiert ist, wusste ich nachher nicht mehr zu sagen, jedenfalls stürzte ich mit den Füßen voraus die Treppe hinunter. ›Das Kind darfst du auf keinen Fall loslassen‹, hämmerte es in meinem Hirn. Fünfzehn Stufen ging es rasant abwärts, wobei mein armer Rücken auf jeder Stufe aufschlug. Plötzlich ein Klirren und ein Schrei. Ich war unten angekommen. Der Schrei stammte von mir und das Klirren von der kleinen Fensterscheibe, die sich neben der Haustüre befand. Mit den Füßen war ich darin gelandet, halb hing ich drinnen und halb draußen. Den kleinen Jungen hielt ich aber immer noch krampfhaft umklammert, sodass er auf mir zu liegen kam.

Ihm war wahrhaftig nicht das Geringste passiert. Ich dagegen hatte so einige Verletzungen davongetragen. Vor allem hatte ich mächtige Rückenschmerzen. Nachdem ich meinen Schrei ausgestoßen hatte, fing auch Klein-Rudl vor Schreck an zu brüllen. Davon wurde Frau Hübner alarmiert und ebenso meine Mutter, die zum Glück schon daheim war. Die beiden Frauen stürzten herbei. Während sich die Nachbarin um meinen schreienden Neffen kümmerte, rannte meine Mutter sofort los, um den Doktor zu holen. Mit seiner Hilfe trug sie mich später hinauf in mein Bett.

Zunächst pflegte mich meine Mutter selbst, aber der Arzt kam jeden Tag, um nach mir zu sehen. Gemeinsam drehten sie mich erst auf die eine Seite, damit er mir den Rücken einsalben konnte, und dann auf die andere. Jede Bewegung tat höllisch weh. Jedes Mal schüttelte der Mediziner den Kopf. Nach einigen Tagen stellte er fest: »Frau Hauser, das sieht nicht gut aus. Meine Kunst ist zu Ende. Allein schaffen wir das nicht. Martl muss ins Krankenhaus.«

Dort blieb ich viele Wochen. Es dauerte sehr lange bis es mir wieder so gut ging, dass ich nach Hause durfte. Aber auch dort musste ich noch viele weitere Wochen liegen. Am schlimmsten daran fand ich, dass ich nicht in die Schule konnte.

Der Ernst des Lebens beginnt

Ja, wenn ich so zurückblicke: Ich habe eine wirklich wunderschöne Kindheit gehabt; alles so sorglos, diesen schlimmen Sturz und seine Folgen natürlich ausgenommen. Im Jahre 1936, mit Beginn der Osterferien, war meine Schulpflicht beendet, und damit fing für mich der Ernst des Lebens an.

Dass ich einen richtigen Beruf erlerne, stand gar nicht zur Debatte. Wenn man mich jedoch gefragt hätte, so hätte ich spontan geantwortet: »Ich möchte Schneiderin werden.« Aber mich fragte niemand. So rückte der letzte Schultag immer näher, und es war noch kein Wort darüber gefallen, was danach aus mir werden sollte. Nur dass ich von zu Hause weg musste, das war klar. Das war nun mal so bei armen Leuten. Da musste jedes Kind, sobald es seiner Schulpflicht genügt hatte, in eine Stellung, wo es sein Brot selbst verdiente. Bei der Wahl des Arbeitsplatzes richtete man sich in erster Linie danach, was an freien Stellen angeboten wurde. Leider war ich zu jener Zeit noch ein schmächtiges Ding, das mit seinen vierzehn Jahren gerade mal vierzig Kilo wog und nur 1,52 Meter groß war. Infolgedessen verfügte ich auch nur über geringe Körperkräfte und wäre gar nicht jedem Angebot gewachsen gewesen.

Aber noch vor meiner Schulentlassung stand ein anderes Ereignis an. Zwei Wochen vor Ostern sollten alle Jungen und Mädchen meines Jahrgangs durch den hochwürdigen Herrn Bischof das Sakrament der Firmung empfangen. Damit wir für diesen hohen Tag entsprechend vorbereitet waren, mussten wir monatelang vorher den Firmunterricht besuchen. Das bedeutete für uns »Kinder«, jeden Donnerstagnachmittag nach Einsiedel zu tippeln und wieder zurück. Das zusätzliche Gehen hat uns aber nicht geschadet, im Gegenteil. Unterwegs konnte man sich ausgiebig miteinander unterhalten, wozu man sonst kaum Gelegenheit hatte.

Einige Wochen vor dem großen Tag eröffnete uns der Herr Pfarrer, jeder von uns brauche einen Firmpaten. Bei den Jungen müsse das ein Mann sein, bei den Mädchen eine weibliche Person. Das verkündete ich am Abendbrottisch meinen Eltern. Dann ging die Überlegerei los: Wen nehmen wir? Mein Onkel Franz kam nicht infrage, erstens weil er ein Mann war und zweitens, weil er schon Firmpate bei meinem Bruder war. Seiner Frau wollten wir dieses Amt auch nicht antragen. Die gute Juliane war nämlich nicht nur garstig zu ihrem Mann, sondern auch zu seiner ganzen Verwandtschaft – er war mit seiner raschen Heirat damals wahrhaftig vom Regen in die Traufe geraten. Von den Schwestern meines Vaters kam auch keine infrage. Marie, die Älteste, war bereits Firmpatin von meiner Schwester, und den beiden anderen wollte man das nicht zumuten. Die eine wohnte in Hermannsthal und die andere in Kratzau. Die Fahrt wäre für sie deshalb zu umständlich und zu teuer gewesen, und meine Eltern hätten ihnen die Fahrt auch nicht zahlen können. So waren wir für eine Weile ratlos. Auf die Idee, dass meine Schwester das Patenamt übernehmen könne, kamen wir gar nicht. Endlich machte meine Mutter den Vorschlag: »Warten wir ab, bis Rudl am Samstag kommt, der hat bestimmt eine Idee.«

Er hatte tatsächlich eine. Zu der Fleischerei, in der er arbeitete, gehörte auch ein Gasthaus, wo einige Wochen vorher eine junge Köchin eingestellt worden war. Mariechen heiße sie und sei zwanzig Jahre alt. Sie sei sehr tüchtig und habe das Herz auf dem rechten Fleck, schwärmte mein Bruder. Wenn es uns recht wäre, würde er sie fragen, ob sie bei mir Firmpatin machen wolle. Ich nickte begeistert, und mein Vater sagte: »Nur her mit dem Fräulein«, ohne sich weitere Gedanken zu machen. Mutteraugen aber sehen schärfer, und Mutterohren hören besser. »Kann es sein, dass du in dieses Mädchen verliebt bist?«, fragte sie. Unter ihrem Blick lief er rot an, so schien es mir, und auch seine Zunge wurde ungewohnt schwer.

»Ich weiß nicht ... vielleicht ... kann schon sein ... warum nicht?«, druckste er herum. »Zumindest sehe ich sie gern.«

Nun waren wir noch gespannter auf die junge Dame. Am Morgen der Firmung brachte er Mariechen zu uns ins Haus, und sie war uns allen tatsächlich auf Anhieb sympathisch. In dem feierlichen Augenblick, in welchem der Bischof mich firmte, lag ihre rechte Hand – wie das üblich ist – auf meiner Schulter, was bedeutete, dass sie mir in meinem ferneren Leben beistehen werde. Nach der Firmung war eine kleine Feier bei uns zu Hause. Die Mutter hatte extra einen Kuchen gebacken. Bevor wir uns an den Kaffeetisch setzten, überreichte die junge Köchin mir ein Patengeschenk.

Es war ein vierundzwanzigteiliges, versilbertes Essbesteck. Es lag in einem schönen Kasten, der mit blauem Samt ausgelegt war. Ich war total überrascht. Ein so nobles Geschenk hatte ich nicht erwartet. Dieses Besteck habe ich heute noch.

Beim Kaffeetrinken konnten wir uns weiter gegenseitig beschnuppern. Mariechen näher kennenzulernen war uns ja wichtig, weil wir davon ausgingen, dass sie in absehbarer Zeit unsere Schwiegertochter bzw. Schwägerin würde. Es ergab sich aber noch am selben Tag, dass die Bekanntschaft mit Mariechen auch einen entscheidenden Einfluss auf meinen beruflichen Werdegang nehmen sollte.

»Was hast du nach deiner Schulentlassung vor?«, wandte sie sich an mich, nachdem der Kuchen bis auf die letzten Krümel verzehrt war. Ehe mir dazu etwas einfiel, antwortete die Mutter an meiner Stelle: »Das wissen wir noch nicht. Schau sie dir doch an. So schmächtig, wie sie ist, wird sie so leicht niemand nehmen.«

»Da hätte ich einen Vorschlag«, ließ meine Firmpatin verlauten. »Für dich wäre es das Beste, wenn du auf einen Bauernhof gehst. Da kriegst du zwar keinen Lohn, aber du hättest ein Dach überm Kopf und genug zu essen. Es scheint mir nämlich wichtig, dass du dir erst mal Speck auf die Rippen futterst. Hernach kannst du dich immer noch nach was anderem umsehen, dann steht dir die Welt offen. Ja, und ehe ich's vergesse, auf einem Hof ist es auch üblich, dass du einmal im Jahr eingekleidet wirst.«

»Das klingt vernünftig«, war der Kommentar meines Vaters. Im gleichen Atemzug gab er aber zu bedenken: »Aber wie finden wir einen solchen Bauernhof? Bei uns wüsste ich keinen.«

»Ich wüsste aber einen«, lächelte Mariechen schelmisch. »Meine Eltern besitzen einen Bauernhof in Bullendorf.«

»Du glaubst doch nicht wirklich«, schob mein Vater mit wachsendem Interesse nach, »dass deine Eltern Martl nehmen würden?«

»Das lass nur meine Sorge sein. Meine Mutter wird glücklich sein, wenn ich ihr das Mädchen bringe. Seit ich aus dem Haus bin, jammert sie ständig, dass ihr die Arbeit zu viel wird.«

Mit leiser Resignation schaltete sich nun meine Mutter in das Gespräch ein: »Das klingt ja alles verlockend, aber der Arbeit auf dem Bauernhof wird die Martl nicht gewachsen sein.«

Aber Mariechen konnte sie in diesem Punkt beruhigen. »Sie wird ja keine Bauernarbeit machen müssen. Was meine Mutter braucht, ist ein Küchen- und Hausmädchen. Diese Arbeit ist bestimmt nicht zu schwer. Kartoffeln schälen, Gemüse putzen, die Wohnung wischen, die Betten machen, das hat sie doch sicher alles bereits daheim gemacht.«

Das konnte die Mutter bestätigen. »In solchen Dingen ist Martl bereits sehr geschickt. Da wird deine Mutter nicht zu klagen haben.«

Damit war meine berufliche Laufbahn vorgegeben.

Als ich am Tage meiner Schulentlassung nach Hause kam, war mein Koffer bereits gepackt. Damit mir der Abschied leichter falle, hatte die Mutter extra etwas gekocht, das es sonst an einem normalen Werktag nicht gab. Dennoch bekam ich davon kaum einen

Bissen herunter, dazu war ich viel zu aufgeregt. Jetzt sollte es hinausgehen in die weite Welt! Bis jetzt war ich noch nie von zu Hause weggewesen, sieht man von den Ferienbesuchen bei Tante Julie und bei meiner Freundin Waltraud im Schloss ab. Dort war ich aber immer nur mit lieben, mir bestens vertrauten Menschen zusammen gewesen. Nun aber sollte ich zu wildfremden Leuten, noch dazu auf einen Bauernhof, also in ein mir völlig fremdes Umfeld. Wenn doch wenigstens Mariechen daheim gewesen wäre! Aber es war Unsinn von mir, so etwas überhaupt zu denken. Schließlich ging ich ja als Ersatz für meine Firmpatin auf ihren elterlichen Bauernhof.

Am Nachmittag erschien mein Bruder, um mich abzuholen. Da hätte ich mich am liebsten an meiner Mutter festgeklammert, aber ich sah, dass auch ihr der Abschied schwer fiel, und wollte ihr das Herz nicht noch schwerer machen. Auf dem Weg zum Bahnhof kämpften sehr unterschiedliche Gefühle in mir. Einerseits hatte ich – wie bereits erwähnt – Angst vor all dem Unbekannten, andererseits erwachte in mir auch eine gewisse Neugier auf all das Neue, das auf mich zukommen würde. Von meinem Abteilfenster aus sah ich, wie die Landschaft an mir vorbeizog. Anfangs waren das noch Häuser, Felder und Wälder, die ich kannte. Bald aber durchfuhren wir Gegenden, in denen ich noch nie gewesen war. Je weiter wir uns von meinem Zuhause entfernten, desto zuversichtlicher wurde ich aber. Wenn ich auch weit weg sein würde von Vater und Mutter und wenn sich mein Bruder gleichfalls bald von mir verabschieden würde, so war ich dennoch nicht ganz verlassen. Gott würde stets bei mir sein und mich vor allem Argen beschützen. Nachdem meine Gedanken diese Richtung eingeschlagen hatten, kehrten eine gnädige Ruhe und Zuversicht in mir ein. Ja, mehr noch, bald war meine alte Fröhlichkeit wieder da, und munter plaudernd legte ich den letzten Teil meiner Bahnreise zurück.

Am Bahnhof in Bullendorf stiegen wir aus. Während ich so neben meinem Bruder, der mir den Koffer trug, hertrippelte, überfiel mich auf einmal erneut eine große Verzagtheit. »Ach, Rudl«, flehte ich, »kannst du mich nicht mitnehmen zu deinem Fleischer? Vielleicht können die ja auch eine Haushaltshilfe oder ein Kindermädchen brauchen.«

Traurig schüttelte er den Kopf. »Ich würde dich ja liebend gern mitnehmen, Martl, das kannst du mir glauben. Aber beim Fleischer ist keine Stelle frei. Bei denen habe ich nämlich schon mal vorsichtig angefragt. Für eine Küchenhilfe haben sie nicht genug Arbeit, und ein Kindermädchen haben sie erst vor ein paar Monaten eingestellt. Das hilft auch mal in der Küche aus, wenn die Kinder im Bett sind.«

Es war mir klar, dass sie dort natürlich nicht gerade auf mich warteten. Enttäuscht war ich über seine Worte trotzdem.

Endlich waren wir an unserem Ziel. Über den gepflasterten Hof bewegten wir uns auf das Bauernhaus zu. Vor der Tür stellte Rudl meinen Koffer ab und schickte sich an zu gehen. »So, Martl, hier beginnt dein eigenständiges Leben. Viel Glück!«, brachte er mit rauer Stimme hervor. Damit wandte er sich um.

Ich hielt ihn am Arm fest. »Wieso willst du schon gehen? Ich dachte, du würdest noch mit mir reingehen und mich vorstellen.« Bei diesen Worten kullerten mir einige Tränen aus den Augen. Da drehte er sich wieder zu mir um. Obwohl mein Blick tränenverschleiert war, konnte ich erkennen, dass auch seine Augen feucht geworden waren. »Ich würde ja gerne mit dir hineingehen, Schwesterchen, aber ich muss umkehren, sonst erwische ich meinen Zug nicht mehr. Aber eines verspreche ich dir: Jede Woche werde ich herkommen, um zu schauen, wie es dir geht.«

Durch dieses Versprechen ein wenig getröstet, schaute ich ihm nach, bis er um die nächste Straßenbiegung verschwunden war. Nun stand ich da, völlig verloren, vor einer fremden Haustür. Nirgends war eine Klingel zu entdecken, deshalb drückte ich die Klinke nieder. Die Tür gab nicht nach. Ich klopfte zaghaft an. Nichts rührte sich. Nun klopfte ich stärker. Wieder blieb alles still.

Gewiss, ich hatte nicht erwartet, mit Pauken und Trompeten begrüßt zu werden, aber dass man mich einfach vor der Tür stehen ließ? Schüchtern, wie ich damals noch war, wagte ich es auch nicht, auf eigene Faust einen Erkundungsgang durch Ställe und Scheune zu machen. Womöglich stundenlang vor verschlossener Tür stehen wollte ich aber auch nicht, also schaute ich mich nach einer Sitzgelegenheit um und entdeckte einen Brunnen mit der Schwengelpumpe, der mitten im Hof stand. Er hatte einen breiten gemauerten Rand, auf dem ich mich unbesorgt niederlassen konnte, denn die Frühlingssonne meinte es gut und hatte die Steine schon ganz schön erwärmt.

Während ich so saß und versonnen ins Wasser blickte, fiel mir irgendwann ein Tuscheln und Kichern um mich herum auf. Ich blickte auf und sah mich von einem ganzen Trupp kleiner Kinder umringt, die mich betrachteten, als ob ich von einem anderen Stern wäre, und nun, da ich sie gesehen hatte, schlagartig still wurden. Freilich, ich hatte meinen feinen Koffer bei mir, der von meiner Taufpatin stammte, ich trug mein bestes Kleid, und an den Füßen hatte ich feste braune Schuhe, während diese Kinder alle barfuß waren und das, was sie anhatten, mehr nach Lumpen aussah als nach Kleidern.

Keines der Kinder sprach ein Wort, und ich sagte auch nichts. Wir starrten einander nur an. Auf einmal näherte sich hastigen Schrittes eine Frau. Wegen des grauen Haars, das unter ihrem verwaschenen Kopftuch hervorschaute, vermutete ich in ihr die Großmutter von einigen der Kinder, und sie scharten sich auch gleich auf ihren Zuruf hin um sie herum. Sie zog jedoch mit der Kinderschar nicht ab, sondern steuerte direkt auf mich zu.

»Ja, Mädchen, was willst du denn hier?«, fragte sie mich ganz direkt.

»Ich soll heute hier meine Stellung antreten«, antwortete ich artig.

Sie schüttelte bekümmert den Kopf. »Ach, Mädchen, das wird doch nichts.«

»Das ist doch mit denen so ausgemacht«, beharrte ich.

»Ausgemacht hin, ausgemacht her«, fuhr die Alte fort, wobei sie ihren Kopf missbilligend hin- und herbewegte. »Die Stelle ist nichts für dich. Wenn du meinen Rat hören willst: Geh wieder heim. Ich meine es gut mit dir.«

War ich vielleicht auf dem falschen Hof gelandet? Vorsichtshalber erkundigte ich mich bei der alten Frau nach dem Namen des Hofbesitzers. Aber ich war offenbar hier schon richtig. Mutig forschte ich weiter: »Wo sind diese Leute denn? Sind sie verreist?«

»Nee, nee, verreist sind die nicht«, gab mir die Oma lachend Bescheid, wobei sie ihre restlichen Stummel brauner Zähne sehen ließ. »Wahrscheinlich sind die auf dem Acker und setzen Kartoffeln. Spät genug dran sind sie dieses Jahr. Aber sie müssten bald heimkommen.«

»Dann warte ich so lange.«

»Ja, wenn du meinst. Aber ich habe dich gewarnt.«

Die alte Bäuerin trottete mit sämtlichen Kindern vom Hof, und ich sah ihr ein wenig verzagt hinterher. Auch wenn sie recht haben sollte, dachte ich, wo sollte ich denn hingehen?

Wenig später sah und hörte ich einen Leiterwagen auf den Hof zurumpeln. Gezogen wurde er von zwei Ochsen, die ich in meiner damaligen Ahnungslosigkeit für Kühe hielt. Geführt wurden sie von einem Buben, der in meinem Alter sein mochte, obwohl er natürlich wesentlich größer und kräftiger war als ich. Hinten auf dem Wagen saßen ein Mann und eine Frau mittleren Alters.

»Bist du die Martl?«, begrüßte mich die Frau. »So früh hatte ich noch nicht mit dir gerechnet.«

Der Bauer schob den Wagen rückwärts in die Scheune, während der Junge die Tiere in den Stall führte. Die Frau nahm mich mit ins Haus und stieg mit mir bis auf den Dachboden, wo sie mir eine winzige, äußerst spärlich eingerichtete Kammer zuwies. »Schieb abends immer gewissenhaft den Riegel vor!«, legte sie mir ans Herz, ehe wir wieder nach unten stiegen, und ihrer Stimme konnte ich anhören, dass es ihr ernst damit war.

»Schau gut zu, wie ich das Abendessen richte. Das wirst du ab morgen allein machen müssen«, hieß es dann wenig später unten. Nachdem die Bratkartoffeln mit Dickmilch schweigend eingenommen worden waren, spülte die Hausfrau, und ich trocknete ab. Nebenbei erklärte sie mir, was fortan alles zu meinen Aufgaben gehörte. Das war so viel, dass ich dachte: Was bleibt dann für sie selbst zu tun übrig?

Von wegen nur Küchenarbeit! Am nächsten Morgen ging es schon vor sechs Uhr in den Stall, wo die Bäuerin als Erstes versuchte, mir das Melken beizubringen. Dabei lernte ich gleich, dass die Kühe die sind, die Milch geben und die Ochsen diejenigen, die keine Milch geben, und wie man sie voneinander unterscheidet. Dann zeigte die Frau mir, wie man den Stall mistet und wieder neu einstreut. Das sollten zukünftig meine morgendlichen und abendlichen Pflichten sein. Nur das Füttern der Tiere übernahm sie weiterhin selbst. Außer den zwei Ochsen, die ich schon vom Vortag kannte, hatten sie drei Kühe, zwei Schweine und zehn Hühner mit einem stolzen Hahn. Mit aufs Feld musste ich in den folgenden Tagen ebenfalls. Dort säten wir Rüben. Einen Nutzgarten gab es auch. Der lag hinter dem Haus, aber darin arbeitete die Bäuerin selbst, während ich mit den anderen Hausarbeiten beschäftigt war.

Das Essen war aber tatsächlich gut und reichlich, sodass ich das Gefühl hatte, aufzugehen wie ein

Hefeteig. Aber sonst gefiel es mir in diesem Hause gar nicht. Das lag nicht zuletzt am Bauern. Irgendwie hatte ich Angst vor ihm. Sein Blick kam mir unheimlich vor, so als gehe eine Gefahr von ihm aus, und ich vermied es stets, irgendwo mit ihm allein zu sein. Ob die gut gemeinte Warnung, die mir die Oma am Brunnen gegeben hatte, wohl eine Anspielung auf den Hausherrn gewesen war? Aber auch meine Arbeit war zum Teil so schwer, dass ich an meine Grenzen kam. Sie begann jeden Morgen kurz vor sechs, und sie endete abends nicht vor neun. Deshalb fiel ich immer wie ein Stein ins Bett – aber nicht, ohne meine Kammertür sorgfältig verriegelt zu haben, wie es mir die Bäuerin eingeschärft hatte –, und schlief sofort ein.

Was mich aber viel mehr störte als die schwere Arbeit, war die Tatsache, dass die Mahlzeiten schweigend eingenommen wurden, wobei alle Familienmitglieder mürrisch dreinschauten. Da war ich von zu Hause anderes gewöhnt. Von dort war ich es auch gewöhnt, dass man am Sonntag zur Kirche ging. Als ich aber an meinem ersten Sonntag in Bullendorf fragte, um wie viel Uhr der Gottesdienst beginne, fuhr man mich an: »Was brauchst du das zu wissen? Da kannst du sowieso nicht hin. Du bist hier, um zu arbeiten, und nicht, um spazieren zu gehen.« Selbst am hochheiligen Osterfest durfte ich nicht zur heiligen Messe. Da wurde gearbeitet wie an jedem anderen Tag.

Meine einzigen Lichtblicke in dieser Zeit waren die Besuche meines Bruders. Von Friedberg bis zu mir brauchte er mit dem Rad etwa eine halbe Stunde. Die wenigen Minuten, die wir zusammen sein konnten, wollte ich aber nicht damit vertun, ihm vorzujammern, wie unwohl ich mich bei den Bauersleuten fühle. Da er sowieso nichts an dieser Situation ändern konnte, hatte es doch keinen Sinn, ihm unnötig das Herz schwer zu machen. Deshalb setzte ich immer ein strahlendes Lächeln auf, wenn er kam. Das fiel mir gar nicht schwer, denn sobald ich ihn erblickte, war mir ganz von selbst nach Strahlen zumute. Deshalb fuhr er stets ganz zufrieden ab; ich dagegen blieb mit schwerem Herzen zurück.

So ging das sechs Wochen, dann geschah etwas, das das Fass bei mir zum Überlaufen brachte. Weinend warf ich mich meinem Bruder an diesem Abend in die Arme. »Rudl, nimm mich mit zum Fleischer«, flehte ich. »Hier bleibe ich nicht mehr.«

Er hielt mich lange in seinen Armen. Eine solche Art von Zärtlichkeit war bei uns eher unüblich, deshalb tat es besonders gut.

»Was ist los, Martl? Wer hat dir was getan?«, fragte er besorgt.

In meinem Kopf war alles ein großes Durcheinander, und so brachte ich nur schwach hervor: »Ich habe einen Teller an den Kopf gekriegt.«

»Einen Teller?«, wiederholte mein Bruder ungläubig. Er untersuchte sorgfältig meinen Kopf und entdeckte tatsächlich zwei ansehnliche Beulen. Die eine befand sich an meinem Hinterkopf und die andere auf meiner Stirn, direkt am Haaransatz, darum hatte er sie nicht gleich gesehen. Bei dieser war die Haut sogar ein bisschen aufgeplatzt.

»Wie ist das passiert?«, wollte er wissen.

Ich erzählte es ihm: Kurz vor dem Mittagessen war ich nicht weit vom Küchenfenster entfernt damit beschäftigt gewesen, Gras vom Handkarren abzuladen. Plötzlich hatte ich einen Schlag an der Stirn gespürt, war nach hinten gefallen – und weg war ich gewesen. Wie lange ich auf dem Boden gelegen war, weiß ich nicht. Jedenfalls, als ich wieder zu mir kam, lag neben mir ein zerbrochener Teller und an meiner Schürze klebten Essensreste. Als allmählich meine Erinnerung wiederkehrte, begriff ich, dass der Teller aus dem Küchenfenster geflogen sein musste. Dieses Fenster war offen gestanden, damit die Kochdünste abziehen konnten, und ich hatte den Bauern und die Bäuerin drinnen miteinander streiten gehört. Erst mit gedämpfter Stimme, aber dann wurden sie immer lauter, und es waren ein paar Wortfetzen zu verstehen. Unter anderem fielen die Wörter »Weiberheld« und »Fremdgeher«, Begriffe die ich noch nie gehört hatte und unter denen ich mir absolut nichts vorstellen konnte. Wahrscheinlich sind sie gerade deshalb bis auf den heutigen Tag in meinem Hirn haften geblieben.

Kaum dass ich meinen Bericht beendet hatte, sagte mein Bruder: »Martl, du packst sofort deinen Koffer. Ich nehme dich heute noch mit.«

Das überraschte mich sehr. Eigentlich hatte ich erwartet, dass er mir gut zureden würde: »Wegen so ein bisschen Teller-an-den-Kopf-Kriegen verlässt man doch nicht gleich seine Stelle.« Deshalb hatte ich mich schon darauf eingestellt, lange bitten und betteln zu müssen. Da er mich aber so spontan aufforderte, meinen Koffer zu packen, ließ ich mich nicht zweimal bitten und war nach wenigen Minuten aufbruchsbereit. Unterdessen schien mein Bruder mit der Bäuerin ein klares Wort geredet zu haben. Denn statt mir Fragen zu stellen, als ich mich von ihr verabschieden wollte, sagte sie nur: »Es tut mir leid, Martl. Gott beschütze dich.«

Ich kann gar nicht sagen, wie erleichtert ich war, als mein Bruder sein Rad mit meinem Koffer darauf vom Hof schob. Da mir mein Bruder von sich aus keine Erklärung gegeben hatte, als ich ihm die Wörter »Weiberheld« und »Fremdgeher« genannt hatte, wagte ich es auch nicht, ihn nach deren Bedeutung zu fragen. Gott sei Dank – jedenfalls war dieses Kapitel nun abgeschlossen. Leichtfüßig wanderte ich neben Rudl die Landstraße entlang.

»Du kannst diese Nacht in meiner Kammer schlafen«, sagte er. »Da steht noch ein zweites Bett. Gleich morgen werde ich versuchen, eine neue Stelle für dich zu finden.«

Die fand sich schneller, als wir zu träumen gewagt hatten. Am nächsten Morgen stellte mich Rudl seiner Hausfrau vor mit der Erklärung, dass ich nur kurz bleiben werde, eben bis er für mich eine Stelle als Kindermädchen gefunden habe.

»Dich schickt der Himmel!«, rief da die Fleischerfrau aus. »Gestern habe ich mein Kindermädchen entlassen müssen. Stellt euch vor, als ich überraschend in die Küche kam, sah ich, wie sie gerade unsere Kleine in einen Kochtopf pinkeln ließ.«

Während ich nicht wusste, ob ich mich über diese Ungeheuerlichkeit entsetzt zeigen oder ob ich lachen sollte, fuhr sie fort: »Wenn du Lust hast, kannst du auf der Stelle bei uns anfangen.«

Und ob ich Lust hatte!

Familie Jung hatte zwei süße Kinder. Der Fritz war zweieinhalb und die Helmi ein knappes Jahr alt. Ich mochte sie von Anfang an, und sie mochten mich auch.

Das Mariechen, meine Firmpatin, war natürlich höchst verwundert, als sie mich im Hause des Fleischers wiedersah. Ich erzählte ihr aber nicht, was wirklich vorgefallen war, um sie nicht zu belasten, sondern behauptete, dass mir die landwirtschaftliche Arbeit doch zu schwer geworden sei.

Zu meinen Aufgaben im Hause Jung gehörte auch das Einkaufen. Gleich am nächsten Morgen drückte mir die Fleischerin ein paar Kronen in die Hand. Damit sollte ich beim Krämer frische Petersilie kaufen. Die brauchte sie für ihre Gaststätte, denn sie hatten jeden Tag hundert Mittagessen zu machen. Die meisten davon wurden allerdings nicht in dem Gastraum verzehrt, der höchstens Platz für dreißig Personen bot. In der Stadt gab es einige Fabriken, und deren Arbeiter konnten am Mittag nicht nach Hause gehen. Dadurch hätten sie zu viel Zeit verloren. Damit sie aber ihre warme Mahlzeit hatten und bei Kräften blieben, schickte jede Firma jeden Mittag zwei Mann los, die das Essen bei uns in großen Behältern abholten.

Aber zurück zu meiner Petersilie. Es war ein ganz ansehnliches Bund, das ich von meinem Einkauf nach Hause brachte. Sichtlich erfreut schlug Frau Jung die Hände zusammen. »Ja, Martl, das alles hast du für das bisschen Geld gekriegt? Für die gleiche Summe hat mir die Anna immer nur ein Drittel von der Menge heimgebracht. Demnach hat die raffinierte Person immer einen Teil des Geldes für sich abgezwigt. Nun bin ich doppelt froh, dass ich sie rausgeschmissen habe.«

Mein Bruder und ich mussten beim Fleischer viel arbeiten, aber es gefiel uns trotzdem. Die Leute waren immer nett zu uns und behandelten uns so, als gehörten wir zur Familie.

Allein für die hundert Mittagsmahlzeiten gab es schon viel zu schlachten und zu verarbeiten. Außerdem kamen die Hausfrauen von nah und fern zum Einkaufen. So etwas wie Ladenschlusszeiten gab es aber noch nicht. Deshalb musste die Fleischerin abends oft bis acht oder neun Uhr im Laden stehen.

Im Schlachthaus, in der Gastküche und im Laden fiel täglich eine ansehnliche Menge an blut- und fettverschmierter Wäsche an. Diese zu waschen gehörte auch zu meinen Aufgaben. Waschmaschinen gab es aber noch nicht. Damit ich diese Wäsche überhaupt sauber bekam, musste ich sie zunächst einweichen. Dann wurde sie gekocht und anschließend gerumpelt. So nannte man das, wenn man die Wäschestücke auf dem Waschbrett scheuerte. Nach dem Schwenken brauchte ich sie allerdings nicht auszuwringen. Dazu gab es eine kleine Mangel. Das bedeutete schon eine enorme Erleichterung.

Es kam nicht selten vor, dass ich nachts bis ein, zwei Uhr in der Waschküche beschäftigt war. Als ich noch fünfzehn war, ist es zweimal vorgekommen, dass ich beim Mangeln eingeschlafen bin. Da mein Bruder entdeckte, dass mein Bett noch leer war, ging er mich suchen und fand mich schlafend auf einem Berg Schmutzwäsche vor. Behutsam trug er mich in mein Bett, sodass ich noch nicht mal aufgewacht bin.

Im ersten Stock des Hauses lebte das alte Ehepaar, dem dieses Haus gehörte. Die Fleischerleute hatten ihre Wohnung und ein Dachstübchen nur gemietet und die Gaststätte sowie das Schlachthaus gepachtet. Zunächst blieb ich weiterhin bei meinem Bruder in dieser kleinen Kammer auf dem Dachboden wohnen. Im Winter war es dort lausig kalt. Auf derselben Etage wohnte noch ein junges Ehepaar zur Miete. Das waren ganz feine, gescheite Leute. Die junge Frau hatte Mitleid mit uns Geschwistern und legte jedem von uns jeden Abend eine Wärmflasche ins Bett. In unserer Kammer wimmelte es aber auch von Wanzen. An mich gingen sie zum Glück nicht, aber mein armer Bruder hatte sehr unter ihnen zu leiden. Ich weiß gar nicht, ob Wanzen beißen oder stechen, aber jedenfalls tun sie es in der Nacht, und am Morgen juckte es ihn dermaßen, dass er sich oft blutig kratzte. Die alte Frau vom ersten Stock bekam das irgendwie mit. Eines Tages sprach sie mich im Treppenhaus an: »Martl, unsere Kinder sind schon lange ausgezogen. Warum sollen die Kammern alle leer stehen? Ihr beiden kriegt die schönsten Kammern, die wir haben.«

Von da an hatten wir beide tatsächlich jeder ein schönes Zimmer für sich allein. Wieder mal hatten wir Glück gehabt.

Von dem jungen Ehepaar, das neben uns unter dem Dach gewohnt hatte, gibt es noch eine Heldentat zu berichten, das heißt, eigentlich nur von der Frau. Eines Tages – es hatte furchtbar viel geregnet – stand der Keller unter Wasser, und die Bierfässer schwammen darin herum. Der Fleischer und seine Frau waren ziemlich dick und unbeweglich. Die standen nur auf der obersten Stufe der Kellertreppe und jammerten: »O Gott, was sollen wir nur machen?« Die junge Frau aber stieg beherzt ins Wasser und zog alle Bierfässer in Richtung Treppe, wo der Meister sie dann irgendwie verankerte, damit er seinen Gästen weiterhin das Bier zapfen konnte.

Leider waren diese netten jungen Leute die ersten, die in einer Nacht- und Nebelaktion abgeholt wurden.

»Warum sind sie fort?«, wollte ich von meiner Hausfrau wissen, sobald ich davon erfahren hatte.

»Weil sie Juden sind«, raunte mir Frau Jung hinter vorgehaltener Hand zu. »Bitte, frag nicht weiter. Das ist zu gefährlich.«

Sie sind nie mehr aufgetaucht. Wahrscheinlich sind sie in einem Konzentrationslager umgebracht worden. Aber davon ahnte man damals noch nichts.

Jede Woche durfte einer von uns Geschwistern nach Hause fahren. Derjenige nahm dann immer die Schmutzwäsche von uns beiden mit. Denn eigenartigerweise, so gut die Fleischerin auch zu uns war und obwohl ich täglich zu waschen hatte – unsere Privatwäsche durfte ich nicht mitwaschen. Das musste unsere Mutter zu Hause erledigen. Am Sonntagabend, wenn wir wieder nach Friedland fuhren, gab sie uns die frisch gebügelte Wäsche wieder mit. Wenn ich an der Reihe war, holte mein Bruder mich immer in Friedland am Bahnhof ab, damit ich das schwere Wäschepaket nicht so weit tragen musste.

Eines Sonntagabends nun, als er mich vom Bahnhof abholte, wirkte er sehr geknickt.

»Was ist los, Rudl?«, erkundigte ich mich teilnahmsvoll.

»Ach, nichts, nichts«, beeilte er sich zu sagen.

»Mach mir nichts vor, Rudl«, bohrte ich weiter. »Ich kenne dich gut genug, um zu merken, dass mit dir etwas nicht stimmt.«

»Nein, nein, Martl, damit will ich dich nicht belasten. Das muss ich mit mir allein ausmachen.«

Ich merkte, dass er nur mit Mühe die Tränen zurückhalten konnte.

»Wenn ich Kummer habe, stehst du mir auch immer bei«, redete ich auf ihn ein. »Da ist es nur gerecht, dass ich dir ebenfalls beistehe. Außerdem, wenn du dir bei mir das Herz ausschüttest, fühlst du dich nachher bestimmt besser.«

Da erzählte er mir, was sein Herz bedrückte. Wie wir bereits vor meiner Firmung vermutet hatten, war Rudl in Mariechen verliebt. Da sie ihm stets freundlich begegnet war und so bereitwillig das Amt der Firmpatin bei mir übernommen hatte, war er sicher gewesen, dass sie seine Liebe erwiderte. Dennoch hatte er lange gezögert, ihr seine Liebe zu gestehen. Das lag nicht nur an seiner Schüchternheit. Er hatte auch den Ehrgeiz, erst beruflich weiterzukommen, ehe er sich ihr erklärte. Zumindest wollte er seinen Meister machen oder sogar, sollte sich eine Gelegenheit dazu bieten, ein eigenes Fleischergeschäft erwerben. Aus diesem Grund hatte er äußerst sparsam gelebt und Krone auf Krone für seinen Traum beiseitegelegt.

In der Zwischenzeit war, noch bevor ich mein siebzehntes Lebensjahr vollendet und noch ehe Rudl seiner Angebeteten seine Liebe gestanden hatte, der schreckliche Zweite Weltkrieg ausgebrochen. Der Winter war noch nicht richtig ins Land gezogen, da musste unser Chef bereits einrücken. So wurde mein

Bruder von einem Tag auf den anderen der Fleischer im Hause Jung, und da hielt er den Zeitpunkt für gekommen, Mariechen seine Liebe zu gestehen. Daraufhin lächelte sie ihn aber nur mitleidig an.

»Rudl, du bist ein lieber netter Kerl, ich schätze dich als Mensch und als tüchtigen Fleischer, aber mein Herz ist längst vergeben.«

Das war natürlich wie ein Dolchstoß mitten ins Herz meines Bruders. »Habe ich zu lange gewartet? Hätte ich mich dir eher offenbaren sollen?«, fragte er niedergeschlagen.

Mariechen versicherte ihm, dass das nichts geändert hätte. Den Mann, den sie heiraten wollte, hatte sie schon lange gekannt, bevor Rudl ihr das erste Mal begegnet war. Er war Bäcker und hatte denselben Gedanken gehabt wie mein Bruder: Er wollte nicht heiraten, bevor er es zu etwas gebracht hatte. Da es ihm nun gerade gelungen war, in Ansdorf, nicht weit von uns, eine Bäckerei zu erwerben, stand einer baldigen Hochzeit auch nichts mehr im Weg.

Obwohl ich bis zu diesem Zeitpunkt noch nie verliebt gewesen war, konnte ich meinem Bruder nachfühlen, was Mariechens Worte für ihn bedeutet haben mussten. An diesem Abend redeten wir noch sehr lange miteinander, und ich merkte, dass es Rudl mit jedem Wort, das er sich von der Seele sprach, leichter ums Herz wurde. Mit meiner gerade mal siebzehnjährigen Lebensweisheit versuchte ich ihn zu trösten: »Rudl, du wirst darüber hinwegkommen. Die Zeit heilt alle Wunden. Du wirst sehen, eines Tages läuft dir ein hübsches Mädchen über den Weg, das ist dann die Richtige für dich.«

Ab dieser Zeit hingen mein Bruder und ich vielleicht noch enger aneinander als bisher. Da er nun der Fleischer war, lastete natürlich viel Arbeit und Verantwortung auf seinen Schultern. Deshalb half ich ihm immer wieder mal, wenn meine eigenen Arbeiten erledigt waren, beim Räuchern.

Unsere Chefin Frau Jung schloss schon wenige Monate nach Kriegsbeginn die Gaststätte. Das tat sie aber nicht, weil ihr und meinem Bruder die Arbeit zu viel gewesen wäre, sondern weil sie auf einmal zu wenig Arbeit hatten, denn aufgrund des Krieges waren die Gäste immer weniger geworden. Die Männer wurden ja nach und nach eingezogen. Auch die Fabrikarbeiter waren dabei nicht verschont worden, so fielen bald auch diese Essenslieferungen weg. Und weil keine Gasthausküche mehr existierte, wurde auch die Köchin, also Mariechen, entlassen. Der machte das aber nichts aus. Sie heiratete ihren Bäcker und war gut versorgt. Ihr Mann brauchte nämlich nicht weg, die Bevölkerung musste ja mit Brot versorgt werden.

Es dauerte nur wenige Wochen, da hatte selbst mein Abschiedsstündchen geschlagen. Weil auch im Geschäft immer weniger lief, konnte sich die Fleischerin kein Kindermädchen mehr leisten. Da sie nun weitgehend von ihren Pflichten im Laden entbunden war, hatte sie Zeit genug, sich selbst um ihre Kinder zu kümmern. So verlor ich, kaum dass das Frühjahr ins Land Einzug gehalten hatte, von heute auf morgen meine so angenehme Stelle. Am schwersten fiel mir der Abschied von meinem Bruder. Es war doch so schön gewesen, dass wir einige Jahre hatten zusammen sein dürfen.

Mangelhafte Aufklärung

Bei allem hatte ich aber doch wieder Glück. Da die Fleischerin es mir gut meinte, empfahl sie mich ihrer Schwägerin. Diese brauchte nämlich gerade ein Mädchen. Sogleich war ich bereit diese Stelle anzutreten, da war es wieder mein Bruder, der für mich den Schutzengel spielte. »Dort gehst du mir nicht hin. Ich kenne diese Frau; sie ist nicht gut.«

»Aber was soll ich denn sonst machen?«, jammerte ich.

»Mit Gottes Hilfe werden wir für dich etwas Besseres finden«, tröstete er mich. Er sollte rechtbehalten.

Früher war es üblich, dass die Viehhändler über die Dörfer fuhren, um für die Schlachter Schweine und Rinder zu kaufen. Dabei hielten sie auch sonst Augen und Ohren offen und erfuhren über die Leute so manches, was wissenswert war. Dem nächsten Händler, der ihm ein Schwein verkaufte, erzählte mein Bruder, dass er dringend eine Stelle für seine Schwester brauche.

»Das trifft sich gut«, antwortete der. »Ich hätte tatsächlich was für deine Schwester. In Haindorf gibt es eine kleine Pension, die wird von drei Frauen bewirtschaftet: von einer Mutter, ihrer Tochter und einer tüchtigen alten Wirtschafterin. Die Mutter hat wirklich viel Pech gehabt. Ihr Mann ist vom letzten Krieg nicht nach Hause gekommen. Daher musste sie sich mit ihrer kleinen Tochter allein durchschlagen. Unglücklicherweise hat sie vor einigen Jahren auch noch einen Unfall gehabt. Seitdem sitzt sie im Rollstuhl und braucht, weil sie nicht mehr so arbeiten kann wie vorher, immer ein Dienstmädchen. Ihr letztes hat plötzlich weggeheiratet. Deshalb hat sie mich gefragt, ob ich für sie nicht ein neues zuverlässiges Mädchen wüsste.«

Sobald mein Bruder abkömmlich war, fuhr er mit mir nach Haindorf. Er schaute sich den Betrieb und die drei Frauen genau an. Dann sagte er zu mir: »Hier kannst du bleiben. Das sind gute Menschen.«

Meine Aufgabe war es fortan, die Betten der Gäste zu machen, ihre Zimmer zu säubern und sie beim Frühstück und beim Abendessen zu bedienen. Das waren alles keine schweren Arbeiten, und es machte mir sogar Spaß. Noch mehr Spaß aber machten mir die Sonntage. Ilse, die Tochter des Hauses, die nur um einige Jahre älter war als ich, hatte bereits einen Verehrer, der aus Liebwerda stammte. Bis Liebwerda waren es von der Pension aus nur zehn Minuten zu laufen: den Hügel hoch und auf der anderen Seite wieder runter. Schon in den ersten Tagen meines Aufenthaltes weckte dieser Ort mein Interesse. Als ich nach Feierabend einen Erkundungsgang machte, war schon vom Hügel aus Musik aus dieser Richtung zu hören. Neugierig lief ich hinunter in die Stadt und entdeckte ein Tanzlokal, aus dessen offenen Fenstern die Musik kam. Drinnen sah ich viele tanzende Paare. Die meisten der Herren trugen einen schwarzen Anzug oder gar einen Frack; die Damen tanzten in feinen langen Kleidern. Es war wunderschön anzusehen. Am liebsten hätte ich gleich mitgemischt, aber in meiner Aufmachung konnte ich mich da drinnen leider nicht blicken lassen.

Am nächsten Morgen erzählte ich Ilse davon. »Ja«, erklärte sie mir. »In diesem Saal ist im Sommer an jedem Sonnabend Tanz für die feinen Kurgäste. Da passen wir aber nicht hin. Am Sonntagnachmittag ist dafür aber Tanz für die Jugend, dort geht man einfacher gekleidet hin.«

Da wollte ich natürlich unbedingt hin. Ilse sprach mit ihrer Mutter und bettelte so lange, bis sie nachgab. »Gut, am Sonntagnachmittag, wenn ihr eure Arbeit getan habt, kannst du mit der Martl nach Liebwerda gehen. Zum Abendbrot müsst ihr aber wieder da sein.«

Von da an nahmen Ilse und ihr Freund mich fast jeden Sonntagnachmittag mit zum Tanz. Ach, war das herrlich! Zur Abendmahlzeit der Gäste waren wir immer pünktlich zurück. Bei gutem Wetter hatte die Wirtschafterin im Garten schon immer alles für die Hausgäste gedeckt, wir brauchten nur noch zu bedienen.

Ilse, die bereits Nähen gelernt hatte, schneiderte für mich, weil sie mich so gern mochte, zwei wunderschöne Dirndl. »Damit du zum Tanzen etwas Hübsches anzuziehen hast«, erklärte sie dabei.

In der Pension gefiel es mir so gut, dass ich meiner früheren Arbeitsstelle kein bisschen mehr nachtrauerte. Abends, wenn ich mich anschickte, zu Bett zu gehen, rief mich die alte Wirtschafterin für gewöhnlich zu sich, und wir plauderten noch ein Stündchen miteinander. Bei einer solchen Gelegenheit äußerte sie einmal: »Du bist das erste Mädchen, das mit uns in der

Stube essen darf. Die vorhergehenden mussten in der Küche allein essen.«

Ja, mein Aufenthalt bei diesen netten Leuten war eigentlich zu schön, um von Dauer zu sein. Die Pension war nämlich nur in der Sommersaison geöffnet. Als es auf den Herbst zuging, gab es plötzlich für mich nichts mehr zu tun. Die Pensionsinhaberin bot mir jedoch an, ich könne auch über den Winter bleiben und bei ihrer Tochter nähen lernen. Kost und Logis seien für mich frei, nur zahlen könne sie mir nichts mehr, weil sie in dieser Zeit selbst keine Einnahmen mehr hätte. Dieses Angebot hätte ich freudig angenommen, denn mein Bruder hatte mir bereits von seinen Ersparnissen eine versenkbare Nähmaschine gekauft als Dankeschön dafür, dass ich ihm so oft beim Räuchern geholfen hatte. Doch mein Vater legte ein Veto ein: »Das ist nichts, wenn du den Winter über dort rumhängst. Such dir lieber eine Stelle, wo du Geld verdienst.«

Als folgsame Tochter, zumal ich noch minderjährig war, musste ich ihm gehorchen. Wieder war es mein Bruder, der mir weiterhalf.

»Mariechen, deine Firmpatin, die inzwischen geheiratet hat, sucht für ihre Bäckerei eine Hilfe.«

Frohgemut trat ich die Stelle an, doch das Leben dort wurde für mich wesentlich härter, als ich mir das vorgestellt hatte. Satt zu essen kriegte ich zwar, das muss ich zugeben. Dafür musste ich aber auch schaffen für zwei. In der Nacht um halb drei musste ich schon aus den Federn, und kaum dass ich angezogen war, stand ich bereits in der Backstube. Dort war es meine Aufgabe, die Bleche mit den Brötchen in den Ofen zu schieben. Danach kam das Brot dran. Auch das musste ich ganz allein in den Ofen schieben. Das war ganz schön anstrengend. Anton, der Bäcker, war ziemlich dick und unbeweglich. Wahrscheinlich ließ er deshalb mich das alles machen. Er war wohl der Ansicht, wenn er den Teig gemacht habe, sei seine Pflicht erledigt. Natürlich musste ich die Brötchen und das Brot auch wieder aus dem Ofen rausziehen. Aber da waren sie nicht mehr ganz so schwer. Am Sonnabend wurden nach dem Brot auch noch einige Kuchen gebacken.

Gegen sieben Uhr in der Frühe begannen wir damit, den Bäckerwagen zu beladen. Dann spannte Anton sein Pferd vor und wir fuhren los. Wir zockelten so lange durch die Dörfer, bis alles verkauft war. Seine Frau stand unterdessen im Laden und verkaufte Backwaren an die heimische Kundschaft. Wenn wir gegen Abend todmüde zurückkamen, haute sich der Bäcker gleich aufs Ohr. Mir aber blieb die Aufgabe, noch die ganzen Bleche zu putzen, weil die ja in der Nacht wieder gebraucht wurden. Dann musste ich noch das ganze Wasser vom Brunnen holen, das für den nächsten Tag im Haus gebraucht wurde.

Einmal, als wir wieder zu Hause eintrafen, fanden wir Mariechen auf dem Kanapee liegend vor. Da fauchte Anton sie an: »Das hab ich gern. Du liegst den ganzen Tag auf dem Kanapee. Das ist eine Schande! Könntest du nicht wenigstens die Bleche scheuern, während wir unterwegs sind?«

Seelenruhig gab sie ihm zurück: »Nee, das kann ich nicht. Ich habe den ganzen Tag im Laden gestanden, und nun muss ich mich ausruhen. Ich erwarte nämlich ein Kind.«

Über diese Neuigkeit freute sich der Bäcker sehr. Ich aber musste weiterhin Brötchen- und Kuchenbleche schrubben, wenn ich todmüde von unserer Verkaufstour zurück war.

Nun will ich nicht behaupten, dass Mariechen mein Befinden gleichgültig gewesen wäre. In ihrem Hause musste ich zwar schwer arbeiten, dafür schob sie mir aber auch immer wieder etwas Gutes zu oder sie gab mir mal die eine oder andere Stunde frei. Dann gab es da noch einen weiteren Punkt, in dem sie sich sehr besorgt um mich zeigte. In der Schule war ich, wie bereits erwähnt, sehr gescheit gewesen. Was das wirkliche Leben aber anging, war ich noch sehr blöd. Es hatte ja niemand für nötig befunden, mich aufzuklären. Nachdem ich schon einige Monate im Hause der Bäckersleute arbeitete, machte Mariechen eines Tages die Feststellung: »Du bist schon achtzehn, und solange du bei uns bist, habe ich noch nicht bemerkt, dass du deine Tage bekommen hättest.«

Mit großen Augen schaute ich sie an, denn ich hatte weder eine Ahnung, was das war, noch dass man diese zu kriegen hatte. Statt mir nun zu erklären, worum es dabei ging, sagte sie aber nur: »Wenn ein Mädchen in deinem Alter die Tage noch nicht hat, ist es höchste Zeit, einen Arzt aufzusuchen.«

»Warum soll ich zum Arzt gehen?«, fragte ich verwundert. »Mir fehlt doch nichts.«

»Doch, dir fehlen die Tage.« Eine genauere Erklärung blieb sie mir schuldig. Stattdessen gab sie mir die Empfehlung: »Steig heute Abend in die Wanne und wasche dich überall gründlich.«

»Warum soll ich heute baden? Ist etwa schon wieder Sonnabend?«

»Das nicht. Aber du musst morgen früh zum Doktor. Zieh also deine beste Wäsche an.«

»Aber ich muss doch morgen mit Brot ausfahren«, wandte ich ein.

»Morgen nicht. Das kann der Anton auch mal allein machen. Ich gebe dir ein paar Stunden frei.«

Wenn sie sich so großmütig zeigte, musste es wohl um etwas wirklich Wichtiges gehen. Also marschierte ich am folgenden Morgen frisch gebadet und gekleidet zum einzigen Arzt des Dorfes. Sein Wartezimmer war ziemlich voll, daher dauerte es eine halbe Ewigkeit, bis ich endlich ins Sprechzimmer gerufen wurde. Auf die Frage des Arztes, was mir fehle, antwortete ich treuherzig: »Mir fehlen die Tage.«

»Aha, du hast Dummheiten gemacht, und nun willst du, dass ich dir helfe?«

Ich wunderte mich. »Was Sie mit Dummheiten meinen, weiß ich nicht, aber helfen sollen Sie mir schon.«

»Ach, Mädchen, mach dir deswegen keine Sorgen. Ich gebe dir eine Tablette, dann kriegst du kein Kind.«

Nach dieser Bemerkung war ich noch verwirrter als zuvor. »Wieso? Was meinen Sie damit?«

Nun wurde er sehr ernst. »Du bist doch gekommen, weil bei dir die Periode weggeblieben ist? Und nun erwartest du, dass ich was dagegen tue? Richtig?«

»Herr Doktor, von einer Periode weiß ich nichts. Aber meine Firmpatin meinte, da ich schon achtzehn sei und meine Tage noch immer nicht habe, sei das nicht normal. Deshalb solle ich zu Ihnen gehen.«

»Aha«, lächelte er verlegen, »du hast also deine Tage, die man auch Periode oder Regel nennt, noch nie gehabt?«

»Nein. Ich weiß gar nicht, was das ist.«

Ohne mir eine weitere Erklärung zu geben, gebot er mir, mich unten herum freizumachen und bedeutete mir, mich auf ein äußerst merkwürdiges Möbelstück zu legen. Auf diesem musste ich meine Beine weit spreizen und hochlegen in zwei komische Mulden. Das genierte mich furchtbar. Dann drückte er mir ein paarmal auf den Bauch und untersuchte mich unten herum, was mir entsetzlich peinlich war.

»Du bist ja tatsächlich noch Jungfrau«, stellte er fest. »Ja, organisch scheint alles in Ordnung zu sein. Und alt genug bist du auch schon. Dir scheinen nur ein paar Hormone zu fehlen. Deshalb werde ich dir etwas aufschreiben. Das besorgst du dir gleich in der Apotheke. Diese Tabletten nimmst du nach Vorschrift ein.«

»Aber nach welcher Vorschrift?«, fragte ich verunsichert.

Er schmunzelte. »Die steht auf dem Zettel, der in der Packung liegt. Wenn du die Tabletten gewissenhaft einnimmst, wirst du bald deine Tage kriegen.«

»Und wie merke ich das?«

»Mein Gott, dich scheint wirklich niemand aufgeklärt zu haben!« Bei diesem Ausspruch verdrehte er seine Augäpfel, fügte aber wohlwollend hinzu: »Wenn du in deinem Schlüpfer Blut siehst, dann ist es soweit.«

Ich schluckte also vorschriftsmäßig meine Pillen und kontrollierte gewissenhaft meine Unterhose. Als ich darin die ersten Blutstropfen entdeckte, eilte ich zu meiner Firmpatin. »Du, Mariechen, ich habe jetzt meine Tage. Was nun?«

Ohne viel Aufhebens zu machen, reichte sie mir einige längliche, aus Baumwolle gestrickte Dinger, die sie Binden nannte. Die solle ich vorlegen. Damit allein war es aber nicht getan. Nach einigen Stunden bekam ich furchtbare Bauchkrämpfe und konnte mich kaum mehr auf den Beinen halten. Also durfte ich mich ins Bett legen. Mariechen brachte mir eine Wärmflasche, die sie mir auf den Bauch legte. Nach einer Weile fühlte ich mich etwas besser, und nach vier oder fünf Tagen war der ganze Spuk vorbei. Ich atmete auf. »Nee, nee, Mariechen, deswegen hätte ich nicht zum Doktor gehen sollen. Diese Tage hätte ich nicht gebraucht.«

Sie lächelte nur.

Nach knapp vier Wochen ging das Theater schon wieder los. Als ich mich darüber bei meiner Hausfrau beklagte, seufzte sie nur: »Ja, ja, das ist das Los von uns Frauen. Diese Plage haben wir alle vier Wochen.«

»Das wäre ja schon schlimm genug«, gab ich meinen Kommentar dazu. »Was mich daran aber auch noch stört, ist das lästige und unappetitliche Bindenwaschen. – Übrigens, dabei fällt mir auf, von dir habe ich noch nie Binden in der Wäsche gehabt. Wäschst du die heimlich selbst?«

Da lachte sie herzhaft auf: »Nein, du Dummchen. Die würde ich dir schon zum Waschen geben. Aber bei mir fallen zurzeit keine Binden an. Wenn man ein Kind erwartet, bleiben die Tage aus.«

Wieder war ich ein bisschen schlauer geworden. In den nächsten Tagen drückte sie mir dann einen Strang Baumwolle in die Hand und zwei Stricknadeln. »Fang schon mal an, dir eigene Binden zu stricken, denn wenn mein Kind da ist, brauche ich meine Binden wieder selbst.«

Im Krüppelheim

Wenige Monate nach diesem Gespräch kündigte Mariechens Kind an, dass es kommen wolle. Es war noch so früh am Morgen, dass ich noch nicht mit dem Bäcker unterwegs war. Also wurde ich losgeschickt, die Hebamme zu rufen. Sie kam auch gleich mit und verschwand in Mariechens Kammer. Gerne hätte ich zugeschaut, was sich da tat, aber sie schickte mich in die Küche mit dem Auftrag, ich solle für viel heißes Wasser sorgen. Ich legte dem Ofen tüchtig nach und warf einen Blick in die Wasserschiffe, die sich links und rechts im Herd befanden. Da war nicht mehr viel drin. Also musste ich am Hofbrunnen erst die Eimer vollpumpen. Dann musste ich die schweren Kübel – wie es sonst nur am Abend und am Morgen meine Aufgabe war – in die Küche tragen. Nachdem die Wasserschiffe gefüllt waren, trug ich Holz ins Haus, damit ich weiterhin tüchtig einheizen konnte. Da kam auch schon die Hebamme, um nachzuschauen, wie es um das heiße Wasser stand. Sie bat um eine Waschschüssel und einen Eimer voll Wasser. Nachdem ich ihr das Gewünschte gebracht hatte, verlangte sie nach einer Tasse Kaffee. »Nimm das Wasser dazu aber nicht aus dem Schiff!«, beschwor sie mich.

»Das weiß ich doch selbst. Ich setze sofort den Kessel auf.«

Da das Herdfeuer fröhlich brannte, war der Kaffee bald fertig, und ich trug ihn in Mariechens Kammer. Von einem neuen Erdenbürger war aber noch nichts zu sehen. Schon schickte mich die Geburtshelferin wieder hinaus. Ich solle ihr weiteres Wasser bringen. In meinem Beisein wusch sie sich eine halbe Ewigkeit die Hände darin. Dann durfte ich die Schüssel wieder hinaustragen, um das Wasser draußen in die Gosse zu kippen. »Komm aber gleich wieder!«, rief die Hebamme mir nach. »Jetzt geht's zur Sache.«

Ich durfte ihr dann assistieren, wie sie das nannte. Es war furchtbar, Mariechen so leiden zu sehen! Als das Kind endlich seinen ersten Schrei tat, war aber aller Schmerz vergessen.

Nach der Ankunft des Kindes wurde mein Leben im Hause des Bäckers noch härter. Hatte ich bisher schon so viel Wasser tragen müssen für die Bäckerei und den Haushalt, so fiel nun eine weitere Menge für das Kind an. Es musste ja ständig gebadet werden, und es fielen Berge von Windeln und anderer Säuglingswäsche an. Da fragte niemand danach, ob mein Rücken das überhaupt mitmachte.

Eines Abends, ich war gerade wieder dabei, zwei schwere Wassereimer ins Haus zu tragen, fuhr ein Motorrad in den Hof ein. Ich glaubte, meinen Augen nicht trauen zu können. »Rudl!«, rief ich erfreut aus, ließ meine Eimer sinken und warf mich ihm in die Arme. Aus einem seiner Briefe wusste ich, dass auch er inzwischen eingezogen worden war. Deshalb war ich umso überraschter, ihn vor mir zu sehen.

»Ich bin noch nicht im Kampfeinsatz«, erklärte er mir. »Ich bin noch in Köln in einer Kaserne, wo ich für das Kriegshandwerk ausgebildet werde.«

»Und wieso bist du hier?«

Da er zu einem Melder ausgebildet wurde, stand ihm ein Motorrad zur Verfügung. Und weil er einen freien Tag hatte, war er – von einer inneren Unruhe getrieben – mal eben herübergebraust, um nach seiner kleinen Schwester zu sehen. Das war aber auch höchste Zeit. Als er sich endlich aus meiner Umklammerung gelöst hatte, schob er mich ein Stück von sich weg mit den Worten: »Lass dich anschauen!«

Dann rief er erschrocken aus: »Ja, Martl, die haben dich aber zusammengeschunden! Du kriegst ja ein ganz krummes Kreuz!«

Noch bevor ich etwas darauf erwidern konnte, fuhr er in Befehlston fort: »Geh dich jetzt waschen und zieh dich warm an, dann fahre ich mit dir nach Reichenberg ins Krüppelheim.«

Den Protest Mariechens, dass sie mich auf keinen Fall entbehren könne, jetzt, wo sie das kleine Kind habe, ließ er nicht gelten. »Keinen Tag lasse ich meine Schwester länger hier. Siehst du denn nicht, dass sie sich mit der schweren Arbeit zugrunde richtet? Sie muss dringend in ärztliche Behandlung.«

In Windeseile packte ich meine Siebensachen zusammen, und schon sausten wir los. Anfangs war ich ein bisschen ängstlich, als mir der Wind – trotz Kopftuch – so um die Ohren pfiff, und klammerte mich an meinem Bruder fest. Bald aber gewann ich Spaß daran, so durch die Gegend zu brausen. Es war schon später Abend, als wir unser Ziel erreichten.

Dennoch kämpfte sich Rudl bis zum Oberarzt durch. Der schaute sich meinen Rücken an und wiegte bedenklich sein Haupt. Zu meinem Bruder gewandt sagte er dann: »Das sieht gar nicht gut aus. Es war höchste Zeit, dass Sie uns Ihre Schwester gebracht haben. Wir brauchen viel Zeit und Geduld. Aber wir kriegen das wieder hin.«

Nachdem mein Bruder sich verabschiedet hatte, kam ich mir vor wie von aller Welt verlassen. Ich wurde in ein Zimmer gesteckt, in dem schon einige andere Mädchen untergebracht waren, und weinte still in mein Kissen. Doch ich hatte wieder Glück. In dem Bett neben dem meinen lag ein Mädchen, das etwa in meinem Alter war. Sie kam herüber, streichelte mir die Tränen weg und sagte: »Du musst nicht weinen. Hier ist es gar nicht schlimm. Wir werden viel Spaß miteinander haben.«

Von diesem Augenblick an waren wir Freundinnen. Da sie ebenfalls ein Rückenleiden hatte, absolvierten wir unsere Turnübungen, unsere Massagen und Bäder gemeinsam oder nacheinander. Danach ruhten wir gemeinsam aus oder ergingen uns in dem wunderschönen weitläufigen Park. Nach unserer Entlassung haben wir uns noch oft geschrieben.

Mit seiner Vorhersage hatte der Oberarzt recht gehabt. Es verlangte von Seiten der Ärzte, des Pflegepersonals und auch von meiner Seite viel Zeit und Geduld. Nachdem die mich erst mal in ihren Fängen hatten, ließen sie mich so schnell nicht wieder los. Über ein halbes Jahr musste ich in dem Krüppelheim verbringen, in dem die meisten der anderen Patienten nur sechs bis acht Wochen blieben. Das waren überwiegend verwundete Soldaten und Kinder, die sich etwas gebrochen hatten. Nur solche Patienten, die mit ähnlichen Problemen behaftet waren wie ich, blieben gleichfalls monatelang.

Zwischendurch wurden wir immer wieder den Ärzten vorgestellt. Nur durch regelmäßige Untersuchungen konnten sie feststellen, ob und welche Fortschritte man gemacht hatte. Meist waren an der Untersuchung zwei Ärzte beteiligt, die anschließend darüber berieten, ob man die Therapie beibehalten oder ob man sie ändern solle. Da jeder Fall ein bisschen anders lag, gab es keine festgelegten Rezepte, man musste ganz individuell entscheiden, was für den Einzelnen das Richtige war. Dann machte einer der Ärzte auf einem Zettel Notizen als Anweisung für das Pflegepersonal.

Zu dieser Zeit hatte ich nicht nur einen kaputten Rücken, ich hatte auch bereits – obwohl ich noch immer klein und schmächtig war – einen schönen vollentwickelten Busen. Deshalb war es mir immer peinlich, wenn ich mich vor den Ärzten ausziehen musste, besonders wenn ein junger Arzt dabei war. Als ich wieder mal eine solche Untersuchung über mich hatte ergehen lassen, hörte ich, wie der jüngere Arzt zu dem älteren bewundernd sagte: »Haben Sie so etwas schon mal gesehen? Eine Achtzehnjährige mit so einer Brust.«

Darauf entgegnete der andere trocken: »Herr Kollege, das hat uns gar nicht zu interessieren. Uns geht bloß der Rücken der jungen Dame etwas an.«

Nachdem ich bereits einige Monate in dem Krüppelheim weilte – meine Nachbarin und ich lagen ausgestreckt auf unseren Betten, um uns von der Massage zu erholen – ging unsere Tür auf und zwei mir wohlbekannte Damen traten ein. Die eine war Frau Jung, also meine ehemalige Chefin, und die andere war Mariechen, also deren ehemalige Köchin. Die Fleischerfrau brachte mir eine Fleischwurst und die Bäckersfrau einen kleinen Kuchen. Ich wusste nicht, worüber ich mich mehr freuen sollte, über den Besuch oder über ihre guten Gaben. Nach dem üblichen Geplänkel – Wie geht's? Gefällt es dir hier? Wie lange musst du noch bleiben? – ließen sie die Katze aus dem Sack.

»Wann kannst du wieder bei uns arbeiten?«, fragte die Bäckerin.

»Du kannst auch wieder zu uns kommen«, bot die Fleischerin an. Diese Fragen hatte die Krankenschwester aber mitbekommen, die unbemerkt das Zimmer betreten hatte. Sie enthob mich jeder Antwort. »So schwere Arbeit wie bisher kann Martl nicht wieder tun. Ihr Rücken muss erst mal gesund werden. Dazu bleibt sie noch einige Zeit bei uns. Aber auch, wenn sie wieder daheim ist, ist sie mindestens noch ein halbes Jahr lang nicht belastbar.«

Mit enttäuschten Gesichtern zogen meine beiden Besucherinnen wieder ab.

Als ich nach einem halben Jahr Klinikaufenthalt endlich nach Hause entlassen wurde, war ich tatsächlich für ein weiteres halbes Jahr krankgeschrieben. Es hieß weiterhin viel liegen, weiterhin die gymnastischen Übungen machen, die ich im Heim gelernt hatte, weiterhin Massagen. Das alles sollte ich bis zu meinem dreißigsten Lebensjahr beibehalten. Doch in der Massagepraxis eröffnete man mir schon bald: »Wir können Sie nicht mehr massieren. Ihr Kreuz ist total rot. Mit weiteren Massagen würden wir Ihrer Haut schaden.« Also blieben die Massagen eine Weile weg.

In Voigtsbach gab es eine Bäckerei mit einem Laden. Dort konnte man aber nicht nur Brot kaufen, sondern auch alles andere, was man zum täglichen Leben brauchte. Deshalb mussten fast alle Frauen des Dorfes mehr oder weniger oft dorthin. Daher war das der reinste Umschlagplatz für Neuigkeiten. Diesen Laden hatte es schon gegeben, bevor ich nach Friedland ging, doch damals hatte man sich für mich nicht interessiert. Einige Wochen aber, nachdem ich wieder zu Hause war, sprach Frau Fricke, die Ladeninhaberin, meine Mutter beim Einkaufen an, ob ich nicht zu ihr in Stellung kommen wolle. Meine Mutter erklärte ihr, dass es noch eine Weile dauern würde, bis ich wieder arbeitsfähig sei. Und wenn, dann könne ich keine schweren Arbeiten mehr machen. »Das braucht sie bei uns auch nicht«, versicherte die Geschäftsfrau. »Ich brauche sie hauptsächlich als Kindermädchen, und kochen müsste sie natürlich auch. Dazu komme ich nämlich nicht, weil ich den ganzen Tag im Laden stehe.«

»Ich werde mit meiner Tochter darüber reden«, versprach meine Mutter.

Anfang Dezember tauchte Frau Fricke sogar persönlich bei mir auf, um mit mir zu reden. Da ich ihr versicherte, ich werde wirklich zu ihr kommen, sobald ich wieder gesundgeschrieben sei, war sie zufrieden. An dieser Arbeitsstelle war ich wirklich interessiert, denn dann konnte ich in meinem Dorf bleiben und zu Hause wohnen. Aber ich wollte alles befolgen, was die

Ärzte mir empfohlen hatten, also musste sie noch warten.

Doch bevor es so weit war, hatte ich noch ein anderes Erlebnis, das mich zutiefst erschütterte: Meine Tage blieben weg. Und von Mariechen wusste ich ja, dass die Tage dann wegbleiben, wenn man ein Kind erwartet. Zum Glück gab es Fine, eine von den Hübnertöchtern, nur ein Jahr älter als ich. Sie arbeitete, weil sie sehr geschickte Finger hatte, bereits seit einigen Jahren in der Schmuckfabrik. Meist kam sie schon kurz nach fünf Uhr heim, und dann holte sie mich während meines »Genesungsurlaubs« häufig zu einem Spaziergang ab. Spaziergänge gehörten zu meiner Therapie, und allein mochte ich nicht gehen, aber auch Fine tat die Bewegung gut nach dem langen Sitzen am Arbeitsplatz.

Kurz vor Weihnachten stellte sie fest: »Martl, seit einigen Tagen wirkst du immer so traurig. Hast du Sorgen?«

»Und ob, Fine, ich krieg ein Kind.«

»Ja, wie kannst du denn ein Kind kriegen?«, rief sie überrascht aus, »du gehst doch nie allein aus dem Haus.«

Hilflos zuckte ich die Schultern. »Es ist aber so. Meine Tage sind schon zum zweiten Mal ausgeblieben.«

»Aber wovon sollst du denn ein Kind kriegen? Du hast ja noch nicht mal einen Schatz.«

»Was hat denn das damit zu tun?«, fragte ich, unbedarft wie ich damals war.

Da erklärte sie mir, was zwischen Mann und Frau abläuft, woraus ein Kind entstehen kann. Die Schamröte stieg mir ins Gesicht, aber ich konnte nun eindeutig sagen, dass ich so etwas nicht gemacht hatte. Sie empfahl mir, schleunigst zum Arzt zu gehen, damit der die Ursache für das Ausbleiben der Regel finde.

Der Doktor untersuchte mich natürlich zuerst wieder auf so einem komischen Stuhl, wie ich ihn von Ansdorf her kannte. Dann stellte er die Diagnose: »Nein, es ist ausgeschlossen, dass du ein Kind erwartest, du bist ja noch unberührt. Für das Ausbleiben deiner Periode muss es eine andere Ursache geben.«

Er stellte mir viele Fragen: Ob ich in letzter Zeit ein erschütterndes Erlebnis gehabt hatte, ob ich sehr viel Sport treibe, ob ich mich unterkühlt haben könnte. Da fiel mir die Sache mit der Gießkanne wieder ein.

Anfang September war ich nach Hause entlassen worden, und etwa einen Monat später hatte meine Mutter, wie das vor dem Winter üblich war, noch mal alle Bettwäsche gewaschen und auf die Wiese zum Bleichen gelegt. Die Sonne schien noch erstaunlich kräftig, so war die Wäsche bald trocken. Meine Mutter aber war zum Einkaufen gegangen, deshalb wollte ich für sie die Wäsche begießen. Wenn ich die metallene Gießkanne nur halb voll machte, dachte ich mir, war sie nicht so schwer, und es würde mir bestimmt nicht schaden. Als ich die Kanne ins Wasser tauchte, fiel aber die Gießtülle ab und sank sofort nach unten. Ohne mich lang zu besinnen, streifte ich Schuhe und Strümpfe ab und stieg ins kalte Wasser, wo ich am Grund des Baches so lange nach der Tülle fischte, bis ich sie zu fassen kriegte. Wie eine Siegestrophäe setze ich sie wieder auf die Kanne. Ohne Tülle wäre sie wertlos gewesen, und eine neue hätte viel Geld gekostet.

»Da haben wir es schon!«, stellte der Arzt befriedigt fest. »Klar, Mädchen, das kalte Wasser hat deinem Körper einen Schock versetzt. Ich gebe dir jetzt ein paar Hormone, dann pendelt sich das schon wieder ein.«

Ich kann gar nicht sagen, wie erleichtert ich war!

Aber man möchte es nicht glauben, was Männer für Tratschmäuler sind. Die Fine muss zu Hause erwähnt haben, wie unwissend ich war. Einige Tage später, als ich zu Hübners kam, um sie zu einem Spaziergang abzuholen, saß ihr Vater gerade mit zwei Männern beim Kartenspiel. Als er mich erblickte, verkündete er lauthals: »Was glaubt ihr, es gibt Leute, die sind neunzehn und wissen noch nicht mal, wie ein Kind gemacht wird.« Das Gelächter, das nun einsetzte, war mir furchtbar peinlich, und ich bin danach lange nicht mehr zu den Hübners gegangen.

Meine Freundin Martl

Nach dem halben Jahr, das ich notgedrungen zu Hause zugebracht hatte, erlaubte mir mein Arzt endlich, wieder zu arbeiten. Wie ich es Frau Fricke versprochen hatte, trat ich pünktlich am 1. April 1942 meinen Dienst bei ihr an. Dieser Schritt sollte von Bedeutung werden für mein ganzes ferneres Leben, aber nicht nur für mich und meine Familie, sondern auch für die Familie Fricke. Denn von dieser Zeit an bis auf den heutigen Tag sind die Schicksale beider Familien eng miteinander verknüpft. Ehe ich aber davon berichte, will ich von meiner Freundin Martl erzählen.

In dem Gemeindehaus, wo ich meine Kindheit verbracht habe, lebte auch eine Familie Ziegler. Deren jüngere Tochter hieß ebenfalls Martl. Sie war mein Jahrgang, allerdings ein halbes Jahr älter als ich. Wenn ich mich nicht gerade bei Hübners aufhielt oder in der Villa des Oberförsters, dann war ich bei Martl Ziegler, die ebenfalls im Parterre wohnte, in der kleineren Wohnung. Wir spielten viel miteinander, und so waren wir bald beste Freundinnen. Da wir auch miteinander in die Schule kamen, bestanden wir darauf, nebeneinander zu sitzen. Am Nachmittag erledigten wir gemeinsam unsere Hausaufgaben, mal in Zieglers Wohnung, mal in der unseren. Bis kurz vor drei Uhr hatten wie beide eine »sturmfreie Bude«, da auch Martls Mutter im Forst beschäftigt war. Dann wanderten wir gemeinsam hinaus zum Wald, um unseren Müttern beim Heimschaffen des Holzes zu helfen. Danach unternahmen wir alles gemeinsam, sei es, auf der Wiese spielen oder im Bach plantschen oder zum Einkaufen gehen. Ab unserem zehnten Lebensjahr hatten wir auch schon häusliche Pflichten. Jede von uns musste ihre ganze Wohnung putzen, den Herd scheuern und den Abwasch machen. Zu meinen Aufgaben gehörte es, am Samstagnachmittag die Treppe vom ersten Stock bis zum Parterre zu putzen, während Martl den Hausflur zu putzen hatte. Trotzdem blieb uns noch genügend Freizeit, die wir gemeinsam verbrachten.

Unser Kontakt blieb auch nach der Schulzeit erhalten. Martl war, anders als ich, in Voigtsbach geblieben. Sie arbeitete in derselben Spinnerei, die meinen Vater inzwischen auch wieder eingestellt hatte. Während meiner Jahre beim Fleischer in Friedberg sahen wir uns leider nur alle zwei Wochen. Dann besuchten wir miteinander das Wunschkonzert in Reichenberg. Davon waren wir beide so angetan, dass wir die Stunde Fußmarsch gerne in Kauf nahmen. Mit der Bahn oder dem Bus wären wir weniger als eine halbe Stunde unterwegs gewesen, aber das hätte Geld gekostet. Außerdem fuhr am Abend nichts mehr. Während der Zeit, die ich im Krüppelheim verbrachte, schrieben wir uns eifrig. Und in dem halben Jahr, das ich danach zu Hause verbringen musste, besuchte sie mich sehr oft. Wirklich, wir waren ein Herz und eine Seele, und kein Gedanke kam mir, dass irgendetwas diese Harmonie trüben könne.

Als ich meine Stelle in der heimischen Bäckerei angetreten hatte, bekam ich nur alle vierzehn Tage sonntags frei. Martl aber, die in der Spinnerei arbeitete, hatte jeden Sonnabend und Sonntag frei. Zu dieser Zeit arbeitete mein Vater mit einer Kollegin Bange zusammen an einer Spinnmaschine. Diese Frau hatte einen Sohn, der hieß Rudl, genau wie mein Bruder, und er war nur ein Jahr jünger als dieser. Er arbeitete in der Brettsäge.

Kaum, dass der Bange Rudl mich kennengelernt hatte, machte er mir schöne Augen. Das war mir nicht unangenehm. Dieser Rudl ließ es sich nicht nehmen, Martl und mich an meinem freien Sonntag nach Reichenberg zu begleiten. Bald hatte auch Martl einen Verehrer, den Fritz. Und so marschierten wir immer zu viert zum Wunschkonzert. Das fand ich eigentlich ganz lustig. Besonders auf dem Heimweg, wenn es stockdunkel war, empfand ich es als angenehm, männliche Begleitung zu haben.

Eines Sonnabends im August kam der Rudl zu mir ins Geschäft und eröffnete mir: »Die Ziegler Martl möchte morgen gern ins Wunschkonzert. Du aber hast doch Dienst und der Fritz ebenfalls. Hättest du was dagegen, wenn ich mit ihr allein gehe?«

»Da kann ich nicht viel dazu sagen«, antwortete ich. »Das musst du entscheiden. Wenn ihr unbedingt wollt, dann geht.« Das taten sie dann auch.

Danach besuchten wir wieder wie üblich zu viert alle zwei Wochen die Wunschkonzerte in Reichenberg. Ende Oktober ging ich gutgelaunt hinunter zu Martl, um sie zum nächsten Wunschkonzert abzuholen, da sagte sie zu mir: »Du hast gut lachen, aber ich muss mich aufhängen.«

Da sie das in äußerst ernstem Ton vorgebracht hatte, merkte ich, dass ihr nicht zum Scherzen zumute war. Deshalb wurde auch ich ernst. »Nun sag schon, Martl, was ist passiert?«

»Ich krieg ein Kind vom Rudl.«

Das war für mich wie ein Schlag vor den Kopf. Ich merkte, wie mir alles Blut aus dem Kopf wich und tastete mich zu einem Stuhl. Nachdem ich mich ein wenig gefasst und meine Sprache wiedergefunden hatte, fragte ich: »Bist du ganz sicher, dass es vom Rudl ist? Kann es nicht auch von Fritz sein?«

»Ausgeschlossen. Mit Fritz habe ich noch nie Verkehr gehabt. Nur mit dem Rudl, ein einziges Mal, an jenem unseligen Abend, als ich nach dem Wunschkonzert mit ihm allein auf dem Heimweg war.«

»Dann musst du ihn heiraten, so bald wie möglich«, konstatierte ich tapfer, obwohl ich das Gefühl hatte, das Herz müsse mir brechen.

»Willst du wirklich auf ihn verzichten?«, fragte sie kleinlaut.

»Was soll ich machen? Dein Kind braucht einen Vater.«

So schnell ging es mit dem Heiraten dann doch nicht, denn der Rudl musste in den Krieg. Nun hatte er das Pech – oder war es sein Glück? – dass er schon bald verwundet wurde. Er erlitt einen Durchschuss am rechten Oberarm und wurde nach Schlesien in ein Lazarett gebracht. Dort wollte ihn Martl, seine zukünftige Frau, mit ihrer Mutter besuchen. Da die beiden Frauen aber noch nie so weit gefahren waren, baten sie mich, sie auf dieser Reise zu begleiten. So fuhr ich halt mit, wenn es mir auch furchtbar schwer fiel. Es war für mich nicht leicht, meinem treulosen Verflossenen gegenüberzutreten. Für meine Freundin und ihre Mutter war es sicher auch nicht leicht, denn Martl weinte an einem Stück, und auch ihre Mutter tupfte sich hin und wieder die Augen ab. Ich war heilfroh, als wir den Saal mit den vielen verwundeten Soldaten endlich wieder verlassen konnten. Erst recht war ich froh, als wir wieder in Voigtsbach waren.

Einige Wochen später wurde der Rudl aus dem Lazarett entlassen. Damit war für ihn der Krieg aus. Er war nicht mehr kriegsverwendungsfähig, denn sein rechter Arm blieb steif. Mittlerweile war Martl zwanzig Jahre alt und hochschwanger. Nun wurde es höchste Zeit fürs Standesamt. Mein ehemaliger Verehrer bestand darauf, dass ich mitgehen und links von ihm Platz nehmen müsse. Rechts von ihm saß seine Braut und neben dieser Herr Ziegler, ihr Vater. Der Bräutigam wirkte ganz schön beschwipst. Offensichtlich hatte er sich vorher Mut antrinken müssen.

Als wir nach der Trauung den Saal verließen, hörte ich, wie der Rudl seinem Schwiegervater zuflüsterte: »Mit der Hauser Martl bin ich ein halbes Jahr gegangen. Es war eine schöne Zeit mit ihr, und es ist nichts passiert. Mit deiner Tochter bin ich nur eine Nacht gegangen und schon hat sie mich verführt.« Herr Ziegler sagte nichts dazu, sondern zuckte nur mit den Schultern. Sicher war er froh, dass seine Tochter endlich unter der Haube war, denn sie stand kurz vor der Niederkunft.

Solange das junge Paar noch keine eigene Wohnung gefunden hatte, lebte es unter uns bei Martls Eltern.

Daher blieb es nicht aus, dass ich ihnen immer wieder begegnete, was mir jedes Mal einen Stich ins Herz gab. Aber damit nicht genug, wenn beim Rudl ein Knopf anzunähen war oder wenn ein Hemd gebügelt werden musste, kam er rauf zu mir. Seine Frau konnte nämlich nichts dergleichen. Wahrscheinlich hatte ihre Mutter es versäumt, ihr solche Künste beizubringen. Deshalb seufzte der Rudl immer wieder mal, wenn er mich traf: »Hätte ich doch dich geheiratet!«

Dazu sagte ich meist nichts. Nur einmal rutschte mir heraus: »Das hättest du dir eher überlegen sollen.«

Einige Wochen nach der Hochzeit brachte Martl zu Hause ein Mädchen auf die Welt. Auf die Frage der Hebamme, welchen Namen sie für das Kind eintragen solle, antwortete die junge Mutter: »Es soll Heidelinde heißen.«

»Warum einen so ausgefallenen Namen?«, wollte die Hebamme wissen.

Da lächelte meine Freundin verschämt: »Weil es in der Heide passiert ist.«

»So ein Unsinn«, grummelte die alte Geburtshelferin. »Dann müssten ja die meisten Mädchen Bettina heißen.«

Als die kleine Heidelinde etwa ein Jahr alt war, zog die junge Familie nach Boizenburg, wo der Rudl als Kriegsversehrter eine Anstellung bei der AOK bekam. Obwohl meine Freundin mich treulos hintergangen hatte, blieben wir in brieflichem Kontakt. Nach einem halben Jahr machte sie mir die traurige Mitteilung, dass ihre kleine Heidelinde gestorben war. Woran sie starb, hat die Martl mir entweder nicht geschrieben, oder ich habe es vergessen. Sie schrieb jedoch: »Ich bin aber nicht zu traurig, denn ich erwarte wieder ein Kind. Das soll schon in ein paar Wochen kommen.«

Einige Monate später teilte sie mir mit, dass ein kleiner Andreas angekommen sei. Dann hörte ich lange Zeit nichts mehr von ihr, da infolge der Kriegswirren alles drunter und drüber ging. Erst nach unserer Aussiedlung flammte der Kontakt wieder auf. Als wir uns zur gleichen Zeit wie Martls Eltern in Pirna im Lager befanden, erschien Martl mit ihrer Schwester, um die Eltern nach Boizenburg zu holen. Ihrem Bauch nach zu urteilen stand sie kurz vor einer weiteren Entbindung und brauchte ihre Mutter wohl als Kindermädchen. Denn sie selbst, so erzählte sie mir nicht ohne Stolz, habe eine gute Anstellung. Auf der Werft verkaufe sie Brötchen und Gebäck, und ihr Mann arbeite noch immer bei der AOK. Bei dieser Gelegenheit habe ich sie für lange Zeit zum letzten Mal gesehen. Boizenburg war Sperrgebiet, da konnte ich sie nicht besuchen, denn dort durften nur die nächsten Verwandten hin, mit Genehmigung. Aber wir schrieben uns doch einigermaßen regelmäßig. Daher blieb ich über ihre Familienverhältnisse auf dem Laufenden. Demnach lief es in Boizenburg ganz gut. Im Jahre 1950 kam dann noch eine Tochter dazu, die Gisela. Es sollten noch etliche Jahre vergehen, bis ich Martl mal wiedersah.

Omas Rache mit Rizinus

Als ich meinen Dienst bei Familie Fricke antrat, bestand diese aus vier Personen: Vater, Mutter und zwei Kinder. Sie wohnten im eigenen Haus. Der Chef hieß Hermann und betrieb im Untergeschoss eine gutgehende Bäckerei. Darüber, im Parterre, befanden sich die Wohnung und der Laden, in dem Frau Rosl, wie bereits erwähnt, fast den ganzen Tag stand. Der Laden war von der Straße aus zugänglich, während sich der Zugang zur Wohnung an der Rückseite des Hauses befand. Hinter dem Haus gab es einen gepflasterten Hof, und an diesen schloss sich eine große Wiese an. Auf dem Hof konnten die Kinder nach Herzenslust spielen, denn es gab dort einen Sandkasten, eine Schaukel und eine Wippe. Am Rand des Hofes, zur Wiese hin, befand sich auch das Plumpsklo, wie das seinerzeit noch bei den meisten Häusern üblich war. Direkt an der Hauswand neben der Haustür stand eine Gartenbank, auf der man zwischendurch gerne mal Rast machte. Im ersten Stock des Hauses wohnten Robert und Hermine Fricke, die Eltern des Bäckers. Vor etlichen Jahren, als sie noch den Betrieb geleitet hatten, war Rosl als Dienstmädchen zu ihnen ins Haus gekommen. Dann hatte sie den Jungbäcker kennen und lieben gelernt und schließlich geheiratet.

Wie mir Frau Fricke vorher angekündigt hatte, bestand eine meiner Aufgaben darin, für die Familie zu kochen. Das war für mich kein Problem. Kochen hatte ich in Friedland beim Fleischer gelernt und Backen beim Bäcker in Ansdorf. Außer Kochen gehörte zu meinen Pflichten auch die Wohnung zu putzen und die Wäsche für die Bäckerei und den Haushalt zu rumpeln. Davon war vorher nicht die Rede gewesen. Aber das machte mir nichts aus; das waren keine wirklich schweren Arbeiten, denn das Wasser, das ich dazu benötigte, schleppte der Hausherr eigenhändig dorthin, wo es gebraucht wurde. Wenn Not am Mann war, musste ich auch mal im Laden aushelfen. Das tat ich ausgesprochen gern.

Wozu Frau Rosl aber ein Kindermädchen brauchte, das war mir rätselhaft. Sohn Herbert war vierzehn Jahre alt und besuchte bereits die Oberschule, und auch Tochter Gretl zählte schon acht Lenze und befand sich ebenfalls den ganzen Vormittag in der Schule. Gewiss, am Nachmittag beaufsichtigte ich sie bei den Hausaufgaben, aber dessen hätte es eigentlich gar nicht bedurft. Sie war nämlich ein intelligentes Kind und sehr fleißig.

Nach einigen Tagen jedoch wurde mir klar, warum die Bäckerin gar so darauf aus gewesen war, mich als Kindermädchen zu gewinnen. Als sie nämlich zum ersten Mal in meinem Beisein ihren weiten Ladenkittel auszog, sah ich, dass ihr Bauch eine verdächtige Wölbung aufwies. Seit mich Fine aufgeklärt hatte, entwickelte ich einen Blick dafür.

Etwa drei Monate, nachdem ich bei Frau Fricke meine Stelle angetreten hatte, benötigte sie auch wirklich eine Hebamme, und eine kleine Ursula kam zur Welt, die von Anfang an »mein« Kind war. All meine bisher auf diesem Gebiet erworbenen Fähigkeiten konnte ich nun voll anwenden, nur stillen konnte ich sie nicht. Das besorgte die Mutter selbst, aber nur sechs Wochen lang. Danach musste ich fürs Baby Fläschchen kochen.

Ein Nachbar von Frickes, Herr Siebmüller, besorgte kurz nach Ursulas Geburt einen ganz modernen Kinderwagen, eine richtige Staatskarosse. Einen so schönen Wagen hatte in ganz Voigtsbach keiner. Ich war sehr stolz darauf, damit Ursula durchs Dorf fahren zu dürfen.

Manchmal erlaubte sich das Ehepaar Fricke den Luxus, am Sonntagnachmittag einen Spaziergang zu machen. Begleitet wurden sie dabei entweder vom Sohn des Oberlehrers und dessen Frau oder vom Ehepaar Lauer. Die Straße wäre breit genug gewesen, dass ich den Kinderwagen hätte neben ihnen herschieben können. Aber meine Herrschaften bestanden darauf, dass ich entweder vorausgehen oder mit dem Wagen hinter ihnen herfahren müsse, was ich mit Stolz machte. Dieser Kinderwagen war später aber noch zu anderen Zwecken nützlich für mich. Als die Wäschemangel in Voigtsbach geschlossen wurde, weil der Inhaber weggezogen war, musste ich nämlich mit meiner Wäsche nach Einsiedel zur Mangel. Weil es für mich unmöglich gewesen wäre, den schweren Korb so weit zu tragen, stellte ich ihn vorne auf die »Staatskarosse«, während mein Urselchen hinten drin lag oder saß. Viele, an denen ich vorbeifuhr, glaubten, das sei mein Kind. Ursulas Opa Robert neckte mich auch recht gern. Manchmal saß er auf der Gartenbank, wenn ich mit dem Kinderwagen in den Hof einfuhr.

Dann spöttelte er immer: »Jetzt kommen Mutter und Kind.«

Eine echte Hilfe war mir in dieser Zeit der Herbert. Er war ein wirklich lieber Junge. Am Nachmittag, wenn er über seinen Schularbeiten saß, übernahm er es, seine kleine Schwester zu hüten, sodass ich ungestört meinen anderen Arbeiten nachgehen konnte. Dazu gehörte z. B. das Aufkleben von Lebensmittelmarken. Im Krieg war ja alles streng rationiert. Man konnte nur das kaufen, wofür man entsprechende Marken hatte. Das bedeutete großen zusätzlichen Arbeitsaufwand für die Geschäftsleute. Für alles gab es eigene Marken, z. B. für Zucker, für Seife usw. Diese musste der Verkäufer aus den Lebensmittelkarten des Kunden herausschneiden und in einer Schachtel sammeln. Diese winzigen Marken mussten dann säuberlich sortiert und auf die vorgesehenen Blätter aufgeklebt werden. Am Ende des Monats hatte man diese bei der zuständigen Behörde abzugeben. Damit musste der Einzelhändler nachweisen, wo die Waren geblieben waren, die er eingekauft hatte.

Herbert war nicht nur ein lieber Kerl, er war auch pfiffig. Um sich seine Arbeit zu erleichtern, band er eine Schnur an den Kinderwagen. Sobald Klein-Ursula anfing zu schreien, stieß er den Wagen mit dem Fuß weg und zog ihn mit dem Strick wieder zu sich heran. Das machte er so lange, bis das Kind wieder eingeschlafen war.

Am letzten Dienstag im September 1942, als ich mit meiner gemangelten Wäsche auf dem Kinderwagen in den Hof einfuhr, erlebte ich eine freudige Überraschung. Wer saß da auf der Hausbank und wartete auf mich? Mein Bruder Rudl! Ich ließ den Kinderwagen stehen, stürzte auf Rudl zu und umarmte ihn stürmisch.

»Wie es scheint, geht es deinem Rücken wieder besser«, stellte er lachend fest.

»Und ob! Hier geht es mir ja ausgesprochen gut«, sprudelte ich los. »Bei Frau Fricke brauche ich keine schweren Arbeiten zu machen, und es macht mir riesigen Spaß, ganz selbstständig den Haushalt zu führen. Das mache ich gut, sie hat es mir selbst schon mehrmals versichert.«

Mein Bruder freute sich sichtlich. Außerdem hatte er noch eine Überraschung für mich. »Deine Chefin hat dir für heute Nachmittag frei gegeben. Ich darf mit dir nach Reichenberg zum Einkaufen fahren.«

Ich freute mich sehr, aber dann meldete sich mein Verantwortungsgefühl. »Aber was ist mit dem Baby?«

»Das ist alles geregelt. Sobald du es zum Mittagsschlaf niedergelegt hast, fahren wir los. Wenn es aufwacht, kümmert sich die Oma um das Kind. Allerdings musst du bis sechs Uhr zurück sein, damit du das Abendessen machen kannst.«

Ich war selig! Schon allein die Tatsache, mal wieder mit meinem Bruder zusammen zu sein! Und dann noch der Einkaufsbummel in Reichenberg. So etwas hatte ich noch nie gemacht. Und das Schönste: Er kaufte nichts für sich ein, sondern nur für mich! Von Kopf bis Fuß kleidete er mich neu ein. Im ersten Geschäft erstand er für mich so feine Unterwäsche, wie ich sie noch nie besessen hatte, und dazu meine ersten Seidenstrümpfe. Stolz trug ich die Tüte aus dem Laden. Im Schuhladen bekam ich feine Winterstiefel, die behielt ich gleich an und ließ mir meine alten

Schuhe einpacken. Als nächstes betraten wir ein Bekleidungshaus. Es war wie im Paradies. Ich durfte mir aussuchen, was ich wollte, und wählte ein wunderschönes königsblaues Kleid aus reiner Wolle, das ich auch gleich anbehielt. Darüber zog ich einen dunkelblauen Wollmantel nebst weißem Schal aus wunderbar weichem Material. Im Putzmacherladen suchte ich mir dazu einen passenden Hut aus, den ersten Hut meines Lebens! Er war aus rotem Filz, mit nach oben gebogener Krempe. Wie eine Fürstin sah ich darin aus. Vor dem großen Spiegel drehte und wendete ich mich wie ein Pfau. ›Das bist gar nicht du. Noch keine zwanzig Jahre alt und trägst einen Hut! Das träumst du bloß‹, dachte ich. ›Im nächsten Moment wachst du auf und dann ist alles geplatzt wie eine Seifenblase.‹

»Warum hast du mir das alles gekauft?«, fragte ich meinen Bruder, als wir wieder im Bus Richtung Voigtsbach saßen.

»Weil ich dir eine Freude machen will. Und wie ich sehe, ist mir das geglückt.«

Das stimmte. »Aber warum gibst du so viel Geld für mich aus?«, bohrte ich weiter.

»Zum Dank dafür, dass du mir in Friedberg so sehr geholfen hast.«

»Ach, das bisschen Räuchern! Dafür hast du mir doch schon die Nähmaschine geschenkt.«

Aber meine Hilfe beim Räuchern hatte Rudl gar nicht gemeint, sondern meinen Beistand, als er nach der Geschichte mit Mariechen so am Boden zerstört gewesen war.

»Das war doch nicht der Rede wert«, wehrte ich ab.
»Da schulde ich dir doch wesentlich mehr Dank, weil

du mein Rückenproblem erkannt und mich rechtzeitig ins Krüppelheim gebracht hast. Ich weiß nicht, wie ich das jemals gutmachen kann.«

Aber das wollte mein Bruder nicht gelten lassen. »Das war doch selbstverständlich, dass ich als großer Bruder auf dich aufpasse.«

»Bist du denn über die Sache mit Mariechen hinweg?«, erkundigte ich mich.

»Schon lange«, versicherte Rudl. »Den Rest gegeben hat es mir, als ich dich im letzten Jahr bei ihr abgeholt und gesehen habe, wie sehr sie dich ausgenutzt hat. Da war ich heilfroh, dass ich sie nicht geheiratet habe.«

»Hast du vielleicht eine neue Liebe?« Schelmisch schaute ich ihn von der Seite an, aber sein Gesicht wurde plötzlich sehr ernst. »Nein, Martl, und das ist auch gut so. Denn nächste Woche muss ich zurück zu meiner Einheit, dann geht es nach Russland. Von dort werde ich nicht mehr zurückkommen.«

»Ach, Rudl, sag doch so etwas nicht!«, wies ich ihn bestürzt zurecht. »Denke doch nicht gleich das Schlimmste. Vielleicht hast du auch so ein Glück wie der Bange Rudl und wirst gleich zu Anfang verwundet, dann ist für dich der Krieg vorbei.«

Er lächelte wehmütig und streichelte mir die Wange, indem er sagte: »Ich weiß, du meinst es mir gut, Schwesterchen.«

Kurz vor sechs betraten wir Frau Frickes Geschäft. Rudl wollte sich noch mal für ihr Entgegenkommen bedanken. Zwei Kundinnen standen vor uns. Brav stellten wir uns hinten an.

»Womit kann ich Ihnen dienen?«, fragte Frau Fricke, als ich an die Reihe kam. Dann stutzte sie. »Martl, das bist ja du! Als du reinkamst, habe ich dich nicht wiedererkannt. Ich dachte, was für eine feine Dame hat sich denn da in unseren Laden verirrt? Das gibt es ja gar nicht! Ein hübsches Mädchen warst du ja schon immer, aber in den neuen Sachen bist du geradezu eine Schönheit.«

Das freute nicht nur mich, es freute auch meinen Bruder. Dies war ihm eine Bestätigung dafür, dass er das Richtige getan hatte.

Da Rosl Fricke tagaus, tagein im Geschäft stand, entfremdete sie sich ihrer kleinen Tochter Ursula völlig. Wenn sie zum Mittagessen in die Küche kam, hielt die Kleine bereits ihren Mittagsschlaf, und wenn die Mutter am Abend um acht oder um neun aus dem Laden kam, war das Kind bereits im Bett. Kam sie zufällig mal während des Tages in die Küche und wollte das Kind auf den Arm nehmen, brüllte es fürchterlich, weil es die Mutter für eine fremde Person hielt. Als ich im Frühjahr 1943 meinen Urlaub nehmen und zu meiner Firmpatin fahren wollte, beschwor mich meine Chefin: »Du musst Ursula mitnehmen, oder du bleibst da und ich bezahle dir den entgangenen Urlaub.«

Da ich unbedingt zu Mariechen wollte, nahm ich das Kind notgedrungen mit. Drei Tage verbrachten wir dort. In dieser Zeit war es, dass Ursula ihre ersten Schritte machte.

Im Hause des Bäckers gab es sonntags oft Mittagsgäste. Für die musste ich dann mitkochen, was naturgemäß mehr Arbeit macht und wobei auch mehr Abwasch anfällt. Manchmal kam Opas Schwester

Gerlinde, wenn sie nicht Dienst hatte, manchmal kam auch Nichte Hertl mit ihrem Mann. Er war ein feiner Kerl, aber sie war ziemlich hochnäsig. Einmal forderte ihr Mann sie auf: »Trockne doch das Geschirr ab, weil die Martl wegen uns so viel Arbeit hat.« Sie tat es nicht. Ihrem Mann war das furchtbar peinlich. Deshalb stand er auf und sagte: »Zieh dich an, wir gehen heim.« Von da an kamen sie nicht mehr so oft. Opas Schwester kam bald auch nicht mehr, denn sie war nach Mecklenburg gezogen.

Einmal, es war ebenfalls an einem Sonntag, an dem wir Gäste hatten, da sagte der Bäcker zu Gretl: »Nimm das Geschirrtuch und hilf der Martl, damit sie schneller fertig wird.«

Darauf antwortete Gretl: »Ich bin doch kein Dienstmädchen.«

Für diese Antwort bekam sie von ihrem Vater eine schallende Ohrfeige. Ich weiß nicht, ob sie sich noch daran erinnert, sie war ja noch klein.

Nicht weit von der Bäckerei entfernt stand die Fleischerei Ellenberg, wohin ich immer zum Einkaufen ging. Die Frau des Fleischers war eine nette Person und kaum älter als ich. So freundeten wir uns bald an und gingen immer wieder mal gemeinsam am Samstagabend nach Einsiedel ins Kino. Das war für mich immer das Höchste.

Beim Fleischer Ellenberg war zu dieser Zeit Walter, einer von den Hübnerkindern aus unserm Haus, als Lehrling angestellt. Am Abend gingen wir oft zusammen heim, wobei wir uns mehr oder weniger angeregt unterhielten. Eines Abends aber war er auf dem Heimweg äußerst wortkarg. »Was ist los, Walter?«, wollte ich wissen.

»Ach, Martl, ich habe gestern die Einberufung bekommen.«

Mehr brauchte er nicht zu sagen. Sein Bruder Willi war bereits gefallen.

»Ich werde bestimmt auch nicht wiederkommen«, gestand er mir seine Angst ein.

»Aber geh, Walter, du musst nicht ganz so schwarz sehen«, versuchte ich ihm Mut zu machen. »Es muss ja nicht jeder im Krieg fallen. Schau, der Mann von der Ziegler Martl, der Bange Rudl, ist mit einer Verwundung davongekommen.«

Das heiterte ihn aber auch nicht auf, und er kam tatsächlich nicht wieder. Noch ein weiterer Bruder von Walter, der Erwin, fiel im Krieg. So hat diese Familie drei Söhne verloren.

Bald wurde auch Herr Fricke, unser Bäcker, eingezogen, und die Bäckerei musste geschlossen werden. Der Laden blieb zum Glück offen, denn von irgendwas musste die Familie ja leben. Das Brot, das Frau Fricke nun verkaufte, wurde ihr von einem Bäcker aus dem Nachbarort geliefert. Den konnte man im Krieg nicht mehr verwenden, weil er durch eine Verwundung aus dem Ersten Weltkrieg gehbehindert war.

Die folgende Zeit wurde sehr hart für meine Bäckersfrau, aber zu mir war sie immer sehr gut. Nur mit ihrer Schwiegermutter verstand sie sich gar nicht. Dabei war Hermine eine sehr liebe Frau. Jeden Montag kam sie zu mir herunter mit einer Tasse Kakao und einem Stück Brot in der Hand, um mit mir zu frühstücken. Montags war der Laden nämlich geschlossen. Da fuhr die Chefin immer mit der Bahn nach Reichenberg, um fürs Geschäft einzukaufen. Gewöhnlich kam sie erst am Spätnachmittag zurück. Meist brachte ein Lieferant, der ihr die eingekauften Waren heimfuhr, sie gleich mit.

Am Montag war auch Waschtag. Am Sonntag wurde die Wäsche eingeweicht und Montag in aller Herrgottsfrühe in dem großen Kessel in der Waschküche gekocht. Nach dem Frühstück schaffte ich sie in einer kleinen Wanne portionsweise in die Küche, wo ich sie auf dem Waschbrett scheuerte. Während dieser Tätigkeit erzählte ich der Oma immer den Inhalt des letzten Films, den ich mit Frau Ellenberg gesehen hatte. Daran hatten wir beide unsere Freude.

Bald hatten wir noch ein Montagsgeheimnis. Die Kinder aßen liebend gern Schokoladenpudding mit Vanillesoße. Ihre Mutter mochte aber absolut keinen. Deshalb durfte ich nie welchen kochen. Da kam die Oma eines Tages auf die Idee: »Koch ihn doch am Montag. Dann merkt sie es nicht, und die Kinder freuen sich.«

Ab da kochte ich jeden Montag den begehrten Nachtisch. Das klappte immer ganz gut. Nur einmal, da habe ich Blut und Wasser geschwitzt. Gerade als ich den fertigen Pudding und die Soße auf die Fensterbank stellen wollte, um sie abkühlen zu lassen, sah ich, wie ein Personenauto in den Hof einfuhr. Das Küchenfenster ging nämlich zum Hof hin. Wer entstieg dem Auto auf der Beifahrerseite? Niemand anderes als meine Chefin! Wohin mit dem Pudding? In meiner Not packte ich die beiden Schüsseln und trug sie in die eheliche Schlafstube. Von der Küche aus führte nämlich eine Tür direkt in diesen Raum. Schnell schob ich die beiden Schüsseln unters Bett und hastete in die

Küche zurück. Keine Sekunde zu früh. Gerade hatte ich mich an den Tisch gesetzt und die erste Kartoffel zum Schälen in die Hand genommen, da öffnete sich die Tür. Frau Fricke trat ein mit einem Mann, den sie mir als Vertreter vorstellte. Er wollte sich den Laden ansehen und eine Wand vermessen, damit er das bestellte Regal genau passend liefern könne.

Sobald die Chefin mit dem Mann im Laden verschwunden war, sauste ich in die Schlafkammer, packte den Pudding samt Soße und schaffte sie hoch zur Oma. Dort verzehrten ihn die Kinder am Nachmittag mit großem Appetit.

Wir hatten aber noch ein weiteres Montagsgeheimnis. Wenn in den Sommerferien am Montag die Sonne schien, bettelte Gretl: »Martl, geh doch mit uns ein bisschen ins Schwimmbad.«

»Ja, aber ihr dürft mich nicht verpetzen.«

Von diesem Unternehmen durfte die Mutter deshalb nichts wissen, weil sie dann dahintergekommen wäre, dass ich während dieser Zeit daheim nichts tat. ›Das kann ich aber auch später noch erledigen‹, redete ich mir selbst gut zu und zog mit den beiden Mädchen los. Zu der Zeit war Herbert schon nicht mehr daheim. Er war gerade siebzehn geworden, da hatte man ihn schon zu den Waffen gerufen. Klein-Ursula saß also in ihrem Sportwägelchen, und wir beide, Gretl und ich, wechselten uns im Schieben ab. Die Kinder hatten ihren Spaß im Wasser, und auch mir tat das Schwimmen gut. Wir haben immer Glück gehabt, nie wurden wir erwischt.

Noch ein drittes Geheimnis verband mich mit den Kindern, das fiel aber mehr in die Herbst- und Winterzeit. Nachdem ihr Mann eingezogen worden war, bat mich Frau Fricke, abends nicht mehr nach Hause zu gehen, sondern bei ihr im Ehezimmer zu schlafen. Wahrscheinlich ängstigte sie sich allein. Mir war das recht. Das vereinfachte für mich den Dienst etwas: Ich brauchte nicht mehr spät abends nach Hause zu gehen und brauchte morgens nicht mehr ganz so früh aufzustehen, weil ich mir den Weg sparte.

Das Mädchenzimmer lag, wie bereits erwähnt, auf der ersten Etage, wo auch die Großeltern wohnten. Wenn ich die Mädchen zu Bett brachte, bettelten sie manchmal: »Martl, hol uns noch einen Apfel.« Ich ging dann zunächst aufs Klo und schlich mich anschließend hinunter in den Keller. Mit zwei Äpfeln in meiner Schürzentasche schlich ich wieder nach oben. Davon bekam Frau Fricke nie etwas mit. Während dieser Zeit saß sie nämlich im Büro über ihren Abrechnungen.

Einmal aber hatte die Gretl eine Wut auf mich, ich weiß nicht mehr warum, da drohte sie mir: »Das sag ich meiner Mutter, dass du die Äpfel aus dem Keller geholt hast.«

»Die hab ich doch nicht für mich geholt«, versuchte ich mich zu verteidigen.

»Das ist mir egal«, trumpfte sie auf.

»Gut«, übertrumpfte ich sie. »Erzähl das deiner Mutter nur. Dann kannst du in Zukunft schauen, wer dir die Äpfel holt.«

Danach war sie friedlich.

Das Verhältnis zwischen Oma Hermine und mir wurde mit der Zeit immer herzlicher, und so vertraute sie mir eines Tages an, ihr Mann, der Robert, habe immer wieder mal Frauengeschichten. Ob er denen nur schöne Augen machte oder ob etwas Ernstes dahinter steckte, erwähnte sie nicht. Jedenfalls hatte sie das bisher immer so hingenommen. Aber dann fing er an, mit einer Nachbarin zu liebäugeln, und sie entschloss sich, Gegenmaßnahmen zu ergreifen. An Pfingsten wollte er mit dieser Nachbarin auf den Jeschken – unser höchster Berg, über tausend Meter hoch. Nachdem er am frühen Morgen das Haus verlassen hatte, kam Hermine zu mir in die Küche und erzählte mir davon. »Aber weit wird er nicht kommen«, prophezeite sie triumphierend. »Ich habe ihm nämlich heute Morgen einen Esslöffel Rizinusöl in seine Haferflockensuppe getan. Du wirst sehen, es wird nicht lange dauern, dann ist er wieder da.«

Weil es ein schöner sonniger Vormittag war, setzten wir uns erwartungsvoll hinters Haus auf die Gartenbank und schauten den beiden Mädchen zu, die friedlich im Sandkasten spielten. Dieser stand weit genug vom Haus weg, sodass sie von unserem Gespräch nichts mitbekommen konnten.

Die Oma behielt recht. Plötzlich kam einer um die Ecke geschossen, so schnell, wie das mit zusammengepressten Pobacken möglich ist. Ohne von uns Notiz zu nehmen, stürzte er auf das Klohäuschen zu, riss die Tür auf und war im nächsten Moment unseren Blicken entschwunden. Am liebsten hätten wir laut losgelacht, aber damit hätten wir uns verraten. Wir stupsten uns nur gegenseitig an und wären vor unterdrücktem Lachen beinah geplatzt. Über diese Episode »Omas Rache mit Rizinus« haben wir beide noch oft gelacht.

Achtung, die Russen kommen!

Da ich keine Gelegenheit hatte Radio zu hören, und mir die Zeit fehlte Zeitung zu lesen, bekam ich kaum etwas davon mit, dass der Krieg mittlerweile fast in ganz Europa tobte und dort Angst und Schrecken verbreitete. Bei uns war ja alles immer noch friedlich. Als ich an einem Sonnabend Anfang März 1943 nach Hause kam, fand ich meine Mutter in Tränen aufgelöst vor. Ohne mir eine Erklärung zu geben, schob sie mir einen Brief hin, der offensichtlich von einer Militärbehörde kam. Darin wurde meinen Eltern in nüchternen Worten mitgeteilt, dass ihr Sohn Rudolf Hauser, geboren am 25. April 1915, die ehrenvolle Aufgabe gehabt habe, mit der 6. Armee an der Schlacht um Stalingrad teilzunehmen. Seitdem gelte er als vermisst.

»Mutter, eine Vermisstennachricht ist noch keine Todesnachricht«, versuchte ich sie zu trösten. »Er kann in Gefangenschaft geraten sein, oder er irrt mit einem versprengten Trupp umher. Bestimmt taucht er eines Tages wieder bei uns auf.«

An das, was ich da von mir gab, glaubte ich aber selbst nicht. Immer wieder gingen mir seine Worte von unserer letzten Begegnung im Kopf herum: »Von dort werde ich nicht mehr zurückkommen.« Und dennoch, wider alle Vernunft klammerten wir uns jahrelang an die Hoffnung, er werde eines Tages wieder bei uns vor der Tür stehen.

In der Folgezeit erhielten immer mehr Familien eine Todesnachricht von der Front oder, so wie wir, eine Vermisstenmeldung. Aber sonst bekamen wir vom Krieg eigentlich nichts mit. Auf dem Lande lebte man zu dieser Zeit noch einigermaßen beschaulich vor sich hin. Das ging noch erstaunlich lange so, bis Anfang 1945. Aber eines Nachts, kaum dass ich eingeschlafen war, schreckte ich auf. Mein Bett schien zu wackeln. »Was war das?«, fragten wir uns gegenseitig beim Frühstück, an dem, seit der Bäcker und sein Sohn im Krieg waren, auch die Großeltern teilnahmen. Der Opa vermutete schließlich ein Erdbeben. »Ach, Unsinn«, tat seine Schwiegertochter das ab. »Bei uns hat es noch nie Erdbeben gegeben.«

Am nächsten Morgen las er uns dann aus der Zeitung vor, dass es in der Nacht vom 13. auf den 14. Februar 1945 schwere Bombenangriffe auf Dresden gegeben habe. Diese waren so heftig gewesen, dass man die Erschütterungen bis zu uns gespürt hatte. In den folgenden Tagen bekamen wir weitere Erschütterungen mit. Später hieß es in den Meldungen, dass es viele Zehntausende oder gar Hunderttausende Tote gegeben habe.

Danach dauerte es nicht mehr lange, dann setzten die Flüchtlingsströme ein. Zunächst kamen die Schlesier. Jede Person durfte in einem Ort nur einen Tag und eine Nacht bleiben, deshalb konnte man täglich neue Flüchtlinge aufnehmen. Die ersten, die bei uns anklopften, waren eine Frau mit ihrer Mutter und sechs Kindern. Sie seien bereits vierzehn Tage unterwegs, klagten sie. Entsprechend verwahrlost sahen sie auch aus.

Frickes hatten eine riesige Küche, die zum großen Teil von dem gemauerten Herd eingenommen wurde. Auf diesem Herd wurde gekocht und darin wurde gebacken und er diente auch zur Warmwasserbereitung. Das war im Herdschiff ständig vorrätig. Aber um diese acht Menschen, die bestimmt seit Langem nicht mehr mit Wasser in Berührung gekommen waren und mit Sicherheit seit ihrer Flucht in keinem richtigen Bett mehr geschlafen hatten, sauber zu kriegen, reichte das warme Wasser aus dem Herd nicht aus. Deshalb gab mir Frau Fricke den Auftrag, in der Waschküche den Kessel mit Wasser zu füllen und warm zu machen, damit die Frauen sich und die Kinder waschen konnten.

Ich heizte unterm Waschkessel tüchtig ein, und während sich das Wasser erwärmte, kochte ich einen riesigen Eintopf, von dem alle satt wurden. Für die Nacht legten wir Stroh in die Küche und suchten alle Decken aus dem ganzen Haus zusammen, damit es unsere »Gäste« warm genug haben sollten.

Obwohl Kriegszeit war, wurden in Einsiedel weiterhin Kinofilme gezeigt, die ich weiterhin mit Frau Ellenberg an jedem zweiten Sonnabend besuchte. Eines Abends, als ich vom Kino zurückkam, war unsere ganze Küche voll mit Frauen und Kindern, und meine Herrin war gerade damit beschäftigt, für sie ein Strohlager herzurichten. Voller Mitgefühl schlug ich vor: »Droben in der Kammer steht doch noch ein leeres Bett. Da könnte man doch zwei von den Kindern hineinlegen.«

»Um Gottes Willen, Martl, mach das bloß nicht. Guck doch mal hin, bei denen laufen die Läuse übers

Gesicht. Wenn wir die in unsere Betten lassen, haben wir das Ungeziefer bald überall.« Das leuchtete mir ein.

Einmal stand eine junge Frau bei uns vor der Tür mit ihrer Großmutter, die schon ziemlich hinfällig war. Damit diese recht bequem sitzen sollte, holten wir eigens unseren besten Polstersessel aus der Stube und stellten ihn für sie in die Küche. Was wir aber nicht wussten, die Oma konnte das Wasser nicht mehr halten. Daher war der Sessel, als sie weitergezogen waren, nicht mehr zu gebrauchen. Der Gestank ging nicht mehr raus. Uns blieb also nichts anderes übrig, als das einst wertvolle Sitzmöbel zu zerhacken und zu verbrennen.

Frau Fricke war eine gute Frau, sie hatte ein goldenes Herz. Sie ließ es sich nicht nehmen, allen, die bei uns Zuflucht suchten, auch etwas vorzusetzen. Daher musste ich immer große Mengen kochen. Jeden Tag gab es einen riesigen Topf mit dicker Suppe und einen anderen mit Pellkartoffeln. Niemanden hat sie hungrig weiterziehen lassen. Sie konnte selbst nicht kochen, deshalb fragte sie immer: »Martl, was kochst du denn morgen? Und was brauchst du dazu?« Das brachte sie mir dann aus dem Laden.

Wo hätte Rosl Fricke auch kochen lernen sollen? Sie war als Bauerntochter auf die Welt gekommen und noch sehr jung gewesen, als ihre Mutter starb. Deshalb hatte der Vater sie schon früh in Dienst gegeben in die Bäckerei Fricke, wo ihre Schwiegermutter immer die Familie bekocht hatte.

Die Rosl war eine wirklich feine Frau. Ihr Vater dagegen war nicht so fein. Nachdem er seinen Hof längst seinem ältesten Sohn übergeben hatte, packte ihn eines Tages die Reiselust, und er kreuzte bei seiner Tochter auf. Bei seinem Anblick war ich doch überrascht. Statt eines Koffers trug er ein Bündel in der Hand. Es bestand aus einem großen karierten Tuch, in das er all das eingewickelt hatte, was er in den nächsten Tagen brauchen würde.

»Vater«, sagte seine Tochter peinlich berührt, »du kommst mir nicht mehr mit diesem Bündel an. Da muss man sich ja schämen.«

Gleich am folgenden Montag, an dem sie wegen ihrer geschäftlichen Einkäufe sowieso in Reichenberg zu tun hatte, brachte sie ihm eine elegante Reisetasche mit. Diese überreichte sie ihm, bevor er wieder nach Hause fahren wollte. »Was soll ich denn mit der Tasche?«, fragte Opa Florian. »Die Tasche brauche ich nicht.«

»Da packst du deine Sachen rein, wenn du mich das nächste Mal besuchst.«

Damit er sah, wie man das macht, beauftragte mich seine Tochter, ihm die Tasche in seinem Beisein zu packen.

Aber was soll ich sagen? Als er das nächste Mal anreiste, trug er wieder sein Bündel in der Hand. Wie halt die alten Leute so sind, sie lassen sich nicht mehr umkrempeln. Seine Tochter schüttelte nur den Kopf und gab auf.

Aber zurück zu unseren Flüchtlingen. Die Frauen erzählten von den Gräueltaten der Russen, vor denen sie auf der Flucht waren. Es hieß, alles, was nicht niet- und nagelfest sei, würden sie stehlen, wahllos alle Frauen und Mädchen vergewaltigen. Da bekamen auch wir es mit der Angst zu tun, denn es hieß, sie rückten unaufhaltsam vor. Und tatsächlich, bald ging die Schreckensnachricht wie ein Lauffeuer durch den Ort: Achtung, die Russen kommen! Auf ihrem Vormarsch gen Westen erreichten sie also auch unser beschauliches Dorf. Wir hatten panische Angst.

Opa Robert, der sich, seit sein Sohn und sein Enkel im Felde waren, als einziger Mann im Haus für uns alle verantwortlich fühlte, traf seine Vorkehrungen. Hatte die Herrin bisher darauf bestanden, dass ich bei ihr im Zimmer schlafe, so ließ sie sich nun von ihrem Schwiegervater überzeugen, dass es vernünftiger sei, wenn ich meine Nächte oben im Zimmer der Mädchen verbrachte und abends den Riegel vorschob. Außer den Betten befand sich darin eine schwere Kommode. An den Füßen dieses Möbelstücks befestigte der Opa Stricke. Mit denen sollten wir uns abseilen, wenn Gefahr im Verzug war. Das Haus hatte nämlich nach hinten raus einen breiten Absatz, auf dem man beim Abseilen Zwischenstation machen konnte. Somit war diese Aktion nicht so gefährlich, und es kam mehr als einmal vor, dass wir diesen Fluchtweg benutzten.

Wenn ich mich also am Abend mit den Töchtern des Hauses im Schlafzimmer befand, spitzte ich immer die Ohren. Sobald ich hörte, dass sich unten im Haus etwas regte, seilte ich zuerst die Ältere ab, dann die Jüngere und zum Schluss mich. Kurz vorher schob ich noch schnell den Riegel zurück, damit die Russen, falls sie bis oben vordringen sollten, uns nicht die Tür eintraten. Wenn wir den Hof erreicht hatten, versteckten wir uns im Geräteschuppen. Natürlich schlotterten wir dabei vor Angst. Aber es ging alles gut. Opa Robert sprach perfekt Tschechisch, daher konnte er sich mit den Russen gut verständigen. Das war unser Glück. In dieser Zeit hielt er sich stets unten in der Wohnung auf. Wenn dann Russen kamen, erklärte er denen: »Es sind nur alte Leute im Haus.« Davon ließen sich die meisten überzeugen und drangen nicht weiter vor.

Frau Fricke musste ja im Laden bleiben, und inzwischen hatte sie einen jungen Tschechen eingestellt. Der half ihr nicht nur beim Einsortieren der Ware und beim Verkauf, sondern erwies sich auch sehr nützlich als Beschützer. Er konnte sich mit den Russen ebenso gut verständigen wie der alte Herr Fricke und sie abwimmeln.

Nicht weit von der Bäckerei entfernt befand sich, wie bereits erwähnt, die Fleischerei. Bei denen arbeitete seit einiger Zeit eine junge Russin. Sie war vorher in Russland Lehrerin gewesen und sprach sehr gut Deutsch. Deshalb hatte sie wohl nach Deutschland gehen müssen. Zu der Zeit gab es auch noch eine ganze Reihe weiterer Russenmädchen im Dorf, die von Hitlers Leuten einfach in unser Land verschleppt worden waren. Meist waren sie bei Bauern untergebracht, mussten Stallarbeiten machen und die Kühe hüten. Zum Glück waren die Ellenbergs zu ihrer Russin immer gut gewesen, deshalb stand sie auf ihrer Seite. Wenn neue russische Soldaten im Anmarsch waren, sind sie immer zuerst zum Fleischer in den Laden. Dann ist die junge Russin schnell zur Hintertür raus und bei uns zur Hintertür rein. »Schnell, versteckt euch!«, rief sie jedes Mal.

Bald konnten wir im Bäckerhaus nicht mehr bleiben, denn dort sollten zwölf russische Soldaten einquartiert werden. Kurz vor ihrem Eintreffen sagte meine Chefin zu mir: »Martl, nimm den Teppich aus der Schlafstube, damit er nicht schmutzig wird.« Dass ich den Teppich beiseiteschaffen wollte, bekam der erste Soldat mit, der ins Haus trat. Was er zu mir sagte, verstand ich zwar nicht, aber er deutete auf den Teppich und auf den Boden und ich legte ihn brav wieder hin.

Ihr Oberster sprach fließend Deutsch. Am Abend schickte er uns alle aus dem Haus mit dem Hinweis: »Meine Leute sind zwar nicht böse, aber wenn sie am Abend etwas getrunken haben, kann ich für nichts mehr garantieren.« Also verließen wir alle außer Robert und dem jungen Tschechen das Haus und begaben uns zum Müller Karl. Karl war auch Tscheche, ein sehr lieber Mensch. Sein Haus schien uns mehr Sicherheit zu bieten als jedes andere, es lag nämlich im Wald und war vom Dorf aus nicht zu sehen. Auf seinem Dachboden hatte er Schlafstätten hergerichtet, aber nicht nur für uns, sondern für etliche Frauen und Mädchen aus unserer Nachbarschaft. So waren wir jede Nacht fünfzehn weibliche Personen, die auf Müllers Dachboden Zuflucht fanden.

Bevor wir das Haus verließen, hatte Frau Fricke alle Schränke abgeschlossen und die Schlüssel mitgenommen. Als die Russen nach vier Wochen endlich weiterzogen, waren alle Schränke aufgebrochen, und es fehlte vieles. Das war aber zu verschmerzen, wir waren froh, dass keinem von uns etwas passiert war.

In den beiden Schmieden des Ortes dagegen hatten sich dramatische Szenen abgespielt. Die Frau von der Schmiede am oberen Ortsende war Tschechin, aber sie hatte einen deutschen Mann, und der befand sich im Krieg. Die Russen kamen auch zu ihr. Und da sie ihre Sprache verstand, schimpften sie sich bei ihr aus. Sie fänden keine Frauen im Dorf, so etwas gebe es doch nicht. Die hätten sich bestimmt alle versteckt, aber sie würden jetzt das ganze Dorf durchkämmen und ihre Rattenlöcher schon ausfindig machen. Da opferte sich die Frau regelrecht für uns auf, damit die Russen die anderen Frauen in Ruhe ließen.

Die junge Frau von der Weinert-Schmiede, die am anderen Ortsende lag, hatte aber trotzdem keine Ruhe. Sie hatte erst vor Kurzem ein Baby gekriegt, und ihr Mann war ebenfalls auf dem Schlachtfeld. Weinend erzählte sie Frau Fricke im Geschäft, dass ihr Schwiegervater immer wieder sage: »Geh doch mit den Russen ins Bett, Hauptsache uns passiert nichts.« Zufällig war zu diesem Zeitpunkt auch die neue Bewohnerin der alten Villa, in der einst der Oberförster gewohnt hatte, im Laden. Bei ihr waren die russischen Offiziere einquartiert. Nach ihrer Heimkehr erzählte sie dem obersten der Offiziere, der so gut Deutsch sprach, von dem, was sie in Frickes Laden aufgeschnappt hatte. Er sagte, man solle ihn sofort benachrichtigen, wenn wieder welche von seinen Leuten versuchen würden, in die Weinert-Schmiede einzudringen. Wie der Nachrichtenapparat genau funktionierte, weiß ich nicht mehr. Es kam aber jemand, der Frau Fricke meldete, es versuche wieder ein Soldat in der Weinert-Schmiede einzudringen. Frau Fricke konnte ja nicht fort wegen des Ladens. Also bin ich heimlich hinten raus, rannte zur Villa und sagte der Frau Bescheid. Die sagte es dem Offizier. Der holte sofort seinen Wagen aus der Garage, ließ mich einsteigen und fuhr wie der Teufel zur besagten Schmiede. In weniger als fünf Minuten waren wir da, aber für die Schmiedefrau kamen wir in letzter Sekunde. Der Soldat hatte ihr schon die Bluse heruntergerissen, sich selbst hatte er freigemacht und hielt das Baby von Frau Weinert in beiden Händen. Da sie sich gesträubt hatte, hatte er sich das Kind geschnappt und gedroht, er werde es an die Wand werfen, wenn sie nicht mitmache.

Er wurde auf der Stelle festgenommen, und man hat ihn im Dorf nicht wiedergesehen. Frau Weinert hat es mir stets hoch angerechnet, dass ich sie durch mein schnelles Handeln vor Schlimmem bewahrt hatte.

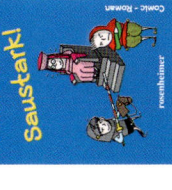

○ Opern auf
Bayrisch 2. Akt
€ 16,95 [D]

○ Seppis Tagebuch
Saustark!
€ 12,95 [D]

○ Nur Bayern
im Kopf!
€ 16,95 [D]

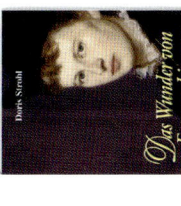

○ Das Wunder von
Frauenchiemsee
€ 16,95 [D]

○ Faszinierendes
Tölzer Land
€ 19,95 [D]

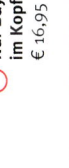

○ Die Blumen-
flüsterin Maria
€ 12,95 [D]

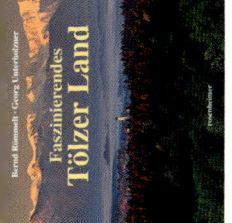

○ Ein Bauernleben
€ 12,95 [D]

○ Magische Glücksorte
in Bayern
€ 16,95 [D]

○ Ohne Panzer
Ohne Straßen
€ 12,95 [D]

info@rosenheimer.com · www.rosenheimer.com · Tel: 08031 2838 0 · Fax: 08031 2838 44

Name _____

Straße/Hausnummer _____

PLZ/Wohnort _____

Telefon _____

E-Mail _____

○ Senden Sie mir **halbjährlich** kostenfrei und unverbindlich Ihren Verlagskatalog.

○ Senden Sie mir **einmalig** kostenfrei und unverbindlich Ihren aktuellsten Katalog.

○ Ich möchte die rückseitig angekreuzten Bücher **kaufen** und **portofrei** zugesandt bekommen. Meine Bezahlung erfolgt auf Rechnung. Ich habe **14 Tage Zeit**, um den Auftrag zu **widerrufen**. Meine Daten werden nicht an Dritte weitergegeben.

rosenheimer

www.rosenheimer.com

Rosenheimer Verlagshaus

Am Stocket 12

D-83022 Rosenheim

Bitte ausreichend freimachen

Die Ausweisung

»Der Krieg ist aus!«, hieß es dann eines Tages endlich. Vor lauter Freude darüber fielen sich selbst wildfremde Menschen in die Arme und jubelten: »Gott sei Dank! Jetzt ist alles vorbei!« Nun glaubten wir alle, aufatmen zu können. Man rechnete damit, sein normales Leben wieder dort fortsetzen zu können, wo es unterbrochen worden war. Doch das war ein Trugschluss. In der Folgezeit wurde es für uns erst wirklich schlimm.

Wenige Wochen, nachdem der Waffenstillstand proklamiert worden war, geisterte die Parole von Haus zu Haus: Alle Deutschen werden ausgewiesen! Sein Hab und Gut muss man zurücklassen! Nur das Allernötigste darf man mitnehmen! Nervosität verbreitete sich daraufhin unter den Menschen. Einige packten schon mal das Notwendigste zusammen, damit sie gleich startklar seien, sollte es ernst werden. In anderen Häusern wurde erst durchdiskutiert, wie man sich am klügsten verhalten solle. So war es auch bei uns. Mein Vater sagte: »Es wird viel geredet. Man darf nicht alles glauben, was man hört. Wir jedenfalls gehen nicht eher, bis wir eine schriftliche oder eine mündliche Aufforderung kriegen.«

Bei Familie Fricke machte man sich natürlich auch Sorgen. Aber noch blieb alles ruhig. Am Abend des 22. Juli aber wurde es ernst, bitterernst. Der Bürgermeister erschien höchstpersönlich und teilte ihnen mit: »Es tut mir leid, aber ihr müsst morgen das Land verlassen. Um acht Uhr müsst ihr am Gemeindeamt sein. Jeder darf nur dreißig Kilo Gepäck mitnehmen.«

Das galt sowohl für die alten Leute als auch für Rosl und ihre Kinder. Man kann sich vorstellen, was das für ein Schock für die armen Menschen bedeutete. Auf meine Nachfrage erfuhr ich, dass ich ebenfalls auf der »Abschussliste« stand, aber erst zu einem späteren Zeitpunkt drankommen würde. Nachdem ich Frickes geholfen hatte, das Nötigste zusammenzusuchen und einzupacken, meinte Rosl, ich solle nach Hause gehen, meine Eltern informieren, ebenfalls das Wichtigste einpacken und gleich mit ihnen »auswandern«. Dann könnten wir zusammenbleiben. Außerdem bedürfe sie meiner Hilfe jetzt dringender als je zuvor. An dem Abend ging ich zwar nach Hause, aber das Gespräch, das ich dort führte, endete mit einem anderen Ergebnis, als meine Herrin erwartet hatte. Meine Eltern beschworen mich, sie nicht allein zurückzulassen. Das war ganz in meinem Sinn, denn zu dem Zeitpunkt hätte ich mich noch nicht von ihnen trennen mögen.

Rosl Fricke war nicht besonders glücklich, zeigte aber Verständnis für meine Entscheidung, die ich ihr am nächsten Morgen mitteilte, nachdem ich pünktlich um sechs Uhr auf meiner Arbeitsstelle erschienen war. Dann half ich ihr beim Verladen des Gepäcks. Sowohl für die alten Schwiegereltern als auch für Rosl und Gretl und erst recht für Klein-Ursel wäre es unmöglich gewesen, dreißig Kilogramm zu tragen. Zum Glück befanden sich im Schuppen noch zwei Handwagen aus besseren Tagen. Auf den einen luden die

Großeltern ihre Koffer, auf den anderen lud die junge Frau das Gepäck für sich und ihre Kinder. An Geld durften sie nur das mitnehmen, was sie im Portemonnaie hatten. Sie durften nicht mehr zur Bank, um ihre Ersparnisse abzuheben, stattdessen mussten sie die Sparbücher vor dem Verlassen des Hauses offen auf den Tisch legen.

Dann ging es los. Robert zog seinen Wagen, Rosl den ihren, und Gretl schob den Sportwagen mit der kleinen Schwester drin. Als sich der kleine Trupp in Bewegung setzte, musste ich mich sehr zusammenreißen, um nicht loszuheulen. Ehe die Karawane um die nächste Straßenbiegung verschwand, warfen die Erwachsenen mit Tränen in den Augen noch mal einen Blick zurück auf ihr Eigentum, auf das Haus, das seit Generationen der Familie als Wohnung und Arbeitsstätte gedient hatte und das sie vermutlich nie mehr wiedersehen würden. Auch ich konnte meine Tränen nicht mehr zurückhalten. Weinend begleitete ich die Familie zum Gemeindeamt, wo bereits ein Pferdefuhrwerk bereitstand. Es war kurz vor acht, als wir eintrafen. Nach und nach strömten andere Menschen herbei, denen das gleiche Schicksal widerfahren war.

Dies war bereits der zweite Transport, der von unserem Ort ausging. Beim ersten Transport, einige Wochen vorher, hatte man nur Bauern ausgesiedelt, und ihre Höfe waren noch am selben Tag von Tschechen besetzt worden. Solch einen Tschechen hatte man nun verpflichtet, diesen neuen Zwangsaussiedlertrupp bis zum Bahnhof nach Kratzau zu bringen. Ich half meinen Leuten noch beim Verladen ihrer Habe. Das war das Letzte, was ich für sie tun konnte.

In der Folgezeit erfuhr man immer wieder von neuen Abschiebungen und dass die verlassenen Häuser sofort von Tschechen besetzt wurden. Diese lebten – oder besser gesagt hausten – munter darin. Nach vier Wochen aber sollten sie an die Gemeinde Miete zahlen. Da guckten sie recht dumm, denn das konnten sie nicht. Dann mussten sie wieder ausziehen.

Nachdem meine Arbeitgeber abgeschoben worden waren, stand ich mal wieder ohne Arbeit da. Doch wieder hatte ich Glück! In dieser Situation tauchte nämlich, wie ein Bote des Himmels, mein Onkel Franz bei uns auf, der immer noch stellvertretender Bürgermeister war. »Martl«, sagte er zu mir, »die Antifaschisten suchen noch eine Jugendliche. Geh doch mit denen für ein halbes Jahr zum Bauern in die Tschechei. So brauchst du noch nicht fort.«

Die Antifaschisten, damit waren die Deutschen gemeint, die im Widerstand gemeinsam mit den Tschechen gegen Hitler und sein Regime gekämpft oder die Widerständler heimlich unterstützt hatten.

Diesen Rat befolgte ich bereitwillig. Mit meinen zweiundzwanzig Jahren war ich eigentlich keine Jugendliche mehr, aber so klein und zierlich, wie ich war, ging ich leicht als eine solche durch. Wir waren zehn Jungs und fünf Mädchen, die auf einen Lastwagen geladen wurden. Dieser brachte uns in ein Dorf in der Nähe von Prag. Auf dem Marktplatz wurden wir ausgeladen und zur Schau gestellt wie Schlachtvieh. Tschechische Bauern kamen von nah und fern und begutachteten uns. Um einige von uns gingen sie sogar herum und betasteten auch schon mal einen Oberarm, wohl um festzustellen, wie gut die Muskeln ausgebildet waren. Es war eine deprimierende Situation. Nun konnte ich mir vorstellen, wie sich die Russenmädchen gefühlt haben müssen, die man während des Krieges in unser Dorf gebracht hatte.

Einer von uns Jugendlichen nach dem andern wurde dann von einem Bauern mitgenommen. Die Stärksten waren zuerst weg. Nur einen Jungen und mich wollte keiner haben. Vermutlich waren wir ihnen zu dünn und unscheinbar. Was soll nur aus uns werden? dachte ich.

Auf einmal kam ein alter Mann daher, der muss schon über achtzig gewesen sein. Er hatte ein freundliches Gesicht. Er beguckte uns und verschwand ins nächste Haus. Selbst der will uns nicht haben, dachte ich und wusste nicht, ob ich darüber froh oder traurig sein sollte. Was würde mit uns geschehen, wenn wir am Abend immer noch auf dem »Viehmarkt« stünden? Wenig später kam eine junge Frau auf uns zu. Sie sprach uns auf Tschechisch an. Leider verstand ich kein Wort, denn da ich eine deutsche Schule besucht hatte, hatte ich ja kein Tschechisch gelernt. Nur die Nationalhymne und einige andere Lieder hatten wir auf Tschechisch lernen müssen. Aber das half mir jetzt nicht weiter. Die Frau nickte uns aber freundlich zu und fasste uns beide an der Hand. Mir war es schon egal, wo es hinging, Hauptsache, wir kamen endlich von diesem trostlosen Marktplatz weg.

Wenig später saßen wir bereits an einem Abendbrottisch, und erst da merkte ich, was für einen Hunger ich hatte. Eine lange dürre Frau, die Oma, wie ich später erfuhr, hatte fein gekocht, und sie hatte den Tisch fein gedeckt, für uns beide gleich mit. Für jeden stand da ein Teller mit Besteck daneben. Dort wurde also nicht von allen aus einer Schüssel gelöffelt, wie das sonst bei Bauern üblich war. Auf einmal kam auch der Opa herein, setzte sich an den Tisch und zwinkerte uns vertraulich zu. In ihm erkannte ich den alten Mann vom Markt wieder. Es war seine Schwiegertochter gewesen, die uns auf seine Empfehlung hin hergebracht hatte.

Wir hatten es beide gut bei diesen Bauersleuten. Sie hatten zwei kleine Mädchen, für die in der Küche zwei richtige Betten standen. Weil wir kamen, mussten die beiden Mädchen zusammen in einem Bett schlafen, und ich bekam das andere. Egon, so hieß der Junge, der mit mir in dieses Haus gekommen war, bekam ein extra Zimmerchen.

Am nächsten Morgen, als ich vor die Tür trat, hörte ich vom Nachbarhaus jemanden rufen: »Guten Morgen, Martl, was macht ihr heute?«

Erstaunt blickte ich hinüber. Da erkannte ich zwei von den Jungen, die mit uns auf dem LKW gewesen waren. Manfred und Ernst waren beide siebzehn und im Bürgermeisteramt gelandet. Der Bürgermeister war zufällig der Schwiegersohn von »unserem« Opa, also mit der Tochter unserer alten Herrschaften verheiratet. Er und seine Frau kamen oft des Abends herüber zu einem Schwätzchen.

Ernst konnte perfekt Tschechisch, was für uns alle sehr von Nutzen war. Anfangs hat er immer für uns gedolmetscht. Schon bald fragte er, ob ich für ihn und Manfred die Wäsche mitwaschen könne, denn seine Hausfrau, die Bürgermeistersgattin, habe keine Lust dazu. »Aber gern«, antwortete ich. Zum Dank dafür brachte er mir etwas Tschechisch bei. Und unser Opa lernte ganz schnell ein bisschen Deutsch, was ihn mit großem Stolz erfüllte. Schon am nächsten Morgen begrüßte er mich mit: »Guten Morgen, Martl«, so wie er das am Vortag von Ernst gehört hatte. Am Nachmittag hatte er bereits einen weiteren Satz drauf: »Martl, komm mal her!«, das hatte er auch den Jungen von Bürgermeister abgelauscht. Er wollte, dass ich mit ihm die Scheune kehre. Am dritten Tag ließ der Opa über den Ernst bei mir anfragen, ob ich auch seine Wäsche und die von der Oma mitwaschen könne. Die Schwiegertochter würde das nämlich nicht machen.

»Natürlich mache ich das«, antwortete ich dem alten Herrn auf Deutsch. Das verstand er sofort. Dass ich für sie die Wäsche wusch, dafür zeigte sich der Opa immer wieder erkenntlich. Er nahm mich an der Hand und führte mich in seinen Garten. Darin zeigte er mir ein Loch, das er extra für mich gegraben hatte. Darin lag in Zukunft immer wieder mal was für mich drin, mal war es Obst, mal war es Schokolade.

Er und die Oma waren zwei wirklich liebe Menschen. Sie wohnten nicht im Bauernhaus, sondern nebenan in einem eigenen kleinen Häuschen. Um das herum lag auch der Garten, von dem ich schon gesprochen habe. Jeden Vormittag ging die Oma hinüber ins Haupthaus, um zu kochen und zu backen. Die junge Frau musste ja ins Feld und wir anderen auch. Wenn wir morgens aufbrachen, flüsterte der Opa mir immer zu: »Komm, Martl« und eilte mit mir voraus. Im Latz seiner Arbeitsschürze hatte er immer ein schönes Mohnbrötchen für mich, das seine Frau selbst gebacken hatte. Er bedeutete mir, mich nicht umzudrehen, damit die Schwiegertochter nichts davon merkte. Sie war nicht gut mit ihren Schwiegereltern.

Nach einigen Tagen entdeckten wir, dass es noch vier andere von unserer Gruppe ganz in der Nähe gab, zwei Jungen und zwei Mädchen. Sie waren beim größten Bauern des Dorfes untergekommen und wohnten in dessen Ausgedingehaus. Das stand gar nicht weit von unserem Bauernhaus entfernt. Am Abend, wenn wir alle acht frei hatten, trafen wir uns dort. Sie hatten es bei ihrem Großbauern ebenfalls gut getroffen. Die Bauersleute waren schon alt und hatten keine Kinder. Beim Mittagessen durften unsere Kameraden mit den beiden Alten in der Stube essen. Die Bauersleute saßen an einem kleinen Tisch und die vier jungen Leute an dem eigentlichen Esstisch.

Als der Ernst vom Bürgermeister mal den Auftrag hatte, um die Mittagszeit beim Großbauern etwas auszurichten, bekam er zufällig eine unschöne Szene mit. Plötzlich tauchten zwei Polizisten auf, die fuhren das alte Ehepaar an: »Ihr wisst doch, dass es verboten ist, die Deutschen mit in der Stube essen zu lassen!« Darauf antwortete der Bauer: »Was wollt ihr von uns? Wir sind so dankbar, dass wir die vier Deutschen haben. Allein schaffen wir doch unsere Arbeit nicht mehr.«

Das interessierte die Polizisten herzlich wenig. Sie gaben den alten Leuten eine Verwarnung und verdonnerten sie zu einer Geldstrafe. Der Ernst, der alles verstanden hatte, erzählte uns das am Abend. Da kriegten wir anderen einen Schreck, denn auch wir aßen immer mit unseren Herrschaften zusammen. Wir befürchteten, sie könnten deswegen auch Schwierigkeiten bekommen. Als ich unter Ernsts Beistand mit dem

Opa darüber sprach, lachte der nur. »Die beiden Polizisten sind Wichtigtuer. Die neiden dem Großbauern nur seinen Besitz. Dem Bauern wird nichts passieren. Ich gehe heute noch hin und erkläre ihm, dass er auf keinen Fall zahlen soll.« Da waren wir wieder beruhigt.

Das Haus unserer Familie lag etwas zurückgesetzt von der Straße. Es war Mittagszeit. Wir waren eben vom Feld zurück, und die Großmutter hatte das Essen gerade fertig zum Auftischen. Da erblickten wir vom Fenster aus, dass eine kleine Schar russischer Soldaten nebst zwei Zivilisten auf den Hof drängten. ›O Gott, geht das schon wieder los‹, dachte ich und war vor Schreck wie gelähmt. Die Oma aber – so schnell konnte ich nicht gucken – hatte schon sämtliche Töpfe mit Essen in den Backofen geschoben. Weil ich sie verstört angesehen haben muss, erklärte sie: »Die Russen würden das Zeug zwar nicht essen, aber sie würden es vor die Tür schütten, damit wir nichts zu essen haben.«

Sekunden später drangen die Männer laut polternd in die Küche ein. In diesem Moment erkannte ich die beiden Zivilisten. Sie stammten aus meinem Dorf. Wir drei taten aber so, als würden wir uns nicht kennen, weil wir das wohl instinktiv für besser hielten. Da sie gescheite Männer waren – sie hatten die Oberschule besucht – sprachen sie ganz gut Tschechisch. Sie übersetzten mir die Fragen des russischen Anführers und übersetzten für den meine Antworten. Sie schienen mit dem, was sie hörten und sahen, zufrieden zu sein. Denn sie zogen bald wieder ab und ließen sich nie wieder blicken. Die Oma aber zog, als sie gegangen waren, seelenruhig ihre Töpfe aus dem Ofen und stellte sie auf den Tisch.

Meine Leute hatten dreißig Gänse und Enten. Als es auf den Herbst zuging, sollten diese gerupft werden, damit man Bettfedern hatte. Die Hausfrau erwartete natürlich, dass ich dabei helfe. Ich hatte aber schreckliche Angst vor den Gänsen, daher stellte ich mich entsprechend ungeschickt dabei an, als ich eine fangen sollte. Das fiel der jungen Frau sofort auf, und sie erließ mir diese Arbeit. Während ich aber am Gänsefangen war, war der Frau noch etwas anderes aufgefallen, nämlich meine handgestrickte Jacke. Sie fragte, ob ich die selbst gestrickt hätte. Als ich das bejahte, brauchte ich fast nichts mehr anderes zu tun. Sie gab mir Berge von Wolle und bat mich, zunächst mal für die kleinen Töchter solche Jacken zu stricken, wie ich eine trug. Also strickte ich fortan fast den ganzen Tag. Das machte mir wesentlich mehr Spaß, als Gänse zu fangen oder zu rupfen. Solange das Wetter schön war, saß ich mit meinem Strickzeug oft vor dem Haus auf der Bank. Darauf wurden auch die Frauen aufmerksam, die des Weges kamen. Die eine oder andere ließ sich dann von mir zeigen, wie man strickt.

Das Wasser musste man aus einem Ziehbrunnen holen und ins Haus tragen. Das war aber nicht meine Aufgabe. Elektrisches Licht gab es auch nicht. Das muss man sich mal vorstellen, nur eine Fußstunde von Prag entfernt und noch keine Elektrizität! Man beleuchtete nur mit Petroleumlampen und ging, als die Tage kürzer wurden, früh zu Bett. Eines Tages, als der Opa nach Prag zum Arzt musste, kam er am Abend ganz stolz mit einer neuen Errungenschaft zurück, einem Radio! Leider nützte ihm das nichts, weil es ja nicht ohne Strom funktionierte. Im Geschäft hatte ihm niemand erklärt, dass man zum Betreiben eines Radios Strom braucht.

Der Egon, der schon bei unserer Ankunft so blass und erbärmlich ausgesehen hatte, dass ihn kein anderer Bauer hatte haben wollen, wurde zusehends schwächer, obwohl ihm wirklich genug zu essen vorgesetzt wurde. Eines Morgens sagte die Bäuerin: »Das sehe ich mir nicht länger an. Du musst zum Arzt.«

Der Arzt schickte den Jungen gleich weiter ins nächste Krankenhaus. Die konnten auch nicht viel mit ihm anfangen und ließen ihn nach Reichenberg ins Krankenhaus bringen. Dort stellten sie die Diagnose Lungenkrebs. Er starb noch, bevor das halbe Jahr um war, das wir auf dem Bauernhof verbringen sollten, er war gerade noch sechzehn Jahre alt geworden. Auf der Heimfahrt waren wir von unserer Gruppe nur noch dreizehn. Ein junges Mädchen war während seines Aufenthaltes auf dem Bauernhof ebenfalls gestorben. Sie hatte im Kopf einen Tumor gehabt.

Anfangs war weit und breit kein Ehemann zu sehen, der zu der jungen Frau gehört hätte, worüber ich mich sehr wunderte. Ich wagte aber auch nicht zu fragen. Nach einem Vierteljahr etwa tauchte er überraschend auf. Aber wie erbarmungswürdig sah er aus! Obwohl er noch ziemlich jung sein musste, bewegte er sich wie ein alter Mann. Nur mithilfe von zwei Krücken konnte er sich überhaupt vorwärtsbewegen. So nach und nach erfuhr ich dann, dass er begeisterter Hitleranhänger gewesen war. Das war ihm nach Kriegsende zum Verhängnis geworden. Die Russen hatten davon Wind gekriegt, ihn abgeholt und in ein Lager gesteckt. Dort waren ihm beide Beine erfroren. Der Mann sprach zwar nur Tschechisch, aber wir beide konnten uns doch ganz gut unterhalten, denn in dem Vierteljahr in seinem Hause hatte ich seine Sprache schon ganz gut gelernt. Darüber freute er sich sehr. Er unterhielt sich gerne mit mir. Nach einiger Zeit meinte er, wenn alle Deutschen so wären wie ich, hätte man sie sicher im Sudetenland gelassen. In diesem Zusammenhang erzählte ich ihm, dass man bei uns die Höfe der vertriebenen Bauern sofort mit tschechischen Bauern besetzt habe, die aber ihre Miete nicht bezahlt hätten. Da sagte er: »Das sind keine Bauern, Maditschko« – so nannte er mich immer – »das sind alles Knechte. Die haben gedacht, sie kriegen alles umsonst. Einem echten Bauern, wie mir zum Beispiel, wäre es nie in den Sinn gekommen, ins Sudetenland zu gehen und sich in ein Haus zu setzen.«

Es verging ein Vierteljahr, bis mein Bauer wieder laufen konnte. Aber arbeiten konnte er immer noch nicht, als für uns die Zeit der Heimreise gekommen war. Am letzten Tag vor meiner Abreise sagte er etwas, das ich nie vergessen habe.

»Maditschko«, begann er. »Wenn alle Antifaschisten so wären wie du, dann wäre ich auch einer.«

»Ich bin kein Antifaschist«, versuchte ich die Sache richtigzustellen. »Aber ich bin nicht in der Partei gewesen, wenn Sie das meinen.« Dann erklärte ich ihm, wie mein Onkel, der zweite Bürgermeister, das in die Wege geleitet hatte, dass ich mit der antifaschistischen Jugendgruppe hierhergekommen bin. Das hat meinem Bauern so imponiert, dass er mich gar nicht mehr weglassen wollte. Seine Frau und er redeten am Abend auf mich ein: »Maditschko, bleib bei uns, dann wirst du auch nicht ausgewiesen«, sagte er. Sie fügte hinzu: »Wir suchen für dich einen netten tschechischen Mann, dann kannst du immer in deiner Heimat bleiben.«

Sie meinten es gut mit mir, das war mir bewusst. Ich erklärte ihnen aber, dass ich meine Eltern nicht allein in die Fremde gehen lassen wolle, und das konnten sie dann doch verstehen. Alle bemühten sich nun, mir noch etwas Gutes zu tun. Am Tag zuvor hatten sie geschlachtet, und ich hatte einen Koffer so groß wie eine Tischplatte. Diesen packten sie mir voll mit Würsten und Fleischstücken. Mir kam es vor, als hätte ich das halbe Schwein im Koffer. Er war so schwer, dass ich ihn gar nicht hätte tragen können.

Ernst erbot sich, meinen Koffer zum Bahnhof zu schaffen. Wir verbliebenen dreizehn Jugendlichen wollten den Weg zum Bahnhof gemeinsam zurücklegen, deshalb hatten wir uns alle bei uns getroffen. In dem Moment, als Ernst den Koffer hochheben wollte, riss aber der Henkel ab. Da packten Ernst und Manfred ihn gemeinsam, einer hüben und einer drüben, und schleppten ihn zum Zug. Ich trug unterdessen den viel leichteren Koffer vom Ernst, und Opa trug den vom Manfred. Als wir auf dem Bahnhofsgelände ankamen, wimmelte es dort nur so von jungen Leuten. Es müssen über tausend Deutsche gewesen sein, die zu ihren Familien zurückwollten. Im letzten Moment tauchte per Fahrrad auch noch der Bürgermeister auf, bedankte sich nochmals ausdrücklich bei unserer Gruppe und überreichte uns einen großen Rührkuchen. Der muss direkt aus dem Ofen gekommen sein, denn er war noch ziemlich warm.

Sobald der Zug losfuhr, wurde der Kuchen in Stücke geschnitten und an alle in unserem Abteil verteilt. Dann ging es an das Geschlachtete in meinem Koffer. Die Würste verteilte ich an die Jungs, und die Mädchen bekamen je ein Stück Fleisch mit, das sie sich zu Hause braten konnten. Daher war mein Koffer bei meiner Heimkehr so leicht, dass ich ihn, selbst ohne Henkel, wieder eigenhändig tragen konnte.

Was hatte sich während meiner Abwesenheit in meinem Heimatdorf alles verändert! Es gab kaum noch Deutsche, wo man hinschaute, lebten jetzt Tschechen. Ein fünfzehnjähriges Kerlchen aus meiner Gruppe traf es besonders hart. In seinem Elternhaus lebte jetzt eine tschechische Familie, und niemand konnte ihm sagen, wo sich seine Eltern befanden. Er wusste nicht, wo er an diesem Abend bleiben sollte. In seiner Verzweiflung kam er zu uns. Für diese Nacht boten wir dem Jungen das Bett meines Bruders an. Am nächsten Morgen verließ er mit dem ersten Zug das Land, in dem er keine Heimat mehr hatte.

Ich hatte glücklicherweise noch ein Zuhause, aber vieles war schon verpackt. Von meinen Eltern erfuhr ich, dass unser Dorf bereits einen tschechischen Bürgermeister hatte. In Frickes Haus gab es nun mehrmals in der Woche Tanzmusik. Auch die meisten Bewohner aus dem Gemeindehaus waren inzwischen zwangsumgesiedelt worden. Daher lebten dort nur noch einige alte Menschen und ich mit meinen dreiundzwanzig Jahren.

Wieder mal stand ich ohne Arbeit da. Aber wieder hatte ich Glück! Schon am nächsten Tag kam der Bürgermeister zu uns und fragte, ob ich nicht auf der Sägemühle arbeiten wolle. Dann könnten wir noch dableiben. Dieses Angebot ergriff ich mit beiden Händen.

Diese Brettsäge hatte zuvor einen deutschen Besitzer gehabt, nun hatte sie einen tschechischen Chef. Wir waren drei deutsche Mädchen, die dort gleichzeitig anfingen. Es gab auch noch andere deutsche Arbeiterinnen in dem Werk. Unsere Aufgabe bestand darin, Bretter zu Gemüsesteigen zusammenzuhämmern. Zu Anfang haben uns die tschechischen Mitarbeiter beschimpft. Da sie aber merkten, dass wir gut arbeiteten, wurden sie freundlicher. Die Frau des Chefs brachte ihm jeden Mittag warmes Essen. Als sie sah, wie dünn ich war, hatte sie Mitleid mit mir und brachte immer etwas mehr, damit ich davon auch essen konnte.

In der Faschingszeit fragte der Chef uns drei Neulinge: »Na, Mädchen, wollt ihr nicht zum Tanzen gehen?«

Ich antwortete: »Liebend gern, aber uns Deutschen ist das nicht erlaubt.«

»Das ist das geringste Problem. Die Erlaubnis beschaffe ich euch.«

Er hielt Wort. Einen Tag vor dem Ball präsentierte er uns die vorübergehende tschechische Staatsbürgerschaft. »Mädels, macht euch fein. Morgen Abend nehmen meine Frau und ich euch mit zum Maskenball.«

Dort war ich die Erste, die zum Tanz aufgefordert wurde. Während des Tanzes erzählte mir der gut aussehende junge Mann, dass er aus Prag stamme, jetzt aber mit einem Freund in Neundorf wohne und in einer Schreinerei arbeite. Das verstand ich alles. Als er von mir aber wissen wollte, woher ich komme und was ich mache, fand ich nicht schnell genug die tschechischen Worte, da war der Tanz schon zu Ende. Deshalb gab mein Chef mir der Rat: »Wenn er dich noch mal zum Tanzen holt, versuche mit ihm in eine Ecke zu tanzen. Dort erklärst du ihm, dass du nicht so gut Tschechisch kannst.«

Da ich diesen Rat befolgte, nachdem mich der junge Mann ein zweites Mal geholt hatte, hörte er mitten im Tanzen auf und lachte aus vollem Herzen. »Mach dir deswegen keine Sorgen«, sagte er. »Ich kann Deutsch.«

Zu dieser Zeit hatte ich eine tschechische Freundin, die Liesl. Ihre Familie wohnte seit Kurzem in unserem Haus. Ihr erzählte ich, dass ich beim Tanzen einen jungen Tschechen kennengelernt habe, der mich wiedertreffen wolle.

»Zum Tanzen kannst du ja mit ihm gehen, aber hüte dich davor, etwas Ernstes mit ihm anzufangen.«

Ihre Eltern waren vor Jahren eine solche »Mischehe« eingegangen, erklärte sie mir. Das hatte ihnen ständige Schwierigkeiten eingebracht, egal wie die politischen Verhältnisse gerade gewesen waren, und auch sie selbst hatte oft darunter leiden müssen.

Zum nächsten Tanzabend ging die Liesl mit. Mein Tänzer, Viktor hieß er und war ein Jahr jünger als ich, brachte auch seinen Freund mit, den Frantek. Von da an sind wir sehr oft zum Tanzen gegangen. Wenn in unserem Dorf nichts los war, gingen wir ins Nachbardorf. Wir vier waren immer zusammen. Es konnte also nichts passieren.

Dieses halbe Jahr war das schönste in meinem Leben, ich habe nämlich sehr gerne getanzt. Inzwischen war ich soweit, dass ich nicht mehr nach Deutschland wollte. ›Die Liesl bleibt ja auch hier‹, sagte ich mir. Vielleicht, machte ich mir selbst Hoffnung, hatte ich ja Glück und die Behörden hatten uns vergessen. Dennoch beobachtete ich mit Besorgnis, dass eine Familie nach der anderen ihre Sachen packen und »auswandern« musste, selbst die alten Leute, also war es wohl doch nur eine Frage der Zeit, bis uns der Befehl erreichte. Immer mehr nackte Fenster, ihrer Vorhänge beraubt, gähnten in den Straßen.

Das muss auch Viktor aufgefallen sein. Eines Abends Anfang November beschwor er mich: »Gell, Martl, du machst nicht fort?!«

»Wieso interessiert dich das?«, fragte ich überrascht.

»Weil ich dich gern habe. Ich will dich heiraten.«

Für einen Moment verschlug es mir die Sprache. Diesen Augenblick nutzte Viktor, um hinzuzufügen: »Wenn du mit mir verheiratet bist, können sie dich nicht ausweisen.«

Verwirrt von seinem Antrag und der Aussicht, in der geliebten Heimat bleiben zu können, stotterte ich etwas davon, dass ich darüber erst mal mit meinen Eltern reden müsse. Gleichzeitig überschlugen sich in meinem Kopf die widersprüchlichsten Gedanken: ›Der Viktor ist ein lieber Kerl. Aber so plötzlich heiraten? Er ist ein guter Tänzer. Reicht das für eine Ehe aus? Er ist fleißig und ehrgeizig. Aber ist er nicht zu jung für mich? Er sieht gut aus. Aber ist er nicht noch zu jung zum Heiraten? Ich könnte in der Heimat bleiben. Ist das ein Grund zum Heiraten? Ich mag ihn gern, aber er ist nicht die große Liebe. Ist Liebe zum Heiraten unbedingt notwendig? Kann ich es meinen Eltern antun, sie allein ausreisen zu lassen?‹

Wie ein Blitz durchzuckte mich dann auch auf einmal die Warnung meiner Freundin Liesl: »Hüte dich davor, etwas Ernstes mit ihm anzufangen.«

Das verunsicherte mich erst recht. Jetzt war nicht der Zeitpunkt, mit meinen Eltern zu reden – ich musste erst zu Liesls Mutter. Sie schien mir die geeignete Person, mich in meiner derzeitigen Situation zu beraten.

»Tante Hilde, was sagst du dazu? Der Viktor will mich heiraten. Dann bräuchte ich Voigtsbach nicht zu verlassen.«

»Nee, Martl«, antwortete sie spontan. »Das machst du nicht.«

Auch sie erzählte nun von den Schwierigkeiten, die sie erst gehabt hatte, weil sie einen tschechischen Mann hatte, und von denen, die nun ihr Mann hatte, weil sie Deutsche war. Damit wusste ich eigentlich schon, was ich zu tun hatte. Dennoch erzählte ich meiner Mutter: »Stell dir vor, der Viktor hat mir einen Heiratsantrag gemacht.«

Da brach meine Mutter in Tränen aus: »Erst haben mir die Russen meinen Sohn genommen, und nun willst du einen Tschechen heiraten und uns allein in die Fremde ziehen lassen. Denn hier dürfen wir nicht bleiben, das ist sicher.«

»Ich verlasse euch nicht«, versicherte ich sofort. »Wenn es wirklich soweit ist, dass ihr raus müsst, bin ich an eurer Seite.«

Noch immer arbeitete ich in der Kistenfabrik, und eines Morgens, kurz nachdem wir mit der Arbeit begonnen hatten, betrat unser Chef die Abteilung, in der lauter deutsche Frauen dabei waren Kisten zusammenzukloppen. Schlagartig hörten wir damit auf, als wir bemerkten, dass ihm die Tränen über das Gesicht liefen. »Das habe ich nicht gewollt«, brach es aus ihm heraus. »Kinder, das müsst ihr mir glauben. Das habe ich wirklich nicht gewollt.«

Mehr sagte er nicht, aber wir wussten genau, dass er damit die Ausweisungen meinte. Am nächsten Morgen war ein Großteil der Frauen nicht mehr da.

Da für uns nun das Abreisedatum feststand, der 16.11.1946, und ich entschlossen war, mit meinen Eltern auszusiedeln, machte ich mich für Viktor unsichtbar. Weil im November keine Tanzveranstaltungen mehr stattfanden, war das einfacher als gedacht. Dass wir als Antifaschisten angesehen wurden, hatte nicht nur den Vorteil, dass wir so ziemlich als Letzte drankamen, für uns galt auch nicht die Dreißig-Kilo-Beschränkung. Wir durften sogar unsere Möbel mitnehmen. Froh war ich auch, dass ich meine stattliche Sammlung von Bettwäsche mitnehmen konnte. Zu jedem Weihnachtsfest und zu jedem Geburtstag in den vielen Jahren, die ich in Stellung gewesen war, hatte ich von meiner Arbeitgeberin ja immer wunderschöne weiße Damastbettwäsche geschenkt bekommen. So etwas gibt es ja heute nicht mehr. Heute haben sie alle das komische Zeug, das man nicht bügeln muss, aus Frottee oder so genopptes Zeug. Sobald ich wieder Bettwäsche geschenkt bekam, legte ich sie sorgfältig in die Truhe, in der auch schon meine Aussteuerwäsche lag, die meine Großmutter noch gewebt hatte. In einer großen Kiste verstaute ich die Nähmaschine, die ich von meinem Bruder bekommen hatte, das letzte Andenken an ihn.

Wie in jedem Jahr, hatten wir auch 1946 rechtzeitig unseren großen Holzvorrat angelegt. Fein säuberlich war er in unserer Scheunenecke bis zur Decke gestapelt. Aber mitnehmen konnten wir ihn nicht.

»Dürfen wir es uns holen?«, fragte unser tschechischer Nachbar, der uns seinerzeit so bewundert hatte, weil unser Holz so ordentlich gestapelt war.

»Aber ja«, antwortete mein Vater. »Besser ihr holt es euch als irgendwelche fremden Leute.«

Bis zum letzten Tag hatte ich mich davor gedrückt, Viktor endlich mitzuteilen, wie ich mich entschieden hatte. Aber noch ehe ich mich zu ihm auf den Weg machen konnte, stand er bei uns vor der Tür. Wegen des Durcheinanders von Umzugskisten gab ich ihm die Antwort gleich auf der Türschwelle: »Tut mir leid, Viktor, aus der Heirat wird nichts. Ich kann meine Eltern doch nicht im Stich lassen.« Schon wandte ich mich um und wollte in die Wohnung zurückgehen. Da hörte ich hinter mir einen dumpfen Schlag. Erschrocken schaute ich mich um. Da lag der Viktor der Länge nach auf dem Boden.

Was tun? Ich war mutterseelenallein und hatte keinerlei Erfahrung in Erster Hilfe. Laut schreiend lief ich nach unten. Auf halber Treppe kam mir schon Frau Ziegler entgegen. »Was ist passiert, Martl? Ich habe einen Schlag gehört.«

»Tante Berta«, jammerte ich. »Was soll ich nur machen? Den Viktor hat es umgehauen.«

Schon stürmte sie wieder die Treppe hinunter und rief mir noch zu: »Keine Sorge, kaltes Wasser ist das beste Wiederbelebungsmittel.«

Wenig später keuchte sie mit einem Krug die Treppe herauf und schwappte dem Ohnmächtigen einen ordentlichen Guss ins Gesicht. Er öffnete tatsächlich gleich seine Augen. »Wo bin ich? Was ist passiert?«

Er rappelte sich hoch, sichtlich verärgert über die unsanfte Behandlung.

»Was sollten wir denn machen?«, verteidigte ich uns. »Wir konnten dich doch nicht bewusstlos am Boden liegen lassen.«

Am nächsten Morgen stand der Lastwagen pünktlich vor unserem Haus. Es passte alles hinein bis auf unser schönes großes Ledersofa. Das schenkten wir dem Nachbarn, der schon unser Holz bekommen hatte, denn er hatte nicht nur neugierig dabeigestanden, als wir unsere Habe verluden, sondern auch tatkräftig mit angepackt. Über das Sofa freute er sich riesig.

Es hieß, für unsere Möbel stünde uns nur ein halber Waggon zur Verfügung. Als wir mit unserer Ladung am Bahnhof ankamen, standen da bereits andere vollbepackte Fahrzeuge, und es kamen weitere an. Unter den Wartenden befand sich auch mein Onkel Franz mit seiner Frau Juliane. Sie gehörten ebenfalls zu den Letzten, die ausgesiedelt wurden. Später fanden sie eine neue Heimat bei ihrem Sohn Ernst, der schon lange in Deutschland lebte und mittlerweile ein hohes Tier war. Else, ihre einzige Tochter, war bereits gestorben. Sie war nur 32 Jahre alt geworden.

Wir standen also am Bahnhof und mussten lange warten, bis die versprochenen Waggons endlich bereit standen. Das Verladen ging dann schnell, weil jeder jedem half. Nun hieß es wieder Geduld haben, bis sich der Zug endlich in Richtung Pirna in Bewegung setzte. Mit Tränen in den Augen schaute ich noch einmal auf meine Heimat zurück. Ob ich sie jemals wiedersehen würde?

Lagerleben und Neubeginn

Unsere Fahrt dauerte viele Stunden, obwohl wir eigentlich keine große Strecke zurücklegten. Müde, hungrig, durstig und völlig verstaubt kamen wir endlich in Pirna an. Wir landeten in der roten Kaserne, die als Auffanglager diente, während unsere Möbel irgendwo eingelagert wurden.

In der Kaserne war es furchtbar. Etwa zweitausend Menschen waren hier untergebracht – in Gesellschaft von Läusen, Flöhen und Mäusen. Innerhalb weniger Tage hatte sich meine Mutter so viele Läuse eingefangen, dass sie auf ihrem Kopf geradezu eine Schneise anlegten. Da es auf Ende November zuging und nur mangelhaft oder gar nicht geheizt wurde, war es außerdem lausig kalt. In der Nacht wurden jeweils fünfzig Personen in einen Raum gepfercht, wo es für jeden nur eine primitive Holzpritsche mit einer dünnen Auflage gab. Zum Zudecken gab es auch nicht genug. Die Wolldecken starrten vor Dreck und wärmten daher nicht mehr richtig. Die Verpflegung war äußerst mäßig. Tag für Tag gab es die sogenannte Zudelsuppe, die aus Wasser, Kartoffeln, etwas Pfeffer und Salz bestand. Zu trinken gab es lediglich lauwarmen Pfefferminztee, natürlich ohne Zucker. Für die Körperpflege stand uns ein langgestreckter Raum zur Verfügung mit einer Art langem Metalltrog. An diesem konnten sich zehn Personen gleichzeitig waschen, denn er besaß bereits den Luxus von fließendem Wasser aus zehn Wasserhähnen. Die Toiletten waren allerdings noch so primitiv, wie wir sie von zu Hause her kannten. Im Hof standen zehn Plumpsklos, vor denen sich zu manchen Tageszeiten regelrechte Schlangen bildeten. Ansonsten konnte man den lieben langen Tag nichts anderes tun, als vor sich hinzudösen.

Bis hierher hatte man uns gebracht, und nun kümmerte sich keiner mehr um uns. Wollte man aus dieser Hölle heraus, musste man selbst aktiv werden. Wer Verwandte in Deutschland hatte, war im Vorteil, denn dort konnte man schriftlich anfragen, ob man bei ihnen vorübergehend Aufnahme finden könnte. Kam eine positive Antwort, konnte man das Lager verlassen. Unser einziger Verwandter diesseits der tschechischen Grenze war aber mein Cousin Ernst, und zu dem waren ja bereits seine Eltern unterwegs. Da konnten wir nicht auch noch um Asyl bitten.

In dieser Not fiel mir meine liebe gute Frau Fricke ein, deren Adresse ich bei mir trug. Sie lebte nun in Greiz. Vielleicht, so dachte ich, können wir erst mal bei ihr Unterschlupf finden und uns von dort aus eine neue Bleibe suchen. Ich besorgte mir also Papier und Stift und schilderte ihr unsere Lage.

Wenige Tage, nachdem ich diesen Brief aufgegeben hatte, schien sich uns aber eine andere Möglichkeit aufzutun. Im Lager raunte es einer dem anderen zu, dass es im Erzgebirge ein Dorf gebe, das Ausgesiedelte aufnehme. Darüber sprach ich mit meinen Eltern. Der Vater meinte, versuchen könne man es ja mal. Bevor ich aber mit meinen Eltern und unseren Möbeln eine so ungewisse Reise antrat, wollte ich mir erst ein Bild von der dortigen Situation machen. Durch einen Zufall kam ich schon am nächsten Tag mit einem jungen Mann ins Gespräch, der sich in einer ähnlichen Lage befand wie ich. Auch er hatte seine Eltern dabei, und ihre Möbel waren eingelagert. »Auf das Gerede der Leute gebe ich nicht viel«, sagte er. »Morgen fahre ich ins Erzgebirge und schaue mir an, was uns dort erwartet. Kommst du mit?«

Also machten wir uns beide auf den Weg zu dem Dorf, das man uns genannt hatte. Schon lange bevor wir es erreichten, war für den Zug Endstation. Dann hieß es über eine Stunde marschieren, bis wir im Ort angelangt waren.

Das Dorf, mussten wir rasch einsehen, lag völlig hinter dem Mond: Es gab weder Bus- noch eine Bahnverbindung, und auch einkaufen konnte man dort nirgends. Nur einmal in der Woche kam ein Wagen, der Brötchen und Brot brachte. Um an andere Lebensmittel zu kommen, musste man weiß Gott wie weit laufen. In dieser Gegend eine Arbeit zu finden, war schier aussichtslos. Wovon sollte man dort dann aber leben?

Ziemlich entmutigt kehrten wir am Abend ins Lager zurück. Doch schon am nächsten Tag erreichte mich dann die Antwort von Frau Fricke: »Liebe Martl! Ihr könnt kommen. Ich habe sogar schon eine Arbeit für dich. Du musst zwar zuerst mit den Männern schustern, aber später kommst du mit mir in die Fabrik, wo wir Mützen herstellen.«

Dass meine frühere Chefin, die einst angesehene und wohlhabende Rosl Fricke, die bisher ihrem eigenen Betrieb vorgestanden hatte, nun als ganz gewöhnliche Arbeiterin ihr Brot in einer Mützenfabrik verdienen musste, erschütterte mich gewaltig. Aber wir würden endlich aus dem Lager wegkommen! Ich wäre noch am selben Tag aufgebrochen, wenn ich nicht wegen der Zugverbindung auf den nächsten hätte warten müssen.

Voller Ungeduld stand ich am folgenden Morgen schon sehr früh auf und schnürte mein Bündel. Als es endlich hell wurde, schaute ich zum Lager meiner Eltern hinüber. Mein Vater war auch bereits aufgestanden. Aber die Mutter regte sich nicht.

»Was ist los?«, flüsterte ich, um die noch Schlafenden nicht zu stören. »Willst du nicht mit nach Greiz?«

»Doch, schon, aber mir geht es nicht gut«, antwortete sie mit kläglicher Stimme.

Sie sah wirklich blass und elend aus. Deshalb machte ich mich sofort auf die Suche nach dem Lagerarzt. Nachdem er sich die Patientin kurz angeschaut hatte, erklärte er: »Hier habe ich leider keine ausreichenden Untersuchungsmöglichkeiten. Sie muss ins Krankenhaus.«

Noch bevor ich meinem Vater anbieten konnte, dass ich so lange bleiben werde, bis die Mutter wieder auf den Beinen sei, nötigte er mich, sofort nach Greiz zu fahren: »Es genügt, wenn ich jeden Tag nach ihr schaue. Du musst fort, du kannst Frau Fricke nicht warten lassen. Außerdem musst du arbeiten, wir brauchen das Geld. Du weißt auch nicht, wie lange sie dir die Stelle offenhalten. Auch kannst du schon mal nach einer Wohnung Ausschau halten.«

Diese Argumente überzeugten mich. Also setzte ich mich in den Zug, wenn auch schweren Herzens. Als ich nach mehrmaligem Umsteigen und mühsamer

Suche in Greiz – durch die Bombenschäden war es ziemlich schwierig, sich zu orientieren – endlich bei Frickes ankam, war die Freude groß, auf beiden Seiten. Dann sah ich mich in dem winzigen Zimmer um.

»Ja, schau dich nur um«, sagte Rosl Fricke. »So leben wir nun. Aber im Vergleich zu anderen sind wir noch gut dran.« Außer diesem Raum, der als Stube und Küche zugleich ausreichen musste, hatten sie nebenan noch eine richtige Schlafkammer und unterm Dach noch ein Kinderzimmer. »Dort werden wir dich unterbringen!«, verkündete sie. Ich war heilfroh, dass meine Eltern noch nicht mitgekommen waren. Wie sich herausstellte, hatte Rosl Fricke für mich aber weder ein Bett noch Bettzeug. Wehmütig musste ich an unsere guten Sachen denken, die in Pirna eingelagert waren. Aber an die kam ich ja nicht ran.

Auf welche Weise meine frühere Chefin das Notwendigste so plötzlich aufgetrieben hatte, weiß ich nicht. Bis zum Abend hatte sie jedenfalls für mich Bettzeug und ein großes Bett ins Haus geschafft. Es bekam seinen Platz im Kinderzimmer, das jedoch so eng war, dass nun Ursulas Kinderbett keinen Platz mehr darin hatte. Es wurde deshalb abgebaut und auf dem Dachboden verstaut. Das Kind aber wurde im Bett der Eltern mit einquartiert.

Rosl und ihre Töchter hatten das Glück gehabt, noch bevor sie im Auffanglager angekommen waren, eine gewisse Hella aus Voigtsbach wiederzutreffen, die sie mitgenommen hatte nach Greiz. Das Haus, in dem wir jetzt lebten, gehörte Hellas Stiefschwester Frau Berthold. Herr Fricke war schon wenige Monate später, aus einem russischen Lager in Deutschland kommend, zu seiner Familie gestoßen.

Wie mir Frau Fricke in ihrem Brief angekündigt hatte, stand für mich bereits ein Arbeitsplatz bereit. Doch erst ging es zur Behörde. Da Rosl bereits sechzehn Monate vor mir in Greiz angekommen war und vielleicht auch durch Frau Bertholds Beziehungen kannte sie inzwischen die wichtigen Leute. Einer davon war Herr Schiltz. Er hatte bei der Wohnungsvergabe mitzureden, und – wie Gott es wollte – wir bekamen binnen vierzehn Tagen eine kleine Wohnung nebst Zuzugsgenehmigung. Die Wohnung befand sich unterm Dach eines vierstöckigen Hauses, nur zehn Gehminuten von Bertholds Haus entfernt. Sie bestand aus einer winzigen Küche, einem Schlafzimmer mit Dachschräge, in dem ich mit meinen Eltern schlafen konnte, und einer kleinen Wohnstube.

Der freundliche Herr Schiltz empfahl mir, diese Wohnung umgehend zu beziehen. Da erklärte ich ihm, das sei nicht möglich, weil sowohl meine Eltern als auch unsere Möbel noch in Pirna seien. Daraufhin meinte er: »Dann bringen Sie wenigstens schon mal Gardinen an, damit man sieht, dass sie bewohnt ist. Die Leute rennen mir sonst die Bude ein.«

Diesen Rat befolgte ich nicht nur, indem ich ein paar Fetzen aufhängte, die ich mir von Frau Berthold erbettelt hatte, ich tat noch ein Übriges. Auf Rosl Frickes Empfehlung hin bezog ich die Wohnung pro forma, indem wir das Bett, das man für mich mühsam in ihre Dachkammer geschafft hatte, in meine Wohnung verbrachten. Ab sofort würde ich wenigstens meine Nächte dort verbringen. Damit ich mich jedoch in der leeren Behausung nicht so allein fühlte, gab mir meine ehemalige Chefin großzügigerweise ihre ältere Tochter mit. Der machte das sogar Spaß, allabendlich mit mir zu meiner Wohnung zu wandern. Da es inzwischen Mitte Dezember und schon empfindlich kalt geworden war, zog ich am Abend mit einer Wärmflasche unterm Arm, einer Wolldecke über der Schulter und viel Hunger im Bauch mit Gretl zu meiner kleinen Wohnung. Zum Glück stand ein Nachttopf unterm Bett, das ersparte uns wenigstens Nachtwanderungen zum Klo, das sich zwei Stockwerke tiefer im Treppenhaus befand.

Die Frickes wohnten im ersten Stock des Hauses von Frau Berthold, sie selbst wohnte mit ihrem kleinen Sohn, der bei meiner Ankunft noch nicht ganz zwei Jahre alt war, im Erdgeschoss, und ihr Mann war noch in Kriegsgefangenschaft. An einem unserer ersten »Wandertage« begegneten wir Frau Berthold an der Haustür. Sie kam gerade mit zwei Taschen schwer beladen heim. Wir grüßten einander freundlich und jeder ging seiner Wege. In der Folgezeit kam es immer wieder mal vor, dass es unten im Hausflur gar lieblich nach Essen duftete, wenn Gretl und ich gerade auf dem Weg zu unserem Quartier waren. Manchmal machte Gretl den Vorschlag: »Gehen wir doch mal rein, vielleicht gibt sie uns was ab.«

Mal hatten wir Glück, mal hatten wir keines. Schon bei dem ersten dieser abendlichen Besuche erzählte mir Frau Berthold, die Hebamme war, wie es kam, dass sie so gut mit Lebensmitteln versorgt war: Wenn ihr Dienst es zuließ, fuhr sie alle vierzehn Tage nach Udersleben zu ihrer Tante, um in dem Ort zu hamstern. In Greiz, erzählte sie weiter, kaufe sie schöne Stoffe, dafür bekäme man in Udersleben Weizen, Mohn, Quark und Butter. Sie fragte mich, ob ich nicht am Wochenende bei ihr schlafen und ihren Sohn versorgen wolle, dann könne sie auch einmal über Nacht bei ihrer Tante bleiben. Diesen Gefallen tat ich ihr gern, zumal ich selbst einen doppelten Nutzen davon hatte. Erstens war es in meiner Bude bitterkalt, und außerdem konnte ich mich dann mal richtig satt essen. Wenn ich nämlich für den Kleinen das Essen bereitete, kochte ich für mich gleich mit. Es war ja genug da. Außerdem bekam ich, wenn seine Mutter von ihrer Tour zurückkehrte, immer etwas ab. Mal war es Mehl, mal Butter, mal Eier, mal Speck.

Doch zurück zu meinen Eltern. Voller Freude hatte ich ihnen gleich mitgeteilt, dass ich für uns eine Wohnung gefunden habe und dass sie nur zu kommen brauchten. Umgehend bekam ich von meinem Vater einen Antwortbrief. Es gehe meiner Mutter zwar besser, aber sie müsse noch eine Weile in der Klinik bleiben. In der Zwischenzeit werde er sich darum bemühen, einen Waggon für die Möbel zu kriegen. Im nächsten Brief teilte er mir mit, er habe sich inzwischen darum gekümmert, wie er die Möbel nach Greiz kriege, aber man habe ihm gesagt, jetzt im Winter gehe gar nichts. Mit dem Transport der Möbel müsse er sich bis zum Frühjahr gedulden.

Meine Eltern blieben also noch ein weiteres Vierteljahr in Pirna im Lager.

Inzwischen hatte ich die Arbeitsstelle in der kleinen Schuhfabrik angetreten, die Frau Fricke für mich organisiert hatte. Das war sehr gut so. Auf diese Weise war ich wenigstens beschäftigt und verdiente das Geld, das ich zum Leben brauchte. Dennoch sorgte Rosl Fricke weiterhin für mich wie eine Mutter. Jeden Morgen, wenn wir gemeinsam auf dem Weg zur Arbeit waren, hat sie in ihrer Tasche ein Stück Brot gehabt, ohne Butter, ohne alles. Das schob sie mir zu, ehe sich unsere Wege trennten, mit den Worten: »Martl, iss das in der Pause. Du bist so dürr geworden, seit wir nicht mehr daheim sind. Du musst sehen, dass du wieder zu Kräften kommst.«

Ja, und schon bald ging es auf Weihnachten zu. Mein erstes Weihnachtsfest in der fremden Stadt, fern von zu Hause und sogar ohne meine Eltern, also mutterseelenallein. Doch die Frickes luden mich rechtzeitig ein. Auf derselben Etage, auf der sie wohnten, lebte auch eine alte Frau, die hatte eine schöne große Wohnstube. Als sie hörte, dass wir am Heiligen Abend zu fünft sein würden in Frickes winziger Stube, machte sie ihnen das Angebot: »Sie können gerne am Heiligen Abend in meiner Stube feiern. Ich gehe nach unten in die Familie meines Sohnes.«

Als Herr Fricke das hörte, zog er gleich los zu einer Mühle, von der er erfahren hatte. Er nahm alle Schnaps- und Tabakkarten – die es zu Weihnachten zusätzlich zu den Lebensmittelkarten gegeben hatte – von seiner Familie und von mir und tauschte sie beim Müller gegen Mehl ein. Davon backte er einen großen Stollen, schließlich war er von Beruf Bäcker. So gut, da waren wir uns alle einig, hat noch nie ein Stollen geschmeckt, obwohl außer Mehl und Zucker nicht viel drin war, man hatte ja nichts. Aber wir hatten ja alle Hunger und ein bisschen süß war er auch.

Es war wirklich ein wunderbarer Heiliger Abend. Das lag aber nicht allein an dem Stollen. Die Frickes warteten nämlich noch mit einer anderen Überraschung auf. An diesem Weihnachtsabend waren wir nämlich nicht nur zu fünft, wie ich geglaubt hatte, sondern sogar zu sechst. Denn als wir gerade unter dem winzigen Bäumchen saßen, das die alte Frau für uns mit ihrem wunderbaren alten Schmuck behängt hatte, öffnete sich die Tür und herein kam – Herbert! Zuerst glaubte ich, eine Erscheinung zu haben. Doch er stand in voller Größe vor mir, ja, er schien mir noch größer als bei unserer letzten Begegnung. Über mein verdutztes Gesicht musste er lachen. Dann ging er in die Knie, umarmte mich und sagte: »Ja, Martl, da schaust du. Da bin ich wieder.«

Was mich im nächsten Moment noch mehr erstaunte, war die Tatsache, dass seine Familie nur lachte und gar nicht staunte. Ich erfuhr, dass er bereits zehn Monate nach Kriegsende unversehrt bei seinen Eltern aufgetaucht war.

Aber nun zu meiner Schuhfabrik. Dort arbeitete ich mit drei alten Männern zusammen, die genau wie ich aus dem Sudetenland ausgewiesen worden waren. Wenn der Chef nicht da war, setzten sie sich auf den Tisch und erzählten von daheim, mit Tränen in den Augen. Ach, war das schön! In diesem Betrieb arbeitete auch ein junger Mann, der schwerhörig war. Wenn der mir was erzählen wollte, meinte er immer, er müsse mir das ins Ohr sagen, damit ich es verstehe. Dann warnte der Chef ihn immer: »Dietrich, geh mir nicht zu nah an die Martl ran!«

Es war keine Drecksarbeit, die ich zu machen hatte, und schwer war sie auch nicht, aber ich musste den ganzen Tag dabei stehen. Meine Aufgabe bestand darin, die fertigen Schuhoberteile über eine Art Leiste zu stülpen, damit ein Schuster die Sohle dranmachen konnte. Danach musste ich den Schuh wieder wegnehmen und ins Regal stellen. Nachdem ich ein halbes Jahr »geschustert« hatte, kriegte ich Wasserbeine. Der Chef schickte mich zum Arzt, und dieser überwies mich ins Krankenhaus, weil er befürchtete, es könne was mit meinem Herzen sein und das Wasser sei vielleicht schon in der Lunge. Der dortige Arzt – das war sogar ein Landsmann aus meiner alten Heimat – stellte aber fest: »Nee, in der Lunge ist zum Glück kein Wasser. Aber in Zukunft solltest du keine stehende Arbeit mehr machen.«

Nach ein oder zwei Wochen wurde ich wieder entlassen, musste aber noch ein paar Tage zu Hause bleiben. Mittlerweile hatte Frau Fricke, rührig, wie sie war, für mich bereits eine neue Arbeit gefunden, in einer großen Schneiderei. Dem dortigen Chef hatte sie erklärt: »Die Martl können Sie ruhig nehmen. Die war über drei Jahre bei mir in Stellung. Die kann arbeiten. Sie werden es nicht bereuen.«

Das war ein staatlicher Betrieb, in den ich kam. In dem waren über zweihundert Frauen angestellt, von denen die meisten in einer riesigen Halle arbeiteten. Es war eine regelrechte Kleiderfabrik, wurde aber nicht so genannt. Dort wurde alles Mögliche an Kleidung genäht, gewissermaßen am Fließband. Konfektion würde man das heute nennen.

Ich aber, da ich gute Vorkenntnisse im Schneidern und Nähen mitbrachte, wurde in einen separaten

Raum gesetzt, mit einer Kollegin und einem Chef zusammen, in welchem wir nur für Privatkunden arbeiteten. Da kamen die feinen Damen aus der ganzen Stadt, die sich ihre Kleider sozusagen auf den Leib schneidern ließen. Sie kamen zum Maßnehmen, zur Anprobe und zum Abholen des fertigen Stückes. Wenn sie damit sehr zufrieden waren, steckten sie mir auch mal ein Trinkgeld zu.

Weil ich auch noch beachtliches Geschick auf dem Gebiet des Kunststopfens mitbrachte, war ich für den Chef eine besonders wichtige Kraft. Es kam nämlich immer wieder mal vor, dass in einen Stoff versehentlich hineingeschnitten wurde. Dann wäre er unbrauchbar gewesen. Das stopfte ich aber so fein, dass man von dem Malheur nichts mehr sah und der Stoff verwendet werden konnte.

Im Frühjahr 1947 waren meine Eltern endlich mitsamt ihrer ganzen Habe in Greiz eingetroffen. Als erstes wusch Frau Fricke meiner Mutter gehörig den Kopf – mit Petroleum. Das war das einzige wirkungsvolle Mittel, das einem damals zur Bekämpfung von Kopfläusen zur Verfügung stand. Für diese Tat bewunderte ich meine ehemalige Chefin rückhaltlos. Sie tat es ganz selbstverständlich, ohne Rücksicht darauf, dass sie oder eines ihrer Familienmitglieder sich die lästigen Plagegeister auch einfangen konnten.

Wie glücklich waren wir, dass wir unsere Möbel hatten mitnehmen dürfen. So konnten wir unser neues Zuhause gleich wohnlich einrichten. Mit unserer Wohnung hatten wir noch ein weiteres Glück. Unten im Haus wohnte ein Ehepaar, bei dem beide gern rauchten und Schnaps tranken. Damals gab es aber alles auf

Karten, nicht nur die Lebensmittel. Weil bei uns niemand rauchte oder Alkohol trank, boten sie uns von ihren Brot- und Kartoffelmarken an, damit wir ihnen unsere Zigaretten- und Alkoholmarken gaben. So litten wir in dieser Zeit keinen Hunger.

Dennoch, ich weiß nicht mehr warum, schickte meine Mutter eines Tages meinen Vater und mich los, wir sollten auf einem Feld Rübenblätter holen. Wir mussten weit gehen, denn die Felder lagen außerhalb der Stadt. Gerade als wir am Feldrand angekommen waren, wir hatten uns noch nicht mal gebückt, bellte plötzlich ein Hund los, aber in einer solchen Lautstärke, dass uns beiden fast das Herz stehen blieb. Nach der Schrecksekunde machten wir auf dem Absatz kehrt und rannten, was wir konnten, in die Richtung, aus der wir gekommen waren. Völlig außer Atem kamen wir zu Hause an. »Nee, nee«, schnaufte mein Vater. »Lieber will ich verhungern, ehe ich noch mal losziehe, um Rübenblätter abzurupfen.« Wir haben tatsächlich nie wieder einen Versuch gewagt.

Frau Berthold und ich waren mit der Zeit richtig gute Freundinnen geworden und duzten uns bald. Zufälligerweise hatte sie den gleichen Vornamen wie ich, nur dass sich der ihre mit »h« schrieb und voll ausgesprochen wurde, also Martha. Als wir vertrauter miteinander wurden, erfuhr ich auch Näheres über ihre Hamsterfahrten. Diese beschränkten sich nicht nur auf Udersleben. Auch Esperstätt und noch einige andere Orte gehörten zu ihrem Revier. Von dort brachte sie begehrte Artikel wie Butter, Eier, Speck und Mehl mit. Im Gegenzug brachte sie den Dorfbewohnern Stoffe.

In Greiz wurden nämlich schöne Kleiderstoffe hergestellt, vor allem für Brautkleider. So hat die »Bertholden« – wie man salopp sagte – in jener Zeit ganz Udersleben und die umliegenden Dörfer mit Brautkleidern versorgt, genauer gesagt, mit entsprechenden Stoffen. Daraus ließen sich die Bräute bei der Dorfschneiderin ihre Kleider nähen. Obwohl es eine arme Zeit war – oder vielleicht gerade deswegen –, legten die Mädchen großen Wert auf ein prachtvolles Brautkleid.

Martha war immer mit dem Fahrrad unterwegs, wenn sie zu einer Entbindung oder zur Wochenpflege musste. Diese beschränkten sich nicht nur auf die Stadt Greiz, sie hatte auch auf den umliegenden Dörfern »Kundschaft«. Das war auch viel nahrhafter. Denn dort wurde sie nicht mit Geld bezahlt, sondern in Naturalien. Eines Tages fragte mich die Hebamme, ob ich sie nicht am Sonnabend zu einer Wochenpflege aufs Land begleiten wolle. Natürlich wollte ich das! Schneller, als ich schauen konnte, hatte die Bertholden für mich von einem Nachbarn ein Fahrrad ausgeliehen. Als wir das bewusste Haus erreichten, verschwand sie sogleich im Schlafzimmer, um ihrer Arbeit nachzugehen. Mich aber führte der Hausherr in die Küche. Dort war über dem Tisch ein unscheinbarer Griff angebracht. Den hätte ich gar nicht bemerkt, wenn der Mann nicht gefragt hätte: »Soll ich dir mal was zeigen? Aber das darfst du niemandem verraten.«

Er stieg auf einen Stuhl und veranlasste mich, auf einen anderen Stuhl zu steigen und von dort auf den Tisch, weil ich ja so klein war. Nun zog er an dem Griff und es öffnete sich in der Decke eine Klappe. Meine staunenden Augen erblickten einen Hohlraum, in dem sich drei Körbe befanden. Alle waren bis oben hin voll mit feinsten Stoffen. »Die tauschen wir bei den Bauern gegen Lebensmittel ein«, flüsterte er geheimnisvoll, obwohl außer uns niemand im Raum war.

Eine gewisse Scheu hielt mich davor zurück, zu fragen, warum man dieses Handelsgut so gut versteckte. Vielleicht ist es besser, wenn du nicht zu viel weißt, dachte ich. Entweder wollte man diese wertvolle Ware vor Dieben in Sicherheit wissen, oder es war nicht ganz legal, dass man solche Tauschgeschäfte machte.

Ab dieser Zeit nahm Martha mich am Wochenende immer wieder mal mit, wenn sie zu einer Entbindung oder zu einer Wochenpflege radelte. Manchmal durfte ich sogar bei einer Geburt assistieren. So kam ich auch mal in das Haus einer werdenden Mutter, deren Schwester erst am Tag zuvor geheiratet hatte. Das Brautkleid hing noch am Kleiderschrank. Als die Mutter der Gebärenden ins Zimmer trat, fragte die Hebamme ungeniert: »Was macht ihr denn mit dem Brautkleid?«

»Was sollen wir schon damit machen?«, entgegnete die Frau. »Wenn es lange genug gelüftet hat, hänge ich es in den Schrank.«

»Was willst du dafür haben?«, stellte Martha die nächste Frage.

»Für hundert Mark würde ich es hergeben.«

»Hast du auch noch einen Schleier dazu?«

»Sicher.«

»Wenn du den dazugibst, dann kaufen wir es.« Frau Berthold legte hundert Mark auf den Tisch. Damit war der Kauf perfekt, noch ehe ich dazu gekommen war, zu fragen, was sie denn mit dem Brautkleid wolle. Sie ließ es sich einpacken und nahm es mit. Auf der Heimfahrt eröffnete sie mir: »Das ist für dich, wenn du heiratest.«

»Aber Martha, ich habe nicht mal einen Freund, geschweige denn einen Verlobten«, wandte ich ein. Ich hielt es nämlich für mehr als fraglich, ob ich jemals zum Heiraten kommen würde. Die meisten der Männer, die altersmäßig zu mir gepasst hätten, waren ja außerdem im Krieg gefallen.

»Wart's nur ab«, antwortete sie knapp. »Wenn es soweit ist, reden wir weiter.«

Dass die Hebamme 1912 als uneheliches Kind zur Welt gekommen war und weder ihren Vater kannte noch ihre Mutter, die ihre Geburt nicht überlebt hatte, war der Grund, warum sie so oft nach Udersleben zu ihrer Tante fuhr. Diese Tante, eine Schwester ihrer Mutter, hatte das mutterlose Kind aufgenommen, und da sie selbst wenige Wochen vorher ein Baby bekommen hatte, konnte sie es sogar stillen. Bei ihr war Martha also aufgewachsen, und sie hing mit großer Liebe an ihr.

Im Sommer 1947, zur Zeit der Getreideernte, erachtete Martha mich für würdig genug, sie bei einem dieser Besuche zu begleiten. Für diese Reise benutzten wir aber nicht unsere Räder – mittlerweile besaß ich ein eigenes, gebrauchtes –, sondern nahmen den Zug. Die Fahrt dauerte nur anderthalb Stunden, aber man musste zweimal umsteigen, in Erfurt und in Bretleben. Wir blieben sogar über Nacht, denn Hella hatte sich bereit erklärt, Marthas Sohn zu versorgen. Wir fuhren aber nicht nur hin, um der Tante unsere Aufwartung zu machen, sondern auch, um ihr zu helfen, indem wir auf den abgeernteten Feldern Ähren sammelten. Wegen der herrschenden Brotknappheit durfte kein Körnchen verloren gehen. Bei diesem Besuch lernte ich auch die Familie von Tante Reschen kennen, wie die Hebamme ihre Pflegemutter liebevoll nannte. Sie hatte drei Söhne, dazu gab es noch die Tochter Lenchen, die Marthas Milchschwester war, aber nicht auf dem Hof lebte. Der Vater war schon vor Kriegsausbruch gestorben.

Lenchen hatte schon einige Jahre zuvor geheiratet, mit ihrem Mann auf einem Gutshof gelebt und zwei Kinder bekommen. Viel mehr wurde über sie nicht gesprochen, aber gewissermaßen zwischen den Zeilen war zu ahnen, dass ein dunkles Schicksal mit ihr verbunden war. Da ich bei diesen fremden Menschen nicht als neugierig erscheinen wollte, fragte ich aber nicht nach.

Die drei Söhne von Reschen Friedrich, Werner, Karl und Franz, waren noch ledig und lebten bei der Mutter. Obwohl Franz der Jüngste war, hatte er als einziger der drei bereits eine Braut. Vor dem Krieg hatte er in Erfurt Bäcker und Konditor gelernt. Nach dem Krieg hatte er aber in seinem Beruf nicht gleich eine Arbeit gefunden, also war er nach Hause zurückgekehrt, wo er als Bauer den Teil des Landes bebaute, den er aus seinem väterlichen Erbe bekommen hatte. Die beiden älteren Brüder hatten Gärtner gelernt, bewirtschafteten gemeinsam ihr landwirtschaftliches Erbteil und dazu die Gärtnerei, die schon Reschens Vater neben dem Haus aufgebaut hatte. Reschens verstorbener Mann hatte bei ihr eingeheiratet und einen blühenden Betrieb daraus gemacht, im wahrsten Sinne des Wortes. Denn außer Gemüse wurden in der Gärtnerei auch Blumen gezogen. Das war kein schlechtes

Geschäft, denn Blumen brauchte man zu allen Gelegenheiten, vor allem für Friedhofskränze.

Tante Reschen nahm mich gleich freundlich auf und stellte uns ein Essen hin, das ausgezeichnet schmeckte. Als ich sie dafür lobte, erzählte sie mir, dass sie in ihrer Jugend zur Hauswirtschafterin ausgebildet worden war.

Mit der Unterbringung ihrer Gäste hatte Reschen Friedrich kein Problem. Sie selbst hatte ihre Schlafstube im Erdgeschoss, wo sich auch ihre geräumige Küche nebst einer großen Vorratskammer und die Wohnstube befanden. In der oberen Etage waren die ehemaligen Kinderzimmer. Gleich wenn man die Treppe hochkam, stieß man auf die Mädchenkammer, in der früher Lenchen mit Martha geschlafen hatte. Jetzt diente sie als Gästezimmer, und dort waren wir untergebracht. Daneben gab es einen ungenutzten Raum, der als Abstellkammer diente. Am Ende des Flures lag die sogenannte Bubenkammer, in der noch immer die drei erwachsenen Söhne nächtigten.

Von diesem ersten Besuch in Udersleben an fuhr ich mindestens dreimal im Jahr mit Martha dorthin, um zu helfen: im Juni zur Heuernte, im August zur Getreideernte und im September zur Kartoffelernte. Das machte mir nicht nur Spaß, die Bewegung in frischer Luft tat mir, die ich immer nur am Schneidertisch saß, ausgesprochen gut. Außerdem bekamen wir für unsere Hilfe jedes Mal ganz ordentlich was an Lebensmitteln mit. Das war in jenen Zeiten nicht zu verachten, und so wussten auch meine Eltern diese Ernteeinsätze zu schätzen. Von meinen »Mitbringseln« lebten sie ganz gut, während die meisten Menschen in der Stadt von dem bisschen leben mussten, was es auf Lebensmittelkarten gab.

Schwanger

Im Juni 1951 hatten Martha Berthold und ich den Uderslebenern versprochen, am Wochenende zu kommen, um bei der Heuernte zu helfen. Am Sonnabend in der Frühe, als ich Martha abholen wollte, um mit ihr zur Bahn zu gehen, sagte sie: »Martl, es tut mir leid, ich kann nicht mit. Ich habe heute Dienst.«

Dazu muss ich erklären: Zuvor hatte sie als freiberufliche Hebamme gearbeitet. Aber nun war sie seit gut einem Jahr in einer Klinik angestellt, wo sie sich mit zwei Kolleginnen den Dienst teilte. Das brachte allen dreien Vorteile. Zum einen hatten sie ein festes Einkommen und zum anderen eine geregelte Arbeitszeit. Keine musste mehr damit rechnen, zu jeder Tages- und Nachtzeit von einer Schwangeren gerufen zu werden. Dass Martha dadurch nicht mehr auf ihre geliebten Dörfer kam, wo man sie mit Lebensmitteln bezahlt hatte, war nicht tragisch, denn mittlerweile war die Versorgungslage allgemein besser geworden.

An besagtem Sonnabend aber musste Martha für eine erkrankte Kollegin einspringen.

»Dann fahre ich auch nicht«, erklärte ich spontan.

»Doch Martl, du musst fahren!«, beschwor sie mich. »Die rechnen doch fest mit uns. Wenn ich schon nicht helfen kann, musst wenigstens du hin. Du weißt doch, bei der Heuernte wird jede Hand gebraucht.«

Das sah ich ein, und so fuhr ich allein. Nun war es aber nicht so, dass ich bei der eigentlichen Heuernte mithalf. Das wollte man mir halber Portion gar nicht zumuten. Die beiden Brüder waren froh, dass ich die Gärtnerei betreute, während sie mit ihren Bediensteten bei der Heuarbeit waren. Die Arbeit in der Gärtnerei wiederum war nicht schwer und machte mir Riesenspaß. Meine Hauptaufgabe bestand darin, die Pflanzen zu gießen und die Tomaten zu entgeizen. Zwischendurch kam auch mal eine Kundin, die Pflänzchen kaufte, eine Topfblume oder einen Blumenstrauß.

Am Abend versammelten wir uns alle um Reschens Küchentisch, darauf hatte ich mich besonders gefreut. Sie besaß wirklich die Gabe, aus nichts noch etwas Schmackhaftes zu machen. Außer mir saßen Werner und Karl am Tisch, dann noch eine Frau aus Erfurt, eine entfernte Verwandte von Reschen, die auf einige Tage zu Besuch weilte, der Pferdeknecht Müller und das Dienstmädchen Rosa. Franz war zu dieser Zeit schon nicht mehr im Haus, er hatte im Jahr zuvor geheiratet und lebte mit seiner Frau Herta etwa zehn Minuten von seinem Elternhaus entfernt. Er hatte die Gelegenheit beim Schopfe gepackt und sich auf Siedlungsland, das die Gemeinde für junge Ehepaare zur Verfügung gestellt hatte, ein eigenes Haus gebaut.

Gleich nach dem Abendessen verabschiedeten sich Rosa und Herr Müller und gingen nach Hause. Werner verließ die Küche ebenfalls, weil er angeblich im Schuppen zu tun habe. Während ich Reschen half, Hosen zu flicken und neue Hemdkragen auf alte Hemden zu setzen, sprach man über dieses und jenes. Karl, der von Natur aus ein wortkarger Mensch zu sein schien, trug wenig zur Unterhaltung bei, während die Erfurterin, ich glaube, Jutta hieß sie, anfangs noch das große Wort geführt hatte, dann aber zusehends stiller wurde. Sie gähnte mehrmals herzhaft und betonte, wie müde sie von der ungewohnten Feldarbeit sei. Kurz nach acht erhob sie sich bereits mit der Bemerkung: »Was soll ich hier noch rumsitzen? Ich geh schlafen, morgen müssen wir ja wieder früh raus.«

Nun waren wir nur noch zu dritt. Deshalb wagte ich es, ganz vorsichtig nach Lenchen zu fragen, über die ich bislang immer nur Andeutungen gehört hatte. Die Mutter seufzte. »Das ist eine Geschichte, an die man wohl nicht mehr rühren sollte ...« Aber es war ihr anzusehen, dass sie trotzdem gerne darüber sprechen wollte. Ob ich sie dazu ermutigen sollte? Noch bevor ich eine Entscheidung treffen konnte, fragte sie auf einmal: »Hast du schon einmal von dem Gutshof in Udersleben gehört?«

Verwundert schüttelte ich den Kopf. »Steht er denn nicht mehr?«

»Das kommt darauf an!« Die Bitterkeit in Reschens Stimme war nicht zu überhören. »Ich kann dir ein paar Häuser zeigen, in denen Steine, Balken und Dachziegel vom Gutshof nach dem Krieg verbaut worden sind. Mit Leiterwagen und Karren sind sie gekommen und haben alles mitgenommen, was sie brauchen konnten. Bis nichts mehr übrig war.«

»Wo stand denn das Gutshaus?«, erkundigte ich mich.

»Dort, wo jetzt das Feuerwehrhaus steht.«

Das Land des Gutsherren, erfuhr ich weiter, war nach der Gründung der DDR an Besitzlose verteilt worden, die gern ein bisschen Ackerbau treiben wollten, und an Leute, die weniger als fünf Morgen Land besaßen.

Mit dem Inspektor dieses Guts, Helmut Erhard, war Lenchen verheiratet gewesen. Dafür war sie von manch einer Dorfschönen beneidet worden, denn es schien, als habe sie für ihr Leben ausgesorgt. Als nach Kriegsende die Amerikaner Thüringen besetzt hatten, war zunächst auch alles halb so schlimm. Der Gutsbesitzer aber traute dem Frieden nicht und setzte sich mit seiner Familie in die USA ab. Dasselbe, nämlich sich abzusetzen, riet er auch seinem Verwalter.

»Warum soll ich flüchten?«, fragte Erhard ganz erstaunt. »Ich habe doch niemandem etwas getan. Im Gegenteil, ich bin immer gut zu unseren Leuten gewesen. Für die französischen Zwangsarbeiter habe ich sogar Schafe schlachten lassen, damit sie etwas Ordentliches zu essen hatten.«

»Helmut, es gibt immer Neider«, warnte der Gutsbesitzer. »Du warst in der Partei, und daraus kann man dir einen Strick drehen.«

Der Inspektor blieb. Als einzige Vorsichtsmaßnahme zog er aus dem verwaisten Gut aus und fand für sich und die Seinen eine bescheidene Bleibe im Erdgeschoss des Gemeindehauses. Da er nun aber keine Einkünfte mehr hatte und sie nicht wussten, wann er wieder eine Arbeit finden würde, lebten sie sehr ärmlich von ihrem Ersparten.

Nach der Konferenz von Jalta traten die Amerikaner den Russen Thüringen ab; dafür bekamen sie den Westsektor von Berlin. Kaum waren die amerikanischen Truppen abgezogen, fielen die Russen in das Land ein, plünderten und raubten, was ihnen in die Hände fiel, und was sie nicht brauchen konnten, zertrümmerten sie. Dass Helmut den Gutshof rechtzeitig verlassen hatte, half ihm leider gar nichts. In sein Haus drangen die Russen sogar als erstes ein. Am 25. Februar 1946, mitten in der Nacht, mussten seine Frau und die aufgeschreckten Kinder hilflos zusehen, wie zwei Soldaten den Vater gefesselt wie einen Verbrecher abführten. Andere nahmen sich aus der Wohnung mit, was sie brauchen konnten, und schlugen den Rest kurz und klein. Erst am Tag, nachdem der ehemalige Verwalter gefangen genommen worden war, stürmten die Russen auch das Gut, vertrieben die Landarbeiter und Angestellten, führten das Vieh weg, raubten das ganze Inventar und rissen anschließend sämtliche Gebäude nieder.

Nachdem das Unglück über den Hof gekommen war, flüsterte man sich allenthalben zu: »Wenn der Inspektor noch dagewesen wäre, …; der hätte nicht zugelassen, dass die Russen dermaßen wüten.« Reschens Kommentar dazu war: »Das muss den Russen auch klar gewesen sein, drum haben sie zuerst ihn in dieser Nacht- und Nebelaktion fortgeschafft.«

Ich widersprach ihr nicht, obwohl ich der Meinung war, gegen die Übermacht an Soldaten hätte er wohl gar nichts ausrichten können. Er hatte ja seine eigene Haut auch nicht retten können.

Später machte Lenchen eine Ausbildung zur Kindergärtnerin und arbeitete dann im Kindergarten von Oldisleben. Von ihrem Mann hatte sie schon jahrelang kein Lebenszeichen mehr erhalten, als sie es endlich wagte nachzuforschen. Die Behörde gab ihr aber nur den verstörenden Rat, ihn für tot erklären zu lassen, damit sie für sich und ihre Kinder eine Rente bekäme. Ob er wirklich tot war, sagten sie nicht, und sie wagte nicht zu fragen. Aber wenige Monate später klopfte ein Mann bei Reschen an, der nach Lenchen fragte. Er hatte Erhard gekannt; sie waren zusammen in Bautzen in Lagerhaft gewesen. Leider hatte er keine guten Nachrichten: Helmut Erhard, berichtete er, war tatsächlich tot. Etwa zwei Jahre zuvor war er an Unterernährung gestorben.

»Für meine Tochter war das natürlich ein Schock!«, beendete Reschen ihren Bericht. »Inzwischen hat sie sich aber wieder gefangen. Sie muss ja für ihre Kinder da sein, und in ihrem Beruf findet sie Ablenkung. Inzwischen kriegt sie auch ihre Witwenrente. – So, nun kennst du diese Geschichte«, schloss sie.

Ich wusste nicht, was ich zu diesem trostlosen Bericht sagen sollte. Karl war es, der mir aus der Verlegenheit half, denn plötzlich stand er auf, wünschte uns eine gute Nacht und verzog sich nach oben. Reschen und ich schauten gleichzeitig auf die Uhr. Fast schon halb zehn! Es war auch für uns höchste Zeit, ins Bett zu gehen.

Als ich die Tür zum Gästezimmer aufmachte, wo ich zusammen mit Jutta nächtigen sollte, bot sich mir ein Anblick, bei dem ich sofort zurückzuckte. Die Erfurterin war nämlich nicht allein in ihrem Bett. Der Werner und sie, beide nackt, in eindeutiger Pose – jedenfalls sah es genauso aus, wie ich es mir immer vorgestellt hatte, seit ich damals von Fine »Aufklärungsunterricht« bekommen hatte. Gesehen hatte ich so etwas allerdings noch nie, und selbst erlebt hatte ich es erst recht nicht.

Unschlüssig stand ich auf dem dunklen Flur. Was tun? In mein Bett traute ich mich nicht. Sollte ich warten, bis Werner sein eigenes Bett aufsuchte? Wie lange konnte das wohl dauern? Vor der Tür stehenbleiben mochte ich auch nicht, zumal so merkwürdige Geräusche aus dem Zimmer drangen. Ich begann auf dem Flur auf- und abzugehen, aber weil die Holzdielen bei jedem Schritt knarrten, blieb ich wieder erschrocken stehen.

Ob ich vielleicht im mittleren Zimmer ein Plätzchen für mein müdes Haupt finden würde? Vorsichtig schob ich die Tür auf. Nein, unmöglich. Der Raum war vollgestopft mit Gerümpel. Es ließ sich nichts entdecken, auf dem ich hätte schlafen können, und selbst auf dem Fußboden war so wenig Platz, dass sich noch nicht mal eine so kleine Person wie ich darauf hätte hinlegen können, auch wenn ich mich zusammengerollt hätte. Abgesehen davon, es gab nichts zum Zudecken. Wieder machte ich ein paar Schritte auf dem Gang, doch das Knarren ließ mich gleich wieder innehalten.

Plötzlich kam mir eine Idee. Da der Werner nicht in seinem Bett lag, war es doch frei. Dann konnte ich doch … Wenn ich Glück hatte, war der Karl bereits eingeschlafen. So leise wie möglich drückte ich die Klinke der letzten Stube nieder. Aber mit lautlosem Hineinhuschen war nichts. Die Angeln quietschten erbärmlich, als ich die Tür vorsichtig aufschob. In dem Moment öffnete der Karl die Augen und sah mich erstaunt an. Nun war ich ihm eine Erklärung schuldig. »In … in mein Zimmer kann ich nicht«, stotterte ich hilflos. »Da … da … dein Bruder und die Erfurterin …« Mehr brauchte ich zu diesem Thema nicht zu sagen. Er hatte mich bereits verstanden. Ich fügte noch hinzu:

»Deshalb will ich mich in sein Bett legen.« Schon steuerte ich auf das freie Bett zu.

In seiner bedächtigen Art holte der Karl erst mal tief Luft. Dann sagte er die bedeutenden Worte: »Weißt du was, Martl? Du bist bald dreißig, und ich bin sechsunddreißig. Worauf sollen wir noch warten? Jetzt gehen wir zusammen ins Bett.«

Ich war so verblüfft, dass mir die Worte fehlten. Aber zu meiner eigenen Überraschung war ich nicht empört oder schockiert, sondern fragte mich nur: Ja, warum eigentlich nicht? Alt genug sind wir ja. Ich zog mich also aus und kroch zu ihm unter die Decke. Was dann geschah, kann sich jeder denken.

Einige Zeit danach entdeckten wir die Bescherung: das Betttuch war voller Blut. Karl stand auf, holte aus der Küche eine Schüssel Wasser und brachte sie in seine Schlafstube. Ich tauchte das Leintuch ein und scheuerte und scheuerte, bis von dem Blutfleck nichts mehr zu sehen war.

»Was machen wir jetzt?«, fragte der Karl. »Wir können doch nicht auf dem nassen Tuch schlafen.«

»Ach«, antwortete ich kurzentschlossen, »wir legen uns so auf die Matratze. Und das Leintuch hängen wir über die beiden Stühle, dann ist es morgen wieder trocken.«

Auf die Idee, einfach das andere Bett zu benutzen, kam keiner von uns beiden, obwohl nicht damit zu rechnen war, dass Werner es in dieser Nacht noch aufsuchen würde.

Am Sonntagvormittag betätigte ich mich wieder in der Gärtnerei, als ob nichts gewesen wäre, und fuhr am Nachmittag zurück nach Greiz.

Meine nächste Reise nach Udersleben machte ich Anfang August wieder mit Martha zusammen. Sie half bei der Getreideernte, und ich übernahm wieder die Arbeit in der Gärtnerei. Außer Gießen und erneut Geize von den Tomatenstöcken entfernen musste ich ein paarmal Blumen sowie einige Kohlrabi, Salatgurken und Buschbohnen verkaufen. Am späten Sonntagnachmittag fuhren die Martha und ich wieder zurück nach Greiz.

Wie bereits erwähnt, mussten wir bei dieser Fahrt zweimal umsteigen. Und da geschah es, dass ich an jedem Bahnhof solche Lust auf ein Würstl hatte, dass ich nichts Eiligeres zu tun hatte, als mich sofort auf die Würstl-Bude zu stürzen. So kam es, dass ich auf der Heimfahrt innerhalb kurzer Zeit drei Würstl in mich hineingestopft habe. Nach dem dritten Würstl fragte die Bertholden: »Ja, Mädchen, was ist denn los mit dir? Hast du Dummheiten gemacht?«

Ich verstand erst gar nicht was sie meinte. Deshalb wurde sie deutlicher: »Bist wohl mit Karl ins Bett gegangen?«

»Wie kommst du gerade auf den?«, fragte ich völlig perplex.

»Er hat dich gestern beim Abendessen so sonderbar angeschaut.«

Da erzählte ich ihr die ganze Geschichte.

»Sieht ganz danach aus, dass du ein Kind kriegst«, behauptete Martha. »Da musst du den Karl so bald wie möglich heiraten.«

Aber das schien mir ganz abwegig. »Was will ich denn in Udersleben?«, fragte ich. »In Greiz habe ich meine sichere Arbeit und verdiene gutes Geld. Das will ich nicht aufgeben.« Ich fühlte mich in Greiz längst heimisch. Die Familie Fricke war da, meine Eltern waren da, Greiz war eine nette Stadt, da war Leben. »Nein«, beharrte ich trotzig, »ich geh nicht nach Udersleben. Was soll ich in so einem Kaff? Das liegt doch hinter dem Mond.«

Dass so ein bisschen Würstlessen ein sicheres Anzeichen für eine Schwangerschaft war, konnte ich mir ohnehin nicht vorstellen. Gewiss, meine Tage waren ausgeblieben, aber das hatte nichts zu bedeuten. So etwas konnte bei mir schon mal vorkommen. Aber dann blieben sie auch zum zweiten Mal aus. Deshalb hielt ich es doch für angebracht, einen Arzt aufzusuchen.

Der war ein Berliner. »Tja, Frolleinchen«, sagte er nach der Untersuchung, »sieht ganz danach aus, dass der Storch zugeschlagen hat.«

Bei der Mitteilung muss ich recht verdattert ausgesehen haben, obwohl ich eigentlich mit dieser Diagnose hatte rechnen müssen. Deshalb gab er mir den freundschaftlichen Rat: »Diese Neuigkeit sollten Sie dem Vater des Kindes so bald wie möglich mitteilen. Vielleicht haben Sie Glück, und er heiratet sie dann.«

Wieder schüttelte ich spontan den Kopf und sagte, dass ich ihn gar nicht heiraten wolle.

»Des Menschen Wille ist sein Himmelreich«, spöttelte der Arzt. »Stellen Sie sich das Leben mit einem unehelichen Kind aber nicht zu leicht vor.« Er legte eine kleine Sprechpause ein, während der er scharf nachzudenken schien. Dann fuhr er fort: »Andererseits ist es gar nicht gesagt, dass Sie dieses Kind wirklich austragen können. Ihr Becken ist nämlich ziemlich unterentwickelt. Es ist noch auf dem Stand eines Schulmädchens.«

Nun stand es also fest, ich war wirklich schwanger, aber diesen Gedanken schob ich zunächst wieder weg von mir.

Anfang Oktober erhielt die Bertholden einen Brief von ihrem Cousin Karl. Darin kündigte er sein Kommen für den nächsten Sonnabend an. Am bewussten Tag kam sie aber drei Stunden, bevor der Zug eintreffen sollte, zu mir.

»Martl, du musst zum Bahnhof gehen. Ich muss für eine erkrankte Kollegin einspringen, deshalb kann ich den Karl nicht abholen. Das musst du machen.«

»Der ist doch alt genug, der wird den Weg zu dir schon allein finden«, fand ich.

»Eben nicht. Der kennt doch nichts anderes als Udersleben. Allein wäre der in dieser Stadt völlig verloren. Außerdem komme ich ja vor dem Abend nicht heim, und irgendwo muss er ja bleiben.«

Das leuchtete mir ein. Also trabte ich rechtzeitig zum Bahnhof, blieb aber in der Halle. Dort zog es zwar auch von allen Seiten, aber das war immer noch besser, als ewig im Freien zu stehen. Wider Erwarten lief der Zug pünktlich ein, und schon sah ich den Karl durch die Sperre kommen.

Nein, mein Herz klopfte bei seinem Anblick nicht schneller. Mit Interesse betrachtete ich lediglich das unhandliche Paket, an dem er schwer zu tragen schien. Als er mich erblickte, strahlte er so, wie ich ihn noch nie gesehen hatte. Zur Begrüßung konnte er mir aber noch nicht mal die Hand reichen. Mit der linken Hand drückte er das Paket an sich und in der rechten Hand hielt er eine Reisetasche Modell »Vor der Sintflut«.

Während wir die Bahnhofshalle verließen, entschuldigte ich mich dafür, dass er von mir abgeholt werde, weil seine Cousine Dienst habe.

»Ich bin doch nicht wegen der Martha gekommen, sondern wegen dir«, stellte er richtig. Oha! Ich wusste nicht recht, ob ich mich darüber freuen sollte oder nicht. Dass ich ein Kind von ihm erwartete, erwähnte ich mit keiner Silbe. Da er schweigend neben mir hertrottete, redete ich übers Wetter, nur damit etwas gesprochen wurde. Notgedrungen nahm ich ihn auch mit in unsere Wohnung, denn ich konnte ihn ja nicht auf der Straße stehen lassen.

In unserer Küche legte er sein geheimnisvolles Paket auf den Tisch. Dann begann er es umständlich auszupacken. Zum Vorschein kamen zwei wohlgeratene geschlachtete Gänse. »Da!«, sagte er, indem er mir die eine überreichte. »Die ist für dich. Die andere ist für meine Cousine.«

Meine Mutter und ich kriegten vor Staunen den Mund fast nicht zu. Eine richtige fette Gans! So etwas hatten wir uns noch nie leisten können. Aus Dankbarkeit und weil wir ihn doch nicht hungrig zuschauen lassen konnten, lud meine Mutter ihn zum Mittagessen ein. Geredet hat er bei Tisch auch nicht viel. Meine Mutter stellte ihm zwar eifrig Fragen, die meisten davon beantwortete er aber nur mit einem knappen Ja oder Nein.

Nach dem Essen druckste er herum, als ob er mir etwas sagen wollte, sich aber nicht traute. Ich stellte mich dumm und dachte: Der soll sich nicht einbilden, dass ich – nur weil er uns die Gans gebracht hat – noch mal mit ihm schlafe. Zum Übernachten sollte er ruhig zu seiner Cousine gehen. Die hatte mehr Platz als wir. Aber was sollten wir mit dem Burschen anfangen, bis sie endlich kam?

Da rettete mich mein Vater aus der Bredouille. Er lud ihn ein zu einem Stadtbummel, was der Karl zögernd annahm.

»Den Mann kannst du heiraten«, sagte meine Mutter unvermittelt, sobald die Männer die Wohnung verlassen hatten.

»Wie kommst du denn darauf?«, fragte ich überrascht. Davon, dass ich in anderen Umständen war – und noch dazu von Karl –, hatte ich ihr noch kein Wort verraten. Da ich erst Ende des vierten Monats war, sah man mir auch noch gar nichts an. »Du meinst, nur weil er uns eine Gans geschenkt hat, wäre er gleich ein Heiratskandidat?«, entgegnete ich ein wenig spitz.

»Nein, Martl, nicht deswegen. Aber er hat gute Augen, und er hat dich so liebevoll angesehen. Der mag dich. Wenn er dich fragt, solltest du nicht nein sagen. Schließlich bist du auch nicht mehr die Jüngste. Heiratsfähige Männer laufen nicht mehr viele herum.«

»Aber Mutter, dann müsste ich ja von euch fort. Das willst du doch nicht«, argumentierte ich. Doch sie hatte augenscheinlich einen Narren an Karl gefressen, denn sie ließ nicht locker. »Irgendwann muss es doch mal sein. Wir leben auch nicht ewig.«

»Aber Udersleben ist ein elendes Nest. Da will ich nicht hin«, begehrte ich auf.

»Nest hin oder her. Bis jetzt haben wir von dem Ort ganz schön profitiert«, stellte meine Mutter trocken fest.

Ja, das musste ich zugeben. Aber war das denn ein Grund, gleich dorthin zu heiraten? Es konnte doch alles so bleiben wie bisher, zu jeder Erntesaison hinfahren und Lebensmittel von dort mitbringen. Und was das Kind betraf, so hatte der Arzt ja gemeint, ich würde es wahrscheinlich gar nicht austragen können. In dem Fall hätte ich den Karl also ganz umsonst geheiratet.

Gegen fünf Uhr kamen die beiden Herren zurück. Sie setzten sich in der Stube auf unser neuerworbenes Sofa und schwiegen sich an, der eine in der rechten Ecke, der andere in der linken. Mutter und ich machten uns in der Küche zu schaffen, denn schließlich war das Abendbrot vorzubereiten. Man wusste ja nicht, wie lange Martha ihren Gast noch bei uns herumsitzen lassen würde. Kurz nach sechs tauchte sie aber endlich auf und nahm ihren Cousin gleich mit. Das war mir gerade recht. So waren wir beim Abendessen wieder unter uns.

Zwei Stunden später stand die Bertholden schon wieder vor unserer Tür, aber zum Glück allein. »Martl, kannst du mal rauskommen? Ich muss mit dir reden.«

Sicherheitshalber zog ich mir meinen Mantel über, das Gespräch konnte ja dauern, und im Treppenhaus war es kalt. Daran hatte ich gut getan, denn Martha lotste mich hinaus in die Nacht. Damit wir nicht an einer Stelle festfroren, wanderten wir während unserer Unterhaltung einmal die Straße rauf und wieder runter.

»Leider ist aus dem Karl nichts herauszukriegen«, eröffnete sie das Gespräch. »Hat er dir einen Heiratsantrag gemacht?«

Ich lachte: »Warum sollte er? Ich hab ihm doch nicht verraten, dass ich von dem einen Mal schwanger geworden bin.«

»Das war auch nicht nötig. Das hatte ich schon für dich erledigt.«

»Wie? Was? Wann? Wo?«, fragte ich verdattert.

»Als ich das letzte Mal in Udersleben war. Da habe ich ihm verraten, dass du von ihm ein Kind kriegst. Ganz begeistert war er. ›Da muss ich mir gleich eine Fahrkarte kaufen und hinfahren‹, hat er gesagt. ›Und dann wird geheiratet.‹ Deshalb hab ich dich doch zum Bahnhof geschickt, damit er die Gelegenheit hatte, mit dir zu reden.«

»Also geredet hatte er heute nicht viel, aber viel geschwiegen.«

Als ich wieder in unsere Wohnung kam, lagen meine Eltern bereits im Bett, und ich suchte das meine auch sogleich auf. Einschlafen konnte ich aber noch lange nicht, zu viel ging mir im Kopf herum.

Am Sonntagmorgen, wir saßen noch beim Frühstück, klopfte es erneut an unsere Tür. Wieder war es Karls Cousine, die mich aus der Wohnung lockte. »Martl, komm mit. Der Karl wollte, dass ich für ihn um deine Hand anhalte. Da hab ich ihm gesagt: ›Nee, mein Lieber, das musst du schon selber machen. Ich bring sie dir bloß her.‹ Mach es ihm also nicht zu schwer.«

Sie ließ uns dann in ihrer Wohnstube allein. Doch der Karl kriegte den Mund wieder nicht auf, deshalb eröffnete ich endlich das Gespräch: »Also Karl, nur weil ich ein Kind kriege, brauchst du mich nicht zu heiraten.«

»Es ist ja nicht nur deswegen«, brachen sich seine Gefühle endlich Bahn. »Es ist ja, weil ... ich meine ... also du gefällst mir. Und ich hab dich schon lange gern. Deshalb möchte ich mit dir für immer zusammenleben.«

Seine Worte rührten mich, aber meine Vorbehalte konnten sie noch nicht zerstreuen. »Das ist ja gut gemeint«, antwortete ich. »Aber ich möchte nicht nach Udersleben. Schau, hier habe ich meine Eltern und meine Bekannten, und ich verdiene gutes Geld.«

»Wenn du ein kleines Kind hast, kannst du doch nicht mehr arbeiten gehen«, wandte er ein. »Außerdem, mit einem unehelichen Kind wirst du doch überall scheel angesehen.«

Ja, da hatte er irgendwie recht.

»Aber ich bin keine Bäuerin«, war mein nächster Einwand.

»Was du da können musst, wird dir meine Mutter in wenigen Tagen beibringen«, räumte er auch dieses Argument aus. Dann redete er auf einmal so wortreich auf mich ein, wie ich es ihm nie zugetraut hätte. Udersleben sei doch nicht aus der Welt, es habe Bahnverbindung, meine Eltern und Bekannten könnten mich besuchen, wann immer sie Lust dazu hätten, oder ich könnte zu ihnen nach Greiz fahren. Und was das Geldverdienen anginge, so wäre ich nicht mehr darauf angewiesen, bei fremden Menschen zu arbeiten, wenn ich mit ihm verheiratet sei. Seine Landwirtschaft und die Gärtnerei brächten genug ein, dass wir davon leben könnten.

Nun ja, das Anwesen war mir ja bekannt. Nur war ich mir nie sicher gewesen, war das nun eine Gärtnerei mit Nebenerwerbslandwirtschaft oder war es eine Landwirtschaft mit einer Gärtnerei als Zubrot. Aber wie auch immer, Haus und Grundbesitz waren nicht zu verachten. Wenn wir beide fleißig arbeiten würden, dann ließe sich etwas draus machen.

»Also gut, meinetwegen. Dann heiraten wir eben, damit das Kind einen Vater hat«, gab ich ihm schließlich so etwas wie ein Jawort. Freudig sprang er auf und kam auf mich zu. »Darf ich dir jetzt den Verlobungskuss geben?«

Er durfte.

Danach sagte er: »Martl, zieh deinen Mantel an. Wir gehen jetzt zum Pfarrer und bestellen das Aufgebot. Morgen Früh gehen wir dann zum Standesamt, um das zivile Aufgebot zu bestellen, und in drei Wochen wird geheiratet.«

Das hatte er in so bestimmtem Ton vorgetragen, dass es eigentlich keinen Widerspruch duldete. Dennoch hatte ich einen Einwand: »Das stellst du dir so einfach vor. Morgen Vormittag muss ich doch arbeiten.«

Er schien sich das vorher aber genau überlegt zu haben, denn wie aus der Pistole geschossen kam sein Plan: »Wir gehen früh genug los, damit wir spätestens um acht auf dem Standesamt sind. In dieser Zeit wird Martha bei deinem Chef anrufen und ihm erklären, warum du heute etwas später kommst. Dafür wird er Verständnis haben. Nach dem Besuch auf dem Standesamt bringe ich dich zu deinem Chef und du kündigst sofort zum nächstmöglichen Termin. Dann kannst du wahrscheinlich gleich nach der Hochzeit mit mir nach Udersleben fahren.«

Bis auf die Kündigung lief alles so, wie sich mein Zukünftiger das vorgestellt hatte.

»Wo denken Sie hin, junger Mann«, jammerte der Chef. »Sie können mir doch nicht binnen drei Wochen meine beste Kraft wegnehmen, noch dazu in der Vorweihnachtszeit. Was meinen Sie, wie es da bei uns zugeht?«

»Also gut, dann bleibt sie noch bis Weihnachten«, lenkte Karl ein.

»Ja, wollen Sie denn den Mutterschaftsurlaub herschenken? Der beginnt sechs Wochen vor dem errechneten Geburtstermin und geht bis sechs Wochen nach der Entbindung. Wenn Martl aber früher aufhört, geht ihr das Geld für diese drei Monate verloren.«

Man sah dem Karl an, wie es in seinem Kopf arbeitete. »Also gut«, sagte er schließlich. »Dann bleibt sie eben noch bis zum Beginn des Mutterschutzes. Das wird so Anfang Februar sein. Aber den Mutterschaftsurlaub kann sie schon bei mir daheim verbringen? Richtig?«

»Richtig. Dem steht nichts im Wege. Bis dahin hat Martl mir hoffentlich eine neue Kraft entsprechend angelernt.«

Ehe ich dann an meinen Nähtisch ging, verabschiedete sich der Karl hochzufrieden mit den Worten: »Also, am dritten November bin ich wieder da. Bis dahin musst du alles vorbereitet haben.«

Der hatte gut reden. Wie sollte ich eine Hochzeit vorbereiten? So etwas hatte ich ja noch nie erlebt. Trotzdem, so armselig, wie die Hochzeit meiner

Schwester ausgefallen war, sollte die meine nicht werden.

Dann stellte sich aber heraus, dass ich mich um fast nichts zu kümmern brauchte. Als sie das Wort »Hochzeit« vernahmen, steckten meine Mutter, Frau Fricke und die Bertholden ihre Köpfe zusammen und planten über meinen Kopf hinweg. Mir war das gerade recht, denn ich lebte während der nächsten drei Wochen wie in Trance. Außer dass ich meiner Arbeit nachging, bekam ich nicht viel von dem mit, was um mich her geschah. Eines aber war mir noch wichtig: Bevor ich mit Karl wirklich zum Traualtar schritt sollte mein Gynäkologe bei mir eine Kontrolluntersuchung vornehmen. Vielleicht, dachte ich, konnte ich mir dann die ganze Hochzeit ersparen.

Der Doktor konstatierte: »Behalten haben Sie das Kind ja bis jetzt. Für die Geburt aber sehe ich Probleme auf uns zukommen. Ich kann mir nicht vorstellen, dass sie so verläuft, wie es sein sollte. Wie ich Ihnen ja bereits bei der Erstuntersuchung dargelegt habe, Ihr Becken ist viel zu eng gebaut.«

»Damit machen Sie mir aber nicht gerade Mut, Herr Doktor«, wagte ich ihn zurechtzuweisen. Er aber rechtfertigte sich mit den Worten: »Davon halte ich nichts, einer Patientin schönzutun. Es ist besser, wenn Sie wissen, was auf Sie zukommen kann.«

Am Vorabend des Hochzeitstages ging mein Vater zur Bahn, um den Bräutigam abzuholen. Der war schon einen Tag vor dem großen Ereignis angereist, damit er zur festgesetzten Zeit auf dem Standesamt sein konnte. Dort sollte die Trauung bereits um neun Uhr stattfinden, und so früh wäre kein Zug von

Udersleben aus eingetroffen. Von seinen Verwandten kam niemand. Die scheuten wohl die Kosten für die Bahnfahrt. Vielleicht hatten sie auch keine »hochzeitlichen Gewänder«. Der Karl sah aber gut aus in dem schwarzen Anzug, den er am Hochzeitsmorgen trug. Wie ich erfuhr, war das der Hochzeitsanzug seines Vaters gewesen. Er passte ihm, als sei er eigens für ihn angefertigt worden.

An diesem Morgen erschien Martha Berthold rechtzeitig in unserer Wohnung, um mir beim Anziehen des Brautkleides zu helfen. »Siehst du jetzt, wie richtig es war, dass ich dieses Kleid rechtzeitig für dich gekauft habe?«, fragte sie mit berechtigtem Stolz.

»Und ob, Martha, dafür bin ich dir ewig dankbar. Du scheinst hellseherische Fähigkeiten zu besitzen.«

Das meinte ich ehrlich, denn es passte wie angegossen, nachdem ich am Rücken einen kleinen Abnäher herausgelassen hatte. Das würde nicht auffallen, weil ja der Schleier darüber hing. Die Länge des Kleids hatte aber genau gestimmt.

»Als ich das Kleid damals am Kleiderschrank meiner Wöchnerin hängen sah, dachte ich sofort, das sei genau deine Größe.«

Obwohl ich schwanger war, war ich eine wunderhübsche Braut, das wurde mir von allen Seiten bestätigt. Bevor wir das Haus verließen, überreichte der Karl mir einen prächtigen Brautstrauß. Den hatte er eigenhändig mit Erzeugnissen aus seinem Gewächshaus zusammengestellt. Die Namen der Blumen weiß ich nicht mehr, aber der Strauß war so üppig, dass er meinen kleinen Bauch, der sich inzwischen gebildet hatte, völlig verdeckte.

»Die müssen aber Geld haben«, hörte ich Zaungäste raunen, als wir auf dem Weg zur Kirche waren. ›Wenn die wüssten‹, dachte ich. Wir hatten diesen Strauß ja nicht kaufen müssen.

Für den dritten November war das Wetter relativ mild. Trotzdem trug ich über dem Brautkleid den schönen Wollmantel, den mir mein Bruder in Reichenberg gekauft hatte. Den legte ich erst nach Betreten der Kirche ab.

Auch ohne Karls Verwandte waren wir eine ansehnliche Hochzeitsgesellschaft: meine Eltern, alle Frickes, mein Chef mit Frau und natürlich Martha mit Ehemann und Sohn, der inzwischen stattliche sieben Jahre alt war. Mein Chef und Herr Fricke waren die Trauzeugen. Nachher hatten wir unser Hochzeitsessen im Hause Berthold. Hella hatte eigens auf die Teilnahme an der Trauung verzichtet, um für uns ein Festmahl zu kochen, wobei die Gans, die der Bräutigam als Morgengabe mitgebracht hatte, die Krönung bildete. Sie stellte uns sogar ihr Zimmer zur Verfügung, damit wir unsere Hochzeitsnacht ungestört verbringen konnten, und blieb in dieser Nacht in Marthas Wohnung.

Am nächsten Morgen musste Karl wieder zurück in seinen Betrieb, und auch für mich würde am Montag der Alltag wieder weitergehen. »Aber Weihnachten feiern wir zusammen!«, rief mein Mann mir noch zu, als sein Zug sich in Bewegung setzte.

In der Schneiderei war ich über vier Jahre lang gewesen und hatte gut verdient. Und da ich äußerst sparsam lebte, hatte ich mir ein hübsches Sümmchen zusammengespart. Im Hinterkopf hatte ich dabei immer den Gedanken gehabt: Solltest du mal heiraten, kannst du dir davon die Möbel kaufen. Während des Hochzeitsmahles hatte mir der Karl erzählt, dass sie an seinem Elternhaus ein bisschen umbauen und Wasser nach oben legen lassen wollten, damit bei meinem Einzug eine eigene Wohnung für uns bereit stehe. Deshalb gab ich ihm meine 10.000 Mark mit, damit er schon mal Möbel kaufen sollte. »Möbel für die Wohnstube sind vorhanden«, sagte er. »Gut, dann kaufst du nur eine Küche und ein Schlafzimmer«, lautete mein Auftrag. Es waren dann auch wirklich schöne Möbel, die er – von meinem Geld, wie ich glaubte – gekauft hatte. Davon konnte ich mich bei meinem Einzug überzeugen. Doch davon später.

Wie Karl mit meinem Chef ausgehandelt hatte, sollte ich noch bis Anfang Februar arbeiten. Sobald mein Mutterschaftsurlaub begann, wollte mein Ehemann mich dann abholen. Ende Januar entschloss sich die Bertholden noch mal zu einem Besuch bei ihrer Pflegemutter mit der Begründung: »Jetzt geht das noch. Wenn du erst mal da wohnst, ist ja kein Platz mehr für mich. Komm mir aber ja nicht auf die Idee und fang mit dem Kinderkriegen an, wenn ich nicht da bin!«

Lachend sagte ich: »Warum sollte ich? Du weißt doch, dass ich erst im siebten Monat bin.«

Sie drohte scherzhaft mit dem Zeigefinger. »Dir ist alles zuzutrauen.«

Am nächsten Abend gegen fünf Uhr hatte ich auf einmal ein Ziehen im Bauch. »Wenn das mal nicht die Wehen sind«, sagte meine Mutter besorgt und schaute auf die Uhr. »Sag mir sofort, wenn das Ziehen wiederkommt.«

Nach einer knappen Stunde war es wieder da.

»Das sind die Wehen«, konstatierte meine Mutter.

»Dann muss ich sofort zur Martha.« Mit besorgter Stimme fügte ich hinzu: »Hoffentlich ist sie schon zurück.«

»Keine Panik, Martl«, versuchte meine Mutter mich zu beruhigen. »Beim ersten Kind geht es nicht so schnell. Jetzt packen wir erst mal deinen Koffer.«

Nach einer halben Stunde war das geschehen. Dann hielt mich nichts mehr. Es war ja immerhin noch ein Weg von zehn Minuten bis zum Haus meiner Hebamme. Gerade als ich an ihrer Haustüre eintraf, nahte sie von der anderen Seite.

»Was hab ich gesagt? Dir ist alles zuzutrauen.«

Nachdem sie ihre Hände etwas aufgewärmt hatte, untersuchte sie mich. »Nur Geduld, Martl, du musst noch nicht sofort ins Krankenhaus. Jetzt esse ich erst mal. Du bekommst nichts, weil man nicht weiß, was auf dich noch zukommt.«

Ich wurde zusehend nervöser, denn die Wehen kamen in immer kürzeren Abständen. Das musste die Martha doch an meinem auffälligen Schnaufen bemerken! Es schien sie jedoch nicht zu beeindrucken.

Auf einmal klopfte es an ihrer Tür. Herein trat eine Frau, die in meinem Alter sein mochte. Im Gegensatz zu meinem winzigen Bäuchlein schob sie einen mächtigen Bauch vor sich her. Sie hatte ebenfalls Wehen, aber die kamen wesentlich dichter als die meinen.

Nachdem die Hebamme sie im Nebenzimmer untersucht hatte, hörte ich, wie sie zu ihr sagte: »Frau Doktor, Sie sollten sofort zur Klinik gehen. Die Martl können Sie gleich mitnehmen. Die hat denselben Weg. Ich komme bald nach.«

So marschierten wir denn, die Ärztin und ich, durch die kalte Januarnacht zu einer Privatklinik, die nur zehn Gehminuten vom Haus der Hebamme entfernt lag. Unterwegs sprachen wir uns gegenseitig Mut zu, denn auch bei ihr war es das erste Kind.

An der Aufnahme erklärten wir, dass wir Patientinnen von Frau Berthold seien und dass sie gleich nachkomme. Daraufhin führte uns eine Krankenschwester in den Kreißsaal, in dem zwei Entbindungsbetten standen, die durch einen Vorhang abgetrennt waren. Ich legte mich auf das eine Bett, die Doktorin auf das andere. Wie uns Martha versprochen hatte, war sie nach wenigen Minuten da. Meine Wehen kamen und gingen, und die Hebamme pendelte zwischen beiden Betten hin und her. Plötzlich ein Schrei, da war das Kind von der Ärztin da, nur bei mir rührte sich noch nichts. Stunde um Stunde kämpfte ich weiter mit Wehen und wurde immer kraftloser. Nachdem ich fast sechs Stunden im Kreißsaal gelegen hatte, sagte die Hebamme: »Ich sehe, du hast keine Kraft mehr. Wir müssen was tun.«

Sie ließ den Arzt kommen. »Das hab ich mir gleich gedacht, dass wir Schwierigkeiten haben werden«, posaunte der laut, als er mich erkannte. »Freiwillig kommt das Kind nicht. Wir müssen die Zange nehmen.«

Mein Gott! Mit der Zange! Dabei dachte ich an ein solches Werkzeug, wie wir es immer bei der Kistenklopperei verwendet hatten. Ich hatte ja keine Ahnung, wie das Kinderkriegen vor sich geht. Um mich zu beruhigen, redete ich mir gut zu: Der wird schon wissen, was er tut. Dann bekam ich eine Spritze und war weg. Als ich wieder zu mir kam, wusste ich gar nicht, wo ich war. »Was mache ich denn hier?«, fragte ich, als ich das Gesicht der Bertholden erkannte.

»Martl, du hast ein Kind gekriegt«, eröffnete sie mir.

»Ach, hab ich das? Ich hab gar nichts davon gemerkt. Was ist es denn?«

»Ein Bub«, antwortete die Hebamme. »Aber er ist sehr winzig. Er wiegt nur dreieinhalb Pfund. Schließlich ist er um acht Wochen zu früh gekommen. Für dich war das aber gut so. Ein vollausgetragenes Kind hätten wir per Kaiserschnitt holen müssen. Damit er überhaupt eine Chance hat, zu überleben, haben wir ihn gleich in ein Wärmebettchen gepackt.«

Brutkästen gab es zu jener Zeit ja noch nicht, zumindest nicht in dieser Klinik.

»Frau Friedrich, Sie sollten keine Kinder mehr kriegen«, mischte sich nun der Doktor ein. »Sie wissen ja, dass Ihr Becken unterentwickelt ist.«

Ganz so ernst schien es um mein Kind doch nicht bestellt gewesen zu sein, denn niemand hatte von einer Nottaufe gesprochen. Deshalb drängte ich auch von mir aus nicht auf eine Taufe.

Als man den Kleinen zum ersten Mal bei mir anlegen wollte, hatte der nicht genug Kraft zum Saugen. »Dem müssen wir die Flasche geben. Daraus trinkt es sich leichter«, stellte die Säuglingsschwester fest. Sie brachte eine Milchpumpe daher – natürlich eine handbetriebene, elektrische gab es ja noch nicht – und wollte bei mir abpumpen. Aber es kam kein Tropfen. »Na ja, das dauert manchmal ein bisschen länger, bis die Milch einschießt«, beruhigte mich die Martha, die dazukam. »Aber ich weiß Rat. Die Frau Doktor hat genug Milch, die muss sowieso abpumpen.«

»Aber die braucht die Milch doch für ihr Baby«, gab ich zu bedenken.

»Nee, leider nicht«, seufzte die Hebamme. »Das kleine Mädchen hat seine Geburt nur um wenige Stunden überlebt.«

»Das ist doch nicht möglich!«, rief ich erschrocken aus. Das tat mir furchtbar leid für die Ärztin. Sie war eine so liebe, hübsche Person. Woran ihr Kind gestorben war, erfuhr ich nicht. In den medizinischen Berufen gibt es ja so etwas wie eine Schweigepflicht. Später habe ich es aber auch nicht gewagt, sie selbst danach zu fragen, weil ich nicht unnötig Wunden aufreißen wollte. Sonderbar fand ich es nur, dass ihr Kindchen hatte sterben müssen, obwohl es voll ausgetragen war, ein normales Geburtsgewicht zeigte und die Entbindung so zügig über die Bühne gegangen war. Mein Siebenmonatskind dagegen, mit seinen mickrigen dreieinhalb Pfund und keinem einzigen Haar auf dem Kopf, das sogar mit der Zange geholt werden musste, würde allem Anschein nach überleben.

Jedenfalls bekam mein Sohn erst mal von der Milch dieser unglücklichen Mutter. Sie brauchte zwar nur morgens und abends abzupumpen, aber die Kinderschwestern machten kleine Portionen daraus und fütterten meinen Kleinen alle zwei Stunden davon. Da sich bei mir nach drei Tagen noch immer nichts mit Milcheinschießen tat, lebte mein Wolfgang weiterhin von fremder Milch.

Ja, wie er zu seinem Namen gekommen ist, das ist eine Geschichte für sich. Kaum, dass man meinem

Mann mitgeteilt hatte, dass er Vater geworden war, eilte er an mein Wochenbett. Das war das zweite Mal, dass ich ihn strahlen sah. »Hast du ihn schon gesehen?«, wollte ich wissen.

»Nee, hab ich nicht. Ich wollte erst mal gucken, wie es dir geht. Außerdem weiß ich ja nicht, wo er liegt.«

Nachdem Karl vom Säuglingszimmer zurückkam, berichtete er einigermaßen enttäuscht: »Viel hab ich von ihm nicht gesehen. Den anderen Vätern hat man ihre Babys direkt an die Glasscheibe gehalten, damit sie von außen ›Eideidei‹ machen konnten. Für mich hat man aber nur ein Bettchen an die Scheibe gerollt und behauptet, da läge mein Sohn drin. Rundum lagen aber Kissen in dem Bett und mittendrauf lag auch noch eines. Am oberen Ende schaute nur ein weißes Mützchen raus, und mit viel Fantasie konnte man 'ne kleine Nase entdecken.«

»Dann war's der Richtige«, versicherte ich meinem Mann. »Weil der gar kein Fett auf den Rippen hat, müssen sie ihn ständig warm halten. Unterm Deckbett hat er sogar eine Wärmflasche – hat mir die Hebamme erzählt – damit sie ihn durchbringen.«

»Das wollen wir doch sehr hoffen«, sagte der Karl sehr nachdrücklich. »Auf jeden Fall braucht er einen Namen, so oder so.«

»Ja, ich habe auch schon einen Vorschlag, aber ich wollte es nicht ohne dich entscheiden.«

»Also ›Karl‹ brauchst du ihn nicht zu nennen. Ein Karl in der Familie reicht«, äußerte er in seiner Bescheidenheit.

»Nee, ich habe an ›Hans‹ gedacht.«

»Nee, nee«, lachte mein Mann, »davon reicht auch einer in der Familie.«

»Wieso das?«, fragte ich verwundert. »Ich wüsste nicht, dass es einen Hans in deiner Familie gibt und in der meinen erst recht nicht.«

»Das kannst du auch gar nicht wissen. Aber die Herta« – also die Frau seines Bruders Franz – »hat vor drei Wochen ihr zweites Kind gekriegt, und das nennen sie Hans.«

Da musste ich erst mal lachen. »So was gibt's doch nicht! Da werden die beiden Cousins im selben Monat geboren, und den beiden Müttern fällt nichts anderes ein, als ihren Kindern denselben Namen zu geben, obwohl die eine nichts von der anderen wusste. Wo es doch Tausende von Namen gibt! Nee, nee, du hast recht. Dann können wir den unsern nicht auch so nennen.«

Von meinem Mann waren keine Vorschläge zu erwarten, deshalb war es an mir, einen neuen zu machen. Nun war es so, in der Schneiderei, in der ich gearbeitet hatte, gab es eine Vorgesetzte, die hatte einen Wolfgang. Von dem hat sie immer in den höchsten Tönen gesprochen. Vor allem hatte sie immer wieder betont, wie gescheit der Bub wäre und was für ein feiner Kerl er sei. Deshalb dachte ich, wenn unser Sohn den Namen Wolfgang kriege, müsse er auch so werden. »Was hältst du von ›Wolfgang‹?«, fragte ich also meinen Mann. Der überlegte einen Moment, dann nickte er zufrieden. »Ja, Wolfgang ist gut, den gibt es noch nicht in der Familie.«

Der Karl musste natürlich wieder am selben Abend zurück nach Udersleben. Trotzdem blieb ich in den nächsten Tagen nicht ohne Besuch. Einmal tauchte meine Mutter auf, einmal mein Vater. Wer aber regelmäßig kam, war mein Neffe Rudl, also der Sohn meiner Schwester Annl, mit dem ich als Kind die Treppe runtergefallen war, und den ich geholfen hatte großzuziehen.

Seit einiger Zeit nächtigte er bei uns auf dem Sofa, weil er in Greiz eine Maurerlehre machte. Alle auf der Station dachten, er sei der Vater meines Kindes. Das wusste ich aber nicht, bis einmal eine Krankenschwester bewundernd sagte: »Sie haben aber einen jungen Freund.« Ich erklärte ihr, dass ich verheiratet sei, mein Mann aber in Udersleben wohne und deshalb nicht alle Tage kommen könne. Deshalb käme immer mein Neffe, der bei uns wohne. Das muss sich aber nicht so schnell auf der Station rumgesprochen haben. Denn am nächsten Tag sagte eine andere Schwester zu mir: »Donnerwetter, Sie haben aber einen jungen Mann!«

»Der ist nicht mein Mann«, erklärte ich geduldig ein zweites Mal. »Der ist mein Neffe.«

Ob sie mir das geglaubt hat, weiß ich nicht. Jedenfalls war es auch der Rudl, der mich am neunten Tag nach der Entbindung von der Klinik abholte. Mein Kind aber behielten sie noch drin, weil es weiterhin fachliche Betreuung brauchte und unter ärztlicher Beobachtung bleiben sollte.

An demselben Tag, an dem ich die Klinik verließ, wurde auch die Ärztin entlassen. Damit mein Sohn aber nicht auf seine lebensnotwendige Muttermilch verzichten musste, pumpte sie weiterhin für ihn ab, und mein Vater übernahm den Kurierdienst. Jeden Morgen und jeden Abend marschierte er zum Haus der Frau Doktor, holte die Milch ab und brachte sie zur Klinik. Nach zwei Monaten glaubte man von Seiten der Klinik, es verantworten zu können, den Wolfgang nach Hause zu entlassen. Er wog gerade mal fünf Pfund und sah aus wie ein Neugeborenes. Der Rudl war es, der mit mir zur Klinik wanderte, um seinen kleinen Cousin abzuholen. Treu und brav schob er den Kinderwagen, den wir inzwischen gebraucht gekauft hatten, hin zum Krankenhaus und mit dem Kind drin auch wieder zurück zu unserer Wohnung.

Obwohl man mir mündlich eine »Gebrauchsanweisung« für ihn mitgegeben hatte, traute ich mich zu Hause erst gar nicht, ihn anzufassen, sondern wartete, bis Martha zu mir kam.

Sie muss ich wirklich loben. Ohne dass ich sie darum gebeten hatte, machte sie sich die Mühe – auch wenn sie noch so viel um die Ohren hatte – mehrmals am Tag zu uns zu kommen. In den ersten Tagen versorgte sie ihn sogar eigenhändig, um sich davon zu überzeugen, dass sich sein Zustand nicht verschlechterte. Besorgt stand ich daneben und fragte auch mal ängstlich: »Martha, meinst du, er überlebt?«

»Das kann ich dir nicht sagen, Martl. Der liebe Gott bin ich auch nicht. Ich mache schon, was ich kann.«

Dass ich mit meinem Sohn trotz der räumlichen Enge vorerst bei meinen Eltern wohnen blieb, hatte drei Gründe. Erstens war Wolfgang noch nicht »transportfähig«, wie der Kinderarzt das nannte, zweitens stand mir hier für ihn die Muttermilch zur Verfügung, und drittens konnte ich jederzeit auf meine Hebamme zurückgreifen, falls Unregelmäßigkeiten auftreten sollten.

Auch in diesen Wochen hielt die Frau Doktor ihren Milchfluss noch in Gang, damit mein Sohn seine wertvolle Nahrung bekam. Das fand ich äußerst bewundernswert von ihr. Viel einfacher wäre es für sie gewesen, nach dem Tod ihres Kindes abzustillen. Mein Vater machte weiterhin morgens und abends den Milchkurier, was ich ihm auch hoch anrechne. Denn allein für den Weg brauchte er jedes Mal eine Dreiviertelstunde. Weiterhin gab ich meinem Kind immer dann zu trinken, wenn es anfing zu schreien. Aber mit der Zeit trank Wolfgang immer ein bisschen mehr und hielt auch länger durch. Zu meiner Freude machte er zusehends Fortschritte. So kam es, dass wir, als er zweieinhalb Monate alt war, daran denken konnten, endlich in sein Vaterhaus überzusiedeln. Vorher aber fuhr ich noch, mit dem Kind im Wagen, zur Frau Doktor, um mich dafür zu bedanken, dass sie meinem Kind das Leben gerettet hatte. Auch wollte ich mich auf irgendeine Weise erkenntlich zeigen. Das lehnte sie aber rundweg ab: »Ich weiß, dass Sie nicht auf Rosen gebettet sind und jede Mark für Ihr Kind brauchen. Aber darf ich mal Ihren Kleinen auf den Arm nehmen?«

Mit einem wehmütigen Lächeln wiegte sie das Kind in ihren Armen und sagte: »Das ist mir Lohn genug, zu sehen, dass es ihm gut geht. Für mich wird es immer ein tröstlicher Gedanke sein, zu wissen, dass ich, wenn mein Kind schon nicht leben durfte, mit meiner Milch ein anderes Kind retten konnte.«

Für mich war es ein komisches Gefühl, nun mit Sack und Pack und meinem kleinen Wolfgang in das Haus einzuziehen, in dem ich bisher immer nur zu Besuch geweilt hatte. Wie Karl mir angekündigt hatte, war es inzwischen ein bisschen umgebaut, sodass zwei Wohnungen daraus entstanden waren.

Wolfgangs erste Mahlzeit im Vaterhaus bestand noch aus dem Rest Muttermilch, den die Ärztin mir für die Reise mitgegeben hatte. Die nächste Mahlzeit, die er bekam, bestand aus Kuhmilch, die aus dem väterlichen Stall stammte. Beim ersten Schluck verzog der Kleine das Gesicht. Da es aber nichts anderes gab, saugte er schließlich die Flasche leer. Wenig später aber erhob er ein solches Gebrüll, dass wir sofort von allen Seiten herbeiliefen. Hilflos standen sein Vater und ich dabei. Wir dachten, der Kleine werde sterben. Seine Oma aber, die Ruhe selbst, sagte: »Das wird schon. Er muss die Umstellung erst verkraften.«

Sie sollte rechtbehalten. Etwa acht Tage dauerte es, dass er nach jeder Mahlzeit sein Protestgeschrei erschallen ließ. Dann hatte sich sein Magen wohl an die Kuhmilch gewöhnt. Er nahm regelmäßig zu und er, der bei seiner Ankunft in Udersleben nur aus Haut und Knochen bestanden hatte, war bald ein rundum rundliches Kerlchen mit richtigen Pausbacken. Ein wirklich schönes Kind. Jetzt wagte ich es, ihn taufen zu lassen. Pate wurde sein treuer Cousin Rudl.

Schikanen und Aufregungen

In der oberen Etage im Haus meiner Schwiegermutter hatte man für uns zwei Zimmer und eine Küche nebst Speisekammer eingerichtet, womit ich ganz zufrieden war. Im Erdgeschoss hatte nun mein Schwager Werner seine Wohnung, und seine Mutter behielt ihre Schlafstube. Seit drei Wochen lebte dort mit ihnen Mechthild, die Werner aus Gera mitgebracht hatte. Sie war ein ganz feines Mädchen. Als ich mit meinem Säugling ankam, bot sie gleich an: »Martl, du brauchst bloß zu kochen und auf dein Kind aufzupassen, die Arbeiten im Garten und im Stall übernehme ich.«

Nach weiteren drei Wochen kam sie heulend zu mir hoch.

»Mechthild, was ist passiert?«, fragte ich bestürzt.

»Er hat mir platt vor den Kopf gesagt«, schluchzte sie, »er habe jetzt eine andere.«

»So ein Mann ist es doch nicht wert, dass man ihm auch nur eine Träne nachweint. Du findest bestimmt etwas Besseres«, versuchte ich, sie zu trösten.

Noch am selben Tag verließ sie den Hof. Mit ihren zwei schweren Taschen ging sie zu Fuß nach Esperstedt, von wo sie Eilzugverbindung nach Gera hatte. Am nächsten Tag schon brachte Werner die Rosemarie an. Die war aus Schlesien und stammte von einem Bauernhof. Was für ein Unterschied! Was er an der fand, konnte sich keiner von uns erklären.

Schon nach wenigen Tagen wehte ein anderer Wind im Haus. Als Erstes entließ sie das Dienstmädchen und den Pferdeknecht mit der Begründung, sie seien zu teuer in der Haltung.

Hat die sie noch alle? fragte ich mich. Als Bauerntochter musste sie doch wissen, was in so einem Betrieb an Arbeit anfällt. Außer den siebenundsechzig Morgen Land war ja auch noch die Gärtnerei da. Alles musste von Hand gemacht werden unter Mithilfe der Pferde, Maschinen hatten wir ja nicht. Mir teilte man zusätzlich das zu, was bisher das Dienstmädchen gemacht hatte, also alle Hausarbeiten, soweit die Oma diese nicht mehr machen konnte. Sie war immerhin schon dreiundsechzig. Außerdem musste ich das Federvieh füttern und die Eier einsammeln. Karl musste zusätzlich zu seiner Arbeit in der Gärtnerei die Aufgaben des Pferdeknechts übernehmen. Großmütig erklärte sich Rosemarie bereit, sich um Kühe, Ziegen und Schweine zu kümmern. Das tat sie mehr schlecht als recht, sodass Oma immer wieder mal »nacharbeiten« musste, so gut sie das vermochte.

Abgesehen davon, dass Rosemarie sehr unfreundlich war, gewannen wir den Eindruck, dass sie nicht ganz richtig im Kopf war. Trotzdem hat Werner sie nach zwei Jahren geheiratet.

Aber noch ehe es soweit war, kamen recht merkwürdige Briefe bei uns an. In dem einen stand, dass die nächste Rate für die Küche fällig sei und in dem anderen, wir sollten an die fällige Rate für das Schlafzimmer denken. So ein Blödsinn, dachte ich. Da erlaubt sich wohl einer einen Scherz. Aber nach zwei Wochen kamen wieder solche Briefe, nur in etwas schärferem Ton: *Sollten Sie bis zum 15. des Monats Ihrer Zahlungsverpflichtung nicht nachgekommen sein, sehen wir uns genötigt, das an Sie gelieferte Schlafzimmer wieder abzuholen.«* In dem zweiten Brief mit einem sehr ähnlichen Wortlaut ging es um die Küchenmöbel.

Jetzt sah ich mich doch gezwungen, mit meinem Mann über die sonderbaren Briefe zu reden. »Schau mal, was die für einen Quatsch schreiben!«

»Das ist kein Quatsch«, gab er kleinlaut von sich. »Ich habe tatsächlich vergessen, die Raten pünktlich zu überweisen.«

»Ich verstehe immer Raten. Was für Raten? Wieso haben wir irgendwelche Raten zu zahlen?«

Da rückte er endlich damit heraus: »Ja, weißt du, als ich die zehntausend Mark von dir heimbrachte, hat meine Mutter den Vorschlag gemacht, wir sollten die Möbel auf Teilzahlung kaufen. Dann bliebe uns das schöne Geld, um den Winter über davon zu leben. Auch könnten wir davon Herrn Müller über den Winter behalten.«

Ich war auf Hundert! Ohne mich zu fragen, hatten sie mein Geld einfach anderweitig verbraten! Mit meinem Geld hatten sie die Möbel bloß angezahlt, und ich sollte sie jetzt abstottern. Ich war wütend auf meine Schwiegermutter, weil sie diesen grandiosen Vorschlag gemacht hatte, und auf meinen Mann, weil er sich dazu hatte überreden lassen. Noch nie im Leben hatte ich Schulden gemacht. So arm wir immer gewesen waren, meine Eltern haben immer alles bar bezahlt. Und wenn sie kein Geld für etwas gehabt hatten, dann haben sie eben darauf verzichtet. Am liebsten hätte ich mein

Bündel gepackt, mein Kind genommen und wäre abgehauen. Aber wohin? Und was dann? Zu meinen Eltern zurück? Nein, dazu war ich zu stolz.

Es dauerte eine ganze Weile, bis ich mich wieder beruhigt hatte. Dann dachte ich: Abhauen bringt auch nichts, du beißt halt in den sauren Apfel und arbeitest deine Möbel ein zweites Mal ab.

Danach hatte ich nie wieder Geldprobleme mit Karl. Am Monatsanfang gab er mir sein ganzes Geld, und ich hab's verwaltet. Nachdem ich Oma Reschen meine ganze Empörung über ihr Verhalten an den Kopf geworfen hatte, waren wir wieder gut miteinander, und sie war die beste Schwiegermutter der Welt.

Nicht lange, nachdem der Werner die Rosemarie geheiratet hatte, kam er zu uns rauf und eröffnete uns: »Meine Frau ist lungenkrank, die kann nicht arbeiten. Die kann in der Gärtnerei nur das Geld einnehmen.«

Gutmütig, wie mein Karl war, nahm er das nicht nur hin, er verteilte auch bereitwillig die Aufgaben neu. »Werner«, sagte er zu seinem Bruder, »du kümmerst dich ab sofort um das Füttern der Pferde, und ich übernehme das Ausmisten. Ich miste auch alle anderen Ställe aus und dünge die Felder. In der Gärtnerei arbeiten wir beide weiter wie bisher. Die übrigen Feldarbeiten machen wir alle gemeinsam. Und was die Kühe angeht, die wird meine Frau melken und füttern.«

Notgedrungen musste ich mich fügen; der Betrieb musste ja am Laufen gehalten werden. Aber wie sollte das gehen? Außer dass ich sechs Wochen als ganz junges Mädchen auf dem Bauernhof von Mariechens

Eltern gearbeitet hatte, hatte ich keine Ahnung von der Landwirtschaft. Gewiss, die Bäuerin hatte mir damals das Melken beigebracht, aber das war fast zwanzig Jahre her. »Ich weiß gar nicht, ob ich das noch kann«, klagte ich bei meiner Schwiegermutter.

»Ach, das verlernt man nicht. Trotzdem, fang zur Sicherheit erst mal bei den Ziegen an. Bei denen geht's leichter. Danach wagst du dich an die Kühe.«

Reschen hatte recht. Bald klappte es mit dem Melken ganz gut. Richtig stolz war ich immer, wenn ich meine große Kanne voll Milch hatte.

Nachdem ich schon eine ganze Weile dieser Aufgabe nachgekommen war, hatte ich ein sehr aufschlussreiches Erlebnis. Beim Konsum wollte ich etwas einkaufen. Als die Verkäuferin mich sah, rief sie nach hinten: »Rudolf, die Frau Friedrich ist da. Du kannst ihr jetzt die drei Stückchen Tafelbutter mitgeben.«

Der Mann brachte die Butter, erblickte mich und stutzte: »Das ist nicht die Frau vom Franz, das ist die Frau vom Karl. Die kriegt keine Butter.«

Das erstaunte mich doch sehr, ich sagte aber nichts. Auf dem Heimweg machte ich mir jedoch meine Gedanken: Wieso kriegen die Butter, und wir müssen Margarine essen?

Damit wir für meinen kleinen Sohn wenigstens etwas Butter hatten, schöpfte Oma gelegentlich etwas Rahm von der Milch, ehe wir sie ablieferten, und rührte Butter für ihn. Als mein Mann von der Arbeit kam, schilderte ich ihm den kleinen Zwischenfall und machte meinem Herzen Luft: »Sag mal, Karl, wie kommt denn das? Der Franz kriegt Butter, und wir kriegen keine. Ich bin es doch, die die Kühe melken muss.«

Hilflos zuckte er die Schultern und wiegte seinen Kopf hin und her. Von ihm war demnach keine Hilfe zu erwarten. Das bedeutete, ich musste einen Weg finden, mich selbst meiner Haut zu wehren.

Die Frau vom Franz kam jeden Abend mit der größten Selbstverständlichkeit bei uns Milch holen, meist anderthalb Liter, manchmal auch zwei. Sie war wohl der Ansicht, die Milch, die in unserem Stall produziert werde, müsse geteilt werden. Nach meinem Erlebnis im Konsum platzte mir nun der Kragen. »Ihr holt euch immer kostenlos die Milch und ich habe die Arbeit! Deshalb sehe ich nicht mehr ein, dass ihr die Butter alleine kriegt. In Zukunft sollte also nicht nur die Milch, sondern auch die Butter geteilt werden. Was für eure Kinder gut ist, ist auch für mein Kind gut. Und der Oma würde Butter ebenfalls gut tun. Die ist ja nur deshalb so arm, weil deine Eltern immer kommen und alles fortschleppen.«

Darauf antwortete die Herta gar nichts. Sie nahm ihre Milch und zog davon.

Am Abend erzählte ich Karl von meinem Auftritt. Da machte er sich auf den Weg zu seinem Bruder Franz. Was genau gesprochen wurde, hat er mir nicht verraten. Er muss sich aber durchgesetzt haben, denn er kam mit einem Stück Butter zurück.

Unser Sohn war mittlerweile zwei Jahre alt, gesund und kräftig und wurde viel von seiner Oma betreut, damit ich all meinen Verpflichtungen nachkommen konnte. Mit dieser Arbeitsverteilung war das ganz gut gelaufen. Dann wurde uns plötzlich etwas ganz Neues vorgestellt. Gewiss, in der Zeitung hatte hier und da schon etwas über eine neue Form der Landwirtschaft gestanden. Ich hatte aber weder Zeit noch Lust, solche Berichte zu lesen. Schon bald kam aber auch ich nicht mehr dran vorbei. Am Anschlagbrett der Gemeinde stand es groß und breit, dass sich alle Bauern an einem bestimmten Abend in einer bestimmten Gaststätte einfinden sollten. Aber selbst wenn man diesen Aufruf nicht gelesen hätte, wäre man doch hineingezogen worden. Denn wo man ging und stand, wurde man darauf angesprochen: »Hast du schon davon gehört?« »Hast du es gelesen ...?« »Gehst du auch zu der Versammlung?« »Um was es bei der Versammlung wohl gehen mag?«

Der Zulauf war gewaltig. Aus jedem Bauernhaus war mindestens einer da, meist aber zwei. Staunend vernahmen wir, was uns der Bürgermeister und ein Mensch von der Regierung zu sagen hatten. Der Bürgermeister empfahl uns wärmstens, unsere kleinen unrentablen Höfe aufzugeben und uns zu einer Genossenschaft zusammenzuschließen. Dann sollten wir nach dem Vorbild der russischen Kolchosen alle unsere Felder und unser Vieh an die Genossenschaft geben.

Hierauf schilderte der Abgesandte von der Regierung uns in den leuchtendsten Farben, welche Vorteile das für uns habe. Die Zusammenlegung vieler kleiner Äcker und Wiesen zu großen Flächen erlaube eine viel bessere Nutzung des Bodens und bringe wesentlich höhere Erträge. Bei solch großen Flächen ließen sich große Maschinen einsetzen, die viel effektiver wären als die bisherige Handarbeit. Für jeden einzelnen Bauern bedeute das eine ungeheure Arbeitserleichterung und Zeitersparnis. Er müsse sich nicht mehr von

Sonnenaufgang bis Sonnenuntergang den Buckel krumm machen. Künftig habe er eine geregelte Arbeitszeit und wie jeder andere Arbeiter pünktlich seinen Feierabend und seinen freien Sonntag.

Der hat gut reden, dachte ich. Wie soll das denn gehen? Der ließ nämlich das Wetter völlig aus dem Spiel. Heu machen und Getreide ernten konnte man doch nur bei gutem Wetter. An solchen Tagen musste man jede Stunde nutzen. Da konnte man nicht um fünf Uhr die Maschine stehen lassen und am nächsten Tag oder gar erst am Montag weitermachen, denn da konnte einem ein Regenguss die ganze Ernte verderben.

Weiter trug er vor, am Ende des Monats bekäme jedes Genossenschaftsmitglied seinen festen Lohn ausgezahlt. Aha, dachte ich, dabei ist es egal, ob einer viel schafft oder eine ruhige Kugel schiebt.

Anschließend waren noch viele Fragen offen, und es wurde heiß diskutiert. Diejenigen, die nur wenig Land hatten, meldeten sich am Schluss der Veranstaltung spontan zur Genossenschaft an. Klar, die hatten ja nichts zu verlieren. Aber solche, die einen mittleren Betrieb hatten, so wie wir, die wollten sich das erst noch mal überlegen. Und die Bauern, die ziemlich viel Land ihr Eigen nannten, waren erst gar nicht erschienen.

Mein Mann und ich legten den Heimweg schweigend zurück. Jeder ließ sich dazu wohl seine eigenen Gedanken durch den Kopf gehen. Zu Hause sprachen wir dann ausführlich über das Gehörte. Theoretisch hörte sich das ja gut und schön an. Wie das dann aber in der Praxis aussehen würde, konnten wir uns nicht vorstellen. Unsere ganzen schönen Felder und Wiesen sollten wir einfach so abgeben, um anschließend auf riesigen Flächen der Genossenschaft als Angestellte zu arbeiten?

Gewiss, wir besaßen mit dem Land von Lenchen nur fünfzig Morgen, aber wir waren unser eigener Herr. Wir konnten bestimmen, was angebaut, wann gesät und wann geerntet wurde. Außerdem hatte dieser Boden die Familie immer ernährt, und wenn wir fleißig waren, würde er das weiterhin tun. Wenn also ich schon solche Gefühle entwickelte, die ich erst seit knapp drei Jahren auf dem Hof zu Hause war, konnte ich nur zu gut verstehen, dass Karl, der das Land von seinem Vater geerbt und dessen Großvater und Urgroßvater hier schon als freie Bauern gelebt hatten, nichts von einer Veränderung wissen wollte.

Karl unterhielt sich auch mit seinem Bruder Werner. Der war auch nicht von der Genossenschaftsidee begeistert. Der Franz aber, der sich ja schon vor einiger Zeit mitsamt seinen Böden abgenabelt hatte, meldete sich gleich bei der Genossenschaft an. Außer seiner Arbeitskraft brachte er seine fünfundzwanzig Morgen Land ein. Wir anderen aber ließen den Aufruf zum Zusammenschluss ungehört verhallen und wurschtelten weiter in der gewohnten Weise. Doch schon im Jahr darauf sollten wir ein Erlebnis haben, das uns zum Umdenken bewog.

Zunächst aber hatte ich andere Sorgen. Aus meiner Kindheit und Jugend kann ich mich nicht erinnern, dass meine Mutter krank gewesen wäre, nur einmal, als ich so zehn, elf Jahre alt war, gab es eine Zeit, in der alle paar Wochen der Arzt zu uns ins Haus kam. Dann musste ich aus dem Zimmer gehen, deshalb habe ich nicht mitbekommen, was wirklich mit meiner Mutter los war. Nach unserer Vertreibung, als sie in Pirna die paar Wochen im Krankenhaus lag, dachte ich, ihre Erkrankung sei eine Folge der vorausgegangenen Aufregungen und fragte nicht weiter nach einer Diagnose. Als ich schon zwei Jahre in Udersleben wohnte und noch nicht dazu gekommen war, meine Eltern auch nur ein einziges Mal zu besuchen, war es ein Brief meines Neffen Rudl, der mich wachrüttelte.

Er schrieb: »Liebe Martl!

Deine Mutter ist sehr krank. Sie hat Krebs. Dein Vater geht fast jeden Abend ins Kino und deine Mutter ist allein. Ich halte das bei den Zweien nicht mehr aus. Deshalb melde ich mich jetzt zur Marine an und gehe nach Kühlungsborn.

Liebe Grüße, Dein Neffe Rudl.«

Dieser Brief war für mich ein Schock. Am nächsten Morgen zog ich meinen zweieinhalbjährigen Sohn fein an und tippelte mit ihm zur Bahn. In unserer alten Wohnung traf ich zuerst die Hauseigentümerin, Frau Helm, an. »Gut, dass Sie kommen«, empfing sie mich. »Ich habe eben nach Ihrer Mutter gesehen. Es geht ihr sehr schlecht, und ihr Mann kümmert sich so gut wie gar nicht um sie. Er turtelt lieber mit seiner Freundin herum.«

»Moment«, unterbrach ich sie verwirrt. »Was für eine Freundin?«

»Die Frau Steffens«, erfuhr ich. »Mit der hat er schon lange ein Verhältnis. – Vor ein paar Tagen jedenfalls hörte ich über mir ein Klopfen. Ich wohne ja direkt unter Ihren Eltern. Da bin ich gleich hoch. Zum

Glück besitze ich einen Wohnungsschlüssel, sonst wäre ich gar nicht reingekommen.«

Sie habe meine Mutter, berichtete sie weiter, auf dem Fußboden vorgefunden. Sie war aus dem Bett gefallen und hatte mit einem Schuh geklopft. Kurz vorher hatte Frau Helm meinen Vater mit Frau Steffens im Hof auf der Bank sitzen sehen. Also rief sie ihm vom Fenster aus zu, er solle helfen, seine Frau wieder ins Bett zu heben. Da rief er zurück, sie solle allein wieder ins Bett gehen. »Dazu war Ihre Mutter aber viel zu schwach. Nur unter größter Anstrengung gelang es mir, sie wieder ins Bett zu schaffen«.

Das also war es, was der Rudl mir durch die Blume hatte zu verstehen geben wollen, als er schrieb, der Vater gehe fast jeden Abend ins Kino. Ich hatte ja weder eine Ahnung gehabt, dass meine Mutter krank war, noch dass mein Vater fremdging. Die Hauseigentümerin betonte noch, sie habe mir das nicht erzählt, weil sie tratschen wolle, sondern weil es das sei, worunter meine Mutter wirklich litt.

Ich traf sie dann wirklich sehr elend an, aber sie freute sich sichtlich über meinen Besuch und besonders darüber, dass ich ihr den kleinen Enkel mitgebracht hatte, der ein so kräftiger Bursche geworden war, dass sie staunte. Als sie ihn zuletzt gesehen hatte, war er erst zweieinhalb Monate alt gewesen und hatte fünf Pfund gewogen.

Für Wolfgang hatte ich seine geliebten Bauklötze mitgebracht. So saß er still in einer Ecke und spielte, während meine Mutter und ich endlich das dringend nötige Gespräch unter Frauen miteinander führten.

Dabei redete sie sich all das von der Seele, was sie schon seit Jahren bedrückte. Ich erfuhr, dass mein Vater schon in Voigtsbach jedem Weiberrock nachgeschaut hatte und auch dass meine Mutter damals schon an Krebs erkrankt war. Sie selbst sprach den Verdacht aus, dass wohl ein Zusammenhang bestehe zwischen seinem Verhalten und ihrer Erkrankung.

»Ich habe nie etwas sagen wollen«, erklärte sie, »aber dass ich immer alles geschluckt habe, hat mich von innen aufgefressen.«

Sie machte ihre überstürzte Eheschließung, um der Stiefmutter zu entgehen, dafür verantwortlich. Mein Onkel Franz hatte ja seine rasche Heirat auch bald bereut, denn seine Frau Juliane hatte sich zu einem bösen Weib wie aus dem Märchenbuch entwickelt.

»Wirklich schlecht war dein Vater nicht«, betonte meine Mutter dennoch. »Aber ich war nicht glücklich mit ihm. Die meiste Zeit war er arbeitslos, im Haushalt rührte er aber auch keinen Finger. Die ganze Hausarbeit musste ich noch erledigen, wenn ich abgekämpft aus dem Wald kam, wo ich schlecht und recht das Geld verdiente, damit wir nicht verhungern mussten. Zum Glück hast du mir ja manches abgenommen, als du größer warst. Seine viele freie Zeit nutzte er lieber dazu, um anderen Frauen nachzusteigen. Wenn mir nicht mein Bruder immer wieder beigestanden hätte, ich wäre verzweifelt.«

Nach diesem Geständnis war ich noch erschütterter als vorher. In dieser Verfassung wollte ich meinem Vater nicht begegnen, denn ich hätte nicht gewusst, wie ich mich ihm gegenüber verhalten sollte. Vom langen Reden war meine Mutter ziemlich erschöpft, und auch Wolfgang begann, unruhig zu werden. Deshalb hielt ich es für angebracht, mich zu verabschieden, aber nicht ohne meiner Mutter zu versprechen, dass ich bald wiederkommen würde.

Da ich nun schon mal in Greiz war und wir noch gut zwei Stunden hatten, bis unser Zug ging, wollte ich die Zeit nutzen, um den Frickes einen Besuch abzustatten. Noch bevor ich seinerzeit von Greiz weggegangen war, waren sie umgezogen. Daher kannte ich ihre schöne große Wohnung bereits, die nicht weit von der alten entfernt lag. Da es Sonntagnachmittag war, traf ich die Familie beim Kaffeetrinken an, und eine Nachbarin weilte zu Besuch. Frau Rosl hielt es für angebracht, mich vorzustellen: »Das ist Martl, sie war mein Dienstmädchen.«

Da erhob Tochter Ursula, mittlerweile zwölf Jahre alt, aber Einspruch: »Martl war meine Mutter. Denn meine wirkliche Mutter habe ich ja kaum zu sehen gekriegt. Sie war im Laden, wenn ich aufgewacht bin, und wenn ich eingeschlafen bin, war sie immer noch dort.«

Das tat mir gut, dass das Mädchen sich daran noch erinnerte, dass ich es gewesen war, die sich vom Aufstehen bis zum Zubettgehen um sie gekümmert hatte.

Bei meinem zweiten Besuch in Greiz, nur zwei Wochen später, wieder mit Klein-Wolfgang im Schlepptau, traf ich meine Mutter nicht zu Hause an. Sehr beunruhigt ging ich ein Stockwerk tiefer zur Hauseigentümerin und erfuhr von ihr, was geschehen war: »In den letzten Tagen konnte sie nicht mehr selbst essen und trinken. Deshalb habe ich ihr immer wieder einen Löffel Brei in den Mund geschoben und ihr ein bisschen Tee oder Saft eingeflößt. Aber weil es nicht besser geworden ist, dachte ich, so geht das nicht mehr weiter, und habe den Arzt gerufen, damit sie ins Krankenhaus kommt.«

Zum Glück war es bis zum Krankenhaus nicht weit. Das konnte Wolfgang mit seinen stämmigen Beinchen durchaus laufen.

Die Krebskranken lagen damals in Greiz in Baracken, aber Kinder durften nicht mit hinein. Die Krankenschwester bot mir aber an: »Lassen Sie das Kind bei mir.« Sie erklärte mir, wo meine Mutter lag – ganz hinten am Fenster –, und während ich dann bei ihr saß, hob die Schwester den Jungen hoch, sodass meine Mutter ihren kleinen Enkel wenigstens sehen konnte. An ihrem matten Lächeln erkannte ich, dass sie sich darüber freute.

»Wo ist der Vater?«, fragte ich. Da antwortete sie: »Den will ich nicht mehr sehen.«

Wenig später betrat mein Vater das Krankenzimmer, da drehte sie sich zur Wand. Er war gekommen, weil er von Frau Helm erfahren hatte, dass ich bei der Mutter sei. Inzwischen hatte ich Zeit gehabt, mir Gedanken darüber zu machen, wie ich mich meinem Vater gegenüber verhalten sollte. Da er nicht wusste, was die Mutter mir erzählt hatte, hielt ich es für das Beste, die Unbefangene zu spielen. Denn wem würde es etwas bringen, wenn ich ihm die kalte Schulter zeigen oder ihm gar Vorwürfe machen würde? Außerdem stand es mir nicht zu, mich zum Richter aufzuspielen.

Eines wurde mir am Krankenbett meiner Mutter aber klar: Sie musste hier raus, und zwar so bald wie möglich. Zu mir konnte ich sie allerdings nicht nehmen. Ich hätte ja kein Zimmer für sie gehabt. In unserer Schlafkammer stand ja schon Wolfgangs Bett, weil wir ja noch nicht mal ein Kinderzimmer hatten. Zu Oma Reschen konnte ich die Schwerkranke auch nicht legen und in die Wohnstube aufs Sofa erst recht nicht. Also begab ich mich in Udersleben auf Wohnungssuche. Innerhalb von zwei Tagen fand ich ganz in der Nähe für sie ein schönes Zimmer. Nun machte ich mit Rudl, meinem Neffen, aus, dass wir sie am 13. September aus der Klinik abholen wollten. Für diesen Tag konnte er nämlich ein Auto organisieren. Doch als wir am Krankenhaus ankamen, erklärte uns der Arzt, sie sei nicht mehr transportfähig. Da erst begriff ich, wie ernst es um sie stand. Ich rief in Udersleben an und ließ meiner Schwiegermutter ausrichten, sie möge sich weiterhin um Wolfgang kümmern, ich wolle in der Nähe meiner Mutter bleiben, weil es mit ihr zu Ende gehe. Ich quartierte mich in meiner elterlichen Wohnung ein und besuchte die Mutter zweimal täglich. Nach drei Tagen, am 16. September, schloss sie ihre Augen für immer, gerade mal siebenundsechzig Jahre alt.

Bevor ich an der Beisetzung in Greiz teilnahm, musste ich aber noch nach Hause. Ich hatte ja keine Trauerkleidung dabei. Das, was ich im Kleiderschrank meiner Mutter fand, war mir viel zu lang und viel zu weit. Auch hatte ich nicht genug Geld dabei, um mich in Greiz entsprechend einkleiden zu können, und wenn, hätte ich nicht so viel ausgeben mögen. In meinem Garderobenvorrat fand ich auch nichts Richtiges, aber wenigstens ein Paar schwarze Schuhe und einen

Rock. Reschen half mir mit einem schwarzen Pullover aus, dessen Ärmel nur ein bisschen zu lang waren. Aber die ließen sich umschlagen. Darüber zog ich meinen dunkelblauen Wollmantel, das Andenken an meinen Bruder. Der tat mir auf dem zugigen Friedhof gute Dienste. Außer mir, meinem Mann und meinem Vater nahmen an der Beerdigung meine treuen Freunde teil: die ganze Familie Fricke, außer Herbert, Familie Berthold und Hella. Ja, und Rudl nicht zu vergessen, mit seiner Mutter, meiner Schwester Annl.

Bei dem bescheidenen Mahl in einem Gasthaus sprach ich mit jedem ein bisschen. Jeder hatte seine eigenen Aufgaben, seine Sorgen und Nöte. Bald danach zerstreuten wir uns wieder in alle Winde. Mit meinem Vater hatte ich auch nicht mehr gesprochen als mit allen anderen. Mir kam gar nicht die Idee, zu fragen, welche Pläne er habe. Im Unterbewusstsein hatte ich wohl erwartet, dass er in seiner Wohnung bleiben und jetzt das Leben mit seiner Freundin genießen werde. Wie überrascht war ich daher, als er nach wenigen Tagen bei mir vor der Tür stand mit zwei verbeulten Koffern in den Händen und den Worten auf den Lippen: »Ich bleibe jetzt hier.«

Ich war so perplex, dass mir nichts einfiel, was ich hätte sagen können. Zu meiner großen Beunruhigung erfuhr ich, dass er in Greiz seine Zelte ganz abgebrochen hatte: Die Wohnung hatte er gekündigt, die Möbel verkauft und das bisschen, was er an Kleidung und Wäsche besaß, und andere Sachen, die ihm wertvoll erschienen, in die Koffer gepackt. Die ersten Nächte campierte er dann auf dem Sofa in der Stube, während wir nach einer anderen Lösung für ihn suchten. Sicher ließ sich für ihn auf dem Dachboden eine Ecke abtrennen, aber das musste ich erst ausführlich mit meinem Mann und mit seiner Mutter besprechen. Ja, und dann gab es im Erdgeschoss ja noch Karls Bruder mit Familie, die ebenfalls Anspruch auf das halbe Haus erhoben.

Als endlich alles besprochen, von allen Beteiligten genehmigt und geplant war und wir gerade mit dem Ausbau beginnen wollten, war das nicht mehr nötig. So plötzlich, wie mein Herr Papa auf der Bildfläche erschienen war, verschwand er nach vier Wochen auch wieder: Er wolle nach Greiz zu Frau Steffens. Vorher aber stellte er noch Ansprüche: »Du musst mir aber nur gute Unterwäsche mitgeben, damit Frau Steffens nicht stopfen und flicken muss.«

»Und woher soll ich die nehmen?«, fragte ich pikiert. »Du hast doch nur bessere Lumpen mitgebracht.«

»Kannst du mir nicht vom Karl was geben? Der hat doch ungefähr meine Größe.«

»Der braucht seine Sachen selbst.«

Froh jedoch, ihn so schnell wieder loszuwerden, begab ich mich noch am selben Tag nach Bad Frankenhausen, um für meinen Vater einzukaufen. Sechs Unterhemden, sechs Unterhosen und drei Paar Socken brachte ich von dort mit. Am nächsten Tag schon brach er damit auf. Nun hörte ich sechs Wochen lang nichts von ihm. Dann stand er plötzlich wieder vor der Tür, wieder mit seinen beiden abgewetzten Koffern. »Also die Frau Steffens!«, schimpfte er schon im Treppenhaus los. »Das ist eine Unverschämtheit von ihr!«

Ich zog ihn schnell in meine Küche. »Das braucht doch nicht jeder im Haus zu hören, was es mit der Frau Steffens auf sich hat.«

Dann erfuhr ich, was diese Frau ihm angetan hatte. Vierzehn Tage, nachdem er bei ihr eingezogen war, musste er ins Krankenhaus, um sich einer Bruchoperation zu unterziehen. Als er nach vier Wochen entlassen wurde, musste er feststellen, dass seine Freundin von seiner Rente neue Vorhänge gekauft hatte. Da war es aus mit der Freundschaft, für alle Zeiten. Er machte nie den geringsten Versuch, mit ihr wieder anzubandeln. So hatte ich ihn am Hals. Mit der Zeit erwies er sich aber noch als ausgesprochen nützlich. Doch davon später.

Unser Wolfgang wuchs und gedieh und kein Mensch merkte ihm mehr an, dass er mal ein armseliges Würmchen von dreieinhalb Pfund gewesen war, bei dem wir lange Zeit befürchtet hatten, es nicht durchzubringen. In meiner Jugend und auch als junge Ehefrau hatte ich mir immer vorgestellt, dass ich mal mehrere Kinder haben würde. Aber die Jahre gingen dahin, ohne dass sich mit Kinderkriegen noch einmal etwas tat. Nicht, dass wir uns besonders darum bemüht hätten, weiteren Nachwuchs zu bekommen, wir taten aber auch nichts dagegen. Von solchen Sachen wussten wir damals noch nichts. Aber ehrlich gesagt, bei all den Aufregungen und all der Geschäftigkeit hätte ich auch keine Zeit gehabt für mehrere Kinder. Den ganzen Tag war ich ja auf dem Feld, im Haus und im Stall beschäftigt. Doch etwa sechs Wochen nach der Beerdigung meiner Mutter blieb meine Regel aus. Dabei dachte ich mir aber noch nichts, sondern schob es auf die Aufregung um meine Mutter. Nach drei Monaten aber sagte ich zu meinem Karl: »Du, ich glaube, ich krieg wieder ein Kind.«

»Das ist doch gut, Martl«, antwortete er. »Ich hoffe, dass es ein Mädchen wird. Ein Pärchen, das wäre doch schön.«

Mir ging's auch wirklich gut in der Schwangerschaft. Zur Sicherheit besuchte ich trotzdem die Hebamme, die sich mittlerweile im Nachbarort niedergelassen hatte. Auch dachte ich, es könne nicht schaden, wenn wir uns schon kennenlernten, bevor es ernst wurde.

Der siebte Juli 1955 war ein heißer Tag. Am Nachmittag gab es draußen für meinen Mann nichts zu tun, drum nutzte er die Zeit, endlich mal die Treppe zu streichen. Auf einmal setzten – nach ziemlich genau neun Monaten – bei mir die Wehen ein. Anscheinend hatte mein Körper inzwischen die fehlende Reife nachgeholt. Da ich gehört hatte, beim zweiten Kind werde es wesentlich schneller gehen als beim ersten, schickte ich den Karl gleich zum Telefon. Wenig später erschien auch schon die Geburtshelferin. Nachdem sie mich untersucht hatte, sagte sie: »Ich hab mich extra beeilt, weil es beim zweiten Kind meist recht schnell geht, aber wir haben noch Zeit.«

Oma Reschen schaffte alles herbei, was die Hebamme brauchte, und setzte ihr auch einen ordentlichen Kaffee vor, worüber sie besonders glücklich war. Gegen Abend tat das Kind endlich seinen ersten Schrei. Während die Hebamme bei mir die vorgeschriebene Wachzeit absaß, setzte ein Gewitter ein, aber was für eines! Es blitzte und krachte, es stürmte und schüttete. Dann ging der Regen auch noch in Hagel über, so heftig, dass er uns einige Dachplatten zerschlug. Das merkten wir daran, dass es auf einmal auf meinen Nachtschrank tropfte. »Nein, bei dem Wetter kann ich nicht heimfahren«, erklärte die Hebamme. Sie war nämlich mit dem Fahrrad da. »Herr Friedrich, Sie müssen heute Nacht auf dem Sofa schlafen, ich schlafe bei ihrer Frau.«

Das war auch ganz gut so, da war sie am nächsten Morgen gleich zur Stelle, um Mutter und Kind zu versorgen. Zu meiner großen Freude klappte es diesmal auch mit dem Stillen.

Karl war überglücklich über sein kleines Mädchen, das eine normale Größe und das Normalgewicht eines Neugeborenen aufwies. Ein Name für das Kind fiel ihm aber nicht ein. Aber dafür mir! Wenn ich in Greiz auf dem Weg zur Arbeit war, hatte ich immer wieder ein hübsches Kind gesehen, das von seiner Mutter »Brigitte« gerufen wurde. Deshalb wählte ich den Namen Brigitte. Als Patin für sie wählten wir Ursula Fricke.

Dem Karl hatte das gar nicht so gut gefallen, dass er für die Nacht auf das Sofa ausquartiert worden war. Er knurrte nämlich: »Beim nächsten Mal gehst du aber ins Krankenhaus.«

»Versprochen, falls es ein nächstes Mal gibt«, antwortete ich ungerührt. Daran glaubte ich nämlich nicht so recht. Nach dem ersten Kind hatte es immerhin drei Jahre gedauert, bis ich wieder schwanger war, und ich wusste, dass mit zunehmendem Alter die Chancen für eine Befruchtung geringer werden.

Einige Wochen nach Brigittes Geburt hielt das Schicksal eine neue Aufregung für mich bereit. Es war ein heißer Augusttag, die Männer waren bei der

Getreideernte, und ich saß mit meiner Schwiegermutter am Küchentisch. Sie schälte Kartoffeln und ich putzte Salat. Um zwölf Uhr sollte das Essen fertig sein, weil die Brüder dann vermutlich mit der ersten Fuhre heimkamen. Damals wurde das Getreide noch mit der Sense gemäht, zu Garben gebunden und diese zu Häuschen aufgestellt. Sobald es trocken war, lagerte man es in der Scheune, bis zu einem späteren Zeitpunkt die Dreschmaschine vorfuhr, um es zu dreschen. Die Zeit der Dreschflegel war ja längst vorbei.

Unser Baby schlief im Kinderwagen, der neben uns am Tisch stand, und Wolfgang spielte in einer Ecke friedlich mit seinen Bauklötzen. Auf einmal drangen vom Hof her Kinderstimmen durch das offenstehende Fenster. »Mama, darf ich runtergehen und mit Hans und Gisela spielen?«, fragte er. Anscheinend wollten ihm die Kinder von Franz und Herta einen Besuch abstatten.

»Ja«, antwortete ich, »aber es geht nicht mehr lange, wir essen bald.«

Schon hatte er die Küche verlassen. Dabei dachte ich mir nichts, denn er war schon häufig allein nach unten gegangen. Doch plötzlich vernahmen wir ein Poltern und einen markerschütternden Schrei, und dann war es wieder mausestill. Entsetzt riss ich die Tür auf und sah meinen Sohn vor der untersten Treppenstufe liegen. Er war bewusstlos und blutete aus einer kleinen Kopfwunde. »Bleib du bei Wolfgang«, rief ich der Oma zu, die ebenfalls herbeigekommen war. »Ich muss den Doktor holen.«

So schnell mich meine kurzen Beine trugen, rannte ich zur Praxis unseres Hausarztes. Der ließ alles liegen und stehen, hieß mich in seinen Wagen einsteigen und brauste zu unserem Haus. Bei unserem Eintreffen schlug der Junge die Augen auf, blickte aber teilnahmslos um sich. Der Arzt untersuchte ihn, wobei er sich aufmerksam die Ohren anschaute, versorgte die Wunde notdürftig und erklärte: »Hier kann ich nicht viel machen. Er muss sofort ins Krankenhaus. Vermutlich hat er eine schwere Gehirnerschütterung. Auch muss er geröntgt werden. Es könnte ja was gebrochen sein.«

Weil es dem Arzt zu lange gedauert hätte, bis ein Krankenwagen kam, betteten wir den Kleinen gemeinsam auf den Rücksitz des ärztlichen Autos. Dann setzte er sich ans Steuer und ich mich daneben.

In der Klinik in Bad Frankenhausen bestätigte man die Diagnose unseres Arztes und behielt das Kind ein paar Tage da. Wie die Röntgenaufnahmen ergaben, war nichts gebrochen. Zum Glück! Unser Doktor hatte nämlich einen Schädelbasisbruch befürchtet, wie er mir später gestand. Deshalb hatte er sich die Ohren so genau angeschaut.

Einige Tage nachdem Wolfgang aus der Klinik entlassen war, beobachtete ich, dass er sich immer wieder mal über das eine Auge und dann über das andere wischte. Auf meine Nachfrage antwortete er: »Ich sehe nicht richtig.«

Also packte ich ihn und fuhr mit dem Bus wieder zur Klinik. Der Augenarzt bestätigte Wolfgangs Aussage und empfahl mir, noch einige Zeit zu warten. Das könne durchaus eine Folge des Sturzes sein und werde sich sicherlich bald geben, notfalls ließe sich das mit einer Brille korrigieren. Es gab sich aber nicht, also musste eine Brille her. Was der Sturz aber genau damit zu tun hatte, erklärte mir niemand.

Mein Karl war ein ausgesprochen bescheidener Mensch. Der ging nicht ins Wirtshaus und hat nicht gesoffen. Wenn wir unterwegs schon mal eingekehrt sind, dann habe ich mein Bier getrunken, mein Mann aber nur 'ne Brause, so solide war er, das krasse Gegenteil von seinen Brüdern. Die beiden gingen gern in die Kneipe, sogar ein paarmal in der Woche. Weil er nicht mitging, verspotteten sie ihn: »Du bist doch ein Blöder.« Bei mir sprach sich der Karl dann aus: »Die denken Wunder wie gescheit sie sind und halten mich für blöd. Ich glaube aber, ich habe mehr Grips im Kopf als die beiden miteinander.«

Karl war sehr sauber. Da wir noch kein Bad hatten, wusch er sich jeden Abend, wenn er von der Arbeit kam, am Waschbecken von oben bis unten und zog andere Klamotten an.

Geraucht hat er aber schon, jeden Tag eine Schachtel Zigaretten. Ich habe aber nicht gemeckert, dass er Geld für Zigaretten brauchte, er hatte ja sonst kein Vergnügen. Er war aber so vernünftig, nicht in der Wohnung zu rauchen, weil die kleinen Kinder da waren. Auf dem Trecker konnte er auch nicht rauchen, bloß wenn sie mal gestanden haben, zündete er sich eine an, wie die anderen auch. Das gehörte eben dazu. Seine lieben Verwandten aber haben ihm vorgehalten, dass er raucht, obwohl sie fürs Wirtshausgehen viel mehr ausgegeben und bei der Arbeit weniger hereingeschafft haben. Trotz Karls Raucherei hat es uns immer gelangt. Tatsache ist, dass wir beide es zu was gebracht haben. Seine beiden Brüder aber bettelten ständig bei ihrer Mutter, bis sie die letzte Mark rausgelockt hatten.

Der Unfrieden im Haus kam aber vor allem von Rosemarie. Ich weiß nicht, warum, aber sie dachte sich immer neue Schikanen für uns aus und hat uns das Leben regelrecht zur Hölle gemacht. Um des lieben Friedens willen schluckten wir so manches, und auf Schmähungen reagierten wir einfach nicht. Ihr Mann hatte bald durchschaut, dass es nicht an uns lag. Er traute sich aber nicht, was zu sagen, schließlich war er mit ihr verheiratet. Wegen ihrer Lungenkrankheit musste er neben all seiner Land- und Gärtnerarbeit um sie herumspringen, sie hinten und vorne bedienen und fast die ganze Hausarbeit machen. Irgendwie tat er mir leid, obwohl er sich das Ganze selbst eingebrockt hatte.

Für uns aber war irgendwann doch das Fass zum Überlaufen voll, und das war an einem Septembersonntag gegen Abend. Meine Schwiegermutter stand am Fenster und schaute hinaus. »Da, guckt euch das an!«, rief sie aufgebracht. »Der Werner und die Rosemarie marschieren Arm in Arm vom Hof, fein angezogen. Dabei sind die Pferde noch nicht gefüttert.« Nach einer kurzen Pause fügte sie hinzu: »Euch bleibt nichts anderes übrig, ihr müsst jetzt noch Klee holen.«

»Nun ja, dann müssen wir eben noch mal ins Feld fahren«, sagte mein gutmütiger Karl. Wir spannten die beiden Pferde vor den Wagen, setzten uns vorne drauf und fuhren los. Da unsere Rösser auf der Landstraße rüstig ausschritten, kamen wir bald an den beiden »Spaziergängern« vorbei. In dem Moment sagte die Rosemarie zu ihrem Mann: »Guck dir mal die zwei Blöden an. Die holen Futter und wir gehen ins Kino.«

Ich hatte das gar nicht gehört, und so erschrak ich, als Karl auf einmal die beiden Pferde herumriss.

Erschrocken rief ich aus: »Karl, was ist denn jetzt passiert?«

»Ja, hast du das nicht gehört?«

»Was soll ich gehört haben?«, fragte ich verwundert.

»Wir wären blöde, weil wir Futter holen, während sie ins Kino gehen.«

Karl ließ die Pferde zum Stall traben und fütterte sie mit Heu.

Erstaunt über unsere so baldige Rückkehr fragte Reschen – sie hatte vom Fenster aus den leeren Wagen gesehen –, warum wir kein Futter geholt hätten.

Da erzählte ihr der Karl, was er unterwegs von seiner Schwägerin aufgeschnappt hatte.

»So, das war das letzte Mal, dass man euch für blöd gehalten hat«, schnaubte meine Schwiegermutter. Zu mir gewandt fuhr sie fort: »Martl, morgen Früh ziehst du den Wolfgang schön an, und dann gehen wir zum Vorsitzenden der LPG und lassen uns einschreiben.«

In der LPG

Nun waren wir also Mitglied der Landwirtschaftlichen Produktionsgenossenschaft. Das bedeutete, unser Boden wurde genossenschaftlich genutzt, blieb jedoch unser Privateigentum. Nun hatten wir zwar einen Vorsitzenden, dem wir Rechenschaft schuldig waren, und einen Aufseher auf dem Feld, aber damit hatten wir klare Verhältnisse: Wir arbeiteten nun in der LPG, und Werner machte seine Gärtnerei alleine. Wenn Rosemarie jemanden schikanieren wollte, dann musste sie dort jemanden dafür suchen.

Unsere Kühe gaben wir auch an die LPG und kriegten dafür ein paar Tausend Mark. Damit fiel für mich schon mal das anstrengende und zeitraubende Melken weg und ebenso der Streit um Milch und Butter. Die beiden Pferde kamen gleichfalls dorthin, wodurch uns das aufwendige Futtermachen erspart blieb. Von den Schweinen gaben wir die Hälfte an Franz ab und behielten selber drei. In der Zwischenzeit hatten wir uns bereits einiges an kleineren Maschinen angeschafft, die uns die Arbeit erleichterten und die wir nun nicht mehr brauchten. Wir hatten auch eine Kutsche und einen Pferdewagen gehabt. Dies alles gaben wir auch an die LPG, bekamen aber nicht viel dafür.

Schon bald waren wir etwas ernüchtert, denn wir erkannten, dass wir, wenn wir selbst weitergewurschtelt hätten wie bisher, auch nicht schlechter dagestanden hätten. Vielleicht sogar besser, weil wir beide fleißig waren. In der LPG musste man nämlich auch die mit durchziehen, die recht faul waren, denn der Lohn am Monatsende war für alle gleich. Der Karl bekam pro Monat, weil er Treckerfahrer war, zweihundert Mark, und ich bekam fünfzig Mark, da ich nur halbe Tage für die Genossenschaft arbeitete. Ja, mit den zweihundertfünfzig Mark konnten wir keine großen Sprünge machen. Das mit der geregelten Arbeitszeit stimmte allerdings. Daher blieb uns am Abend Zeit, noch etwas für uns selbst zu produzieren, um unser Einkommen etwas aufzubessern. Die Arbeitsbelastung war also genauso groß wie vorher. Wenn wir uns nicht eine Ziege gehalten und ein Schwein für uns gefüttert hätten, wäre es ganz schön knapp bei uns gewesen.

Mein Mann kam am Abend immer um sechs Uhr heim. Da ich durch meine Halbtagstätigkeit aber schon wesentlich früher daheim war, hatte ich bis dahin schon alles gefüttert: das Schwein, die Ziege und das Federvieh. Wir hatten zehn Gänse, zehn Enten und ein Dutzend Hühner. Zum Glück hatte ich mittlerweile meine Angst vor Gänsen verloren. Denn ich musste sie nicht nur füttern, ich musste sie auch in jedem Herbst rupfen und die Enten ebenfalls, damit wir Bettfedern hatten. Meine sämtlichen Federbetten habe ich damit eigenhändig gefüllt. Später, als meine Kinder flügge wurden, habe ich auch für sie alle Deckbetten mit unseren eigenen Federn gemacht. Danach kamen die Betten der Enkel an die Reihe. Vor zwei Jahren aber haben wir unsere letzten Gänse geschlachtet. Als Braten waren sie auch nicht zu verachten, und natürlich war Rosemarie auch darauf immer neidisch gewesen.

Obwohl ich für die LPG nur halbe Tage arbeitete, war mein Arbeitstag sehr lang und anstrengend. Denn bevor ich dort begann, musste ich noch auf Reschens Felder, die lagen in Esperstedt, also hatte ich allein eine halbe Stunde Hinweg und eine halbe Stunde Rückweg. Um elf Uhr bin ich meist erst von Omas Land gekommen und wollte schnell essen. Aber meist hatte sie das Essen noch nicht fertig. Dann machte ich mir ein Marmeladenbrot und biss davon ab, während ich Arbeiten erledigte, die Oma für mich aufgespart hatte. Meist hieß es: »Mach das noch schnell, ich bin nicht dazugekommen«, oder »Das musst du machen, das kann ich nicht.«

Dann war es schon wieder Zeit, das Haus zu verlassen, denn mittags, pünktlich um ein Uhr, mussten wir Frauen am Rathaus sein. Meist waren es zehn bis fünfzehn Frauen, die zu unserer Gruppe gehörten. Anfangs bestand unsere Genossenschaft nur aus unseren Dorfbewohnern, sodass jeder jeden kannte. Wir wurden auf einen Hänger geladen, der von einem Traktor gezogen wurde, auf dem natürlich ein Mann saß. Der brachte uns zu dem jeweiligen Feld, wo wir unseren Einsatz hatten.

Die Männer hatten es wesentlich besser als wir und wurden auch noch besser bezahlt. Sie konnten hoch oben, schön bequem auf ihrem Trecker thronend, mit Maschinen ihre Arbeit erledigen. Dazu gehörten Mist ausfahren, Rüben säen, Getreide ernten, Heu machen. Für uns Frauen blieben nur die »niederen« Dienste übrig, solche, die von Hand zu erledigen waren. Mit der Gabel mussten wir den Mist auf dem Feld verteilen, wir mussten Möhren ausrupfen und auf den Knien rutschend Rüben verziehen. Wer dazu eine Trainingshose hatte, konnte sich glücklich schätzen. Ich aber trug nicht gerne Hosen, weil ich so klein war. Ich rutschte also auf den nackten Knien. Aber da gewöhnte man sich dran. Diese Arbeiten machten wir immer zu zweit. Wenn du aber mit einer zusammen warst, die gar nicht gearbeitet hat, blieb alles an dir hängen. Die anderen hatten das schon längst spitzgekriegt. Deshalb wollte mit der Trude bald keine mehr arbeiten. Sie stellte sich immer hin, erzählte viel und ließ die anderen die Arbeit machen.

Ganz schlimm war es, wenn die Kartoffelernte anstand. In den ersten Jahren mussten einige von uns Frauen vorangehen und sie aus der Erde hacken. Die anderen folgten in gebückter Haltung und lasen sie auf. Es wurde immer wieder mal abgewechselt, aber beides war gleichermaßen anstrengend. Am Abend hast du immer gemeint, das Kreuz bricht dir ab. Nach einigen Jahren hatte man dann einen Kartoffelroder. Der wurde – wie könnte es anders sein – von einem Mann bedient. Nun mussten wir Frauen brav hinter dem Roder herlaufen und die Kartoffeln auflesen. Aber nicht so, wie sie der Reihe nach kamen, sondern sie mussten gleich sortiert werden. Jeweils drei Frauen arbeiteten hinter einem Roder. Jede hatte einen Korb. Die eine sammelte die dicken Kartoffeln, die zweite Frau sammelte die kleinen und die dritte Frau sammelte die mittleren, die im nächsten Jahr als Saatkartoffeln verwendet wurden. Außer dem Mann, der den Trecker mit dem Kartoffelroder lenkte, gab es noch ein weiteres männliches Wesen auf dem Kartoffelacker. Dessen Aufgabe war es, uns die vollen Körbe abzunehmen und auf den am Feldrand stehenden Wagen zu entleeren.

Einmal – das war 1957 –, als ich im September ziemlich kaputt vom Kartoffelsammeln heimkam, saß Oma Reschen mit ihrer Tochter in meiner Küche. »Stell dir vor!«, jammerte Reschen, »Lenchen will in den Westen machen.«

»Ja, Lenchen, wieso denn das?«, wollte ich wissen. »Inzwischen ist doch längst Gras über die Geschichte gewachsen, und ernähren kannst du euch auch. Du hast doch einen guten Beruf.«

»Gerade der Beruf ist es, der mir den Aufenthalt hier verleidet«, seufzte Lenchen.

»Das verstehe ich nicht. Wieso denn das? Im Kindergarten hast du es doch nur mit kleinen unschuldigen Kindern zu tun.«

»Ja, und denen soll ich erzählen, dass Stalin ein guter Mann war und noch so manches mehr, das ich nicht fertigbringe – nicht nach dem, was die Russen meinem Mann und mir angetan haben!«

So betrachtet, konnte ich sie nun verstehen. »Und was hast du jetzt genau vor?«, erkundigte ich mich.

»Mein Mann hat noch eine Tante im Westen, in Mühlheim an der Donau, der habe ich vor längerer Zeit geschrieben. Sie hat mir geantwortet, ich solle doch mit meinen Kindern zu ihr kommen. Sie werde mir eine Wohnung und Arbeit besorgen. Inzwischen hat sie das gemacht. Und jetzt hält mich nichts mehr hier.«

Meine Schwägerin Lenchen ist einige Tage später ausgereist, mit Möbeln und allem, was sie sich inzwischen wieder angeschafft hatte. Zu jener Zeit war das noch möglich. Sie schrieb uns aus dem Westen, dass sie eine nette Wohnung habe, aber im Kindergarten nicht arbeiten dürfe. Dafür habe sie aber eine gute Stelle in einer Schuhfabrik gefunden, und ihr Sohn Toni – der seine Schulzeit schon hinter sich hatte – sei dort auch gleich untergekommen. Sie verdienten gut, und sie seien zufrieden.

In der LPG hatte jeder sein Soll zu erbringen, das heißt, wir mussten jedes Jahr gegen einen geringen Preis ein Schwein abliefern. Außer dem Schwein, das man für sich selbst schlachtete, durfte man noch ein zusätzliches füttern. Wenn man dieses Schwein verkaufte, bekam man dreihundertfünfzig Mark dafür. Das war viel Geld für uns.

In dem Zusammenhang fällt mir eine andere Geschichte ein: An einem Sonnabend-Vormittag hatten wir gerade ein Schwein geschlachtet, und mein Mann und ich waren dabei, es in der Küche zu verwursten. Mein Vater saß währenddessen auf seinem Lieblingsplatz, nämlich am Fenster, weil er von da aus beobachten konnte, was sich auf der Straße tat. Auf einmal sagte er: »Da stehen zwei Männer auf der Brücke. Die wissen wahrscheinlich nicht, wohin sie wollen.«

Ich machte einen langen Hals und blickte in die angegebene Richtung. Und wen erkannte ich da? Niemand anderen als den Bange Rudl, meinen verflossenen Freund, der die Ziegler Martl geheiratet hatte. Beim Näherkommen hatte er auch meinen Vater erkannt und zu seinem Begleiter gesagt: »Hier sind wir richtig. Am Fenster sitzt der Herr Hauser, der Vater von Martl Friedrich.«

Es war für mich eine große Freude ihn wiederzusehen. »Ja, wie kommst du denn hierher?«, wollte ich wissen.

Es stellte sich heraus, dass er auf dem Kyffhäuser zur Kur weilte und sich mit einem anderen Kurgast auf den Weg gemacht hatte, um mich ausfindig zu machen. Auf dem Kyffhäuser befindet sich nämlich eine bedeutende Kuranstalt. Ich schälte gleich ein paar Kartoffeln mehr und lud die beiden zum Mittagessen ein. Fleisch war ja zufällig gerade genug im Haus.

Es gab viel zu erzählen, und er lud uns herzlich ein, ihn mal zu besuchen. Von da an bin ich jedes Jahr mit meinem Mann und den Kindern nach Boizenburg gefahren, um ihn und Martl zu besuchen. Sie hatten zwar nur zwei Zimmer mit Küche, aber wir kamen alle unter. Für uns war das eine schöne Abwechslung, es war der einzige Urlaub, den wir uns jedes Jahr leisten konnten, und es war schön für mich, mit Martl über früher zu reden, über unsere Schulzeit und die alte Heimat. Auf diese Weise konnten wir nach so langer Zeit wieder an unsere Jugendfreundschaft anknüpfen.

Die anstrengende Arbeit hinterließ ihre Spuren, das galt für mich wie für meinen Mann. Mich erwischte es im September 1960 bei der Möhrenernte. Wir Frauen hatten die Aufgabe, die Möhren aus der Erde zu rupfen, die zu klein geratenen auszusortieren und die andern in Bündeln zusammenzulegen. Neben mir war diesmal nicht die Arbeitsscheue, sondern zum Glück eine andere, die Erna. Als wir uns mal kurz aufrichteten, um unseren Rücken geradezubiegen, rief sie erschrocken aus: »Martl, bei dir läuft ja Blut an den Beinen herunter.«

»Ach«, sagte ich, »das passt mir jetzt aber gar nicht, dass ich mitten auf dem Acker meine Tage kriege. Ich hab nämlich keine Binden dabei.«

Erna schüttelte den Kopf. »Martl, da stimmt was nicht. Da kommt so viel Blut. Ich ruf den Doktor.«

Schon lief sie davon. Ich schaute an mir herunter und sah, dass sich zu meinen Füßen eine kleine Blutlache bildete – und auf einmal war ich weg. Ob ich nun vor Schreck bei diesem Anblick ohnmächtig geworden bin oder durch den hohen Blutverlust, weiß ich nicht. Mein Glück war jedenfalls, dass dadurch, dass die Erna so plötzlich losgelaufen war, auch die anderen Frauen auf mich aufmerksam geworden waren. Sie hatten zu mir herübergeschaut und gesehen, wie ich umkippte. Einige liefen gleich herzu, trugen mich zum Feldrand und betteten mich auf Kartoffelsäcke.

Als ich meine Augen wieder aufschlug, sah ich über mir unseren Hausarzt. »Gott sei Dank, sie ist wieder da«, hörte ich ihn erleichtert sagen. Dann teilte er mir mit, dass er mir eine Spritze gegeben habe, um meinen Kreislauf zu stabilisieren.

»Was ist denn mit mir los?«, fragte ich.

»Du hättest ein Kind gekriegt«, antwortete er.

»Ach, davon habe ich gar nichts gewusst.«

»Du musst im zweiten Monat gewesen sein. Leider ist es abgegangen, deshalb ist eine Ausschabung notwendig.«

Er legte eine Unterlage auf den Beifahrersitz und half mir beim Einsteigen. Dann kutschierte er mich persönlich zum Krankenhaus. Dort wurde eine Kürettage, wie sie die Ausschabung vornehm nannten, vorgenommen. Am nächsten Tag konnte ich schon wieder nach Hause, war aber noch vierzehn Tage krankgeschrieben. In dieser Zeit kam ich allerdings nicht dazu, mich zu schonen. Zu Hause hatte sich so viel Arbeit aufgestaut, dass ich froh war, sie in dieser Zeit erledigen zu können. Nach zwei Wochen stand ich dann wieder auf dem Acker.

Ich weiß noch, wie ich einige Tage, nachdem ich meine Arbeit wieder aufgenommen hatte, vom Feld heimgekommen bin. Ich schleppte einen vollen Buckelkorb. Uns Frauen war es nämlich erlaubt, von den Feldabfällen etwas mitzunehmen, z. B. die zu klein geratenen Möhren, oder die kleinen Rüben, die beim Vereinzeln anfielen, oder Rübenblätter, wenn die Pflanzen eine gewisse Größe erreicht hatten. Davon machten wir gerne Gebrauch und sammelten in der Pause unsere Buckelkörbe voll, denn die meisten von uns hatten Kleinvieh zu Hause, das sich gerne darüber hermachte.

Den vollen Korb stellte ich hinter der Stalltür ab, danach ging ich nach oben und fand drinnen den Arzt vor, der gerade meinen Mann abhorchte. Wie ich später erfuhr, hatte Reschen den Doktor bestellt, weil der Karl vorzeitig nach Hause gekommen war und über Herzprobleme geklagt hatte.

»Karl, du müsstest so ein Herz haben wie deine Mutter. Dein Herz taugt gar nichts«, sagte der Arzt, als ich gerade hereinkam. Dann schaute er noch, ob

Karl dicke Beine habe, um festzustellen, ob sich bereits Wasser eingelagert habe. Da war aber nichts.

»So, Karl«, sagte er. »Ich schreibe dir jetzt ein paar Tabletten auf, die nimmst du dann so ein, wie es auf dem Beipackzettel steht.«

In dem Moment, wo er sich umwandte, um zu gehen, erblickte er mich.

»Martl, gut, dass ich dich treffe«, sagte er. »Was macht deine Hand?«

Einige Zeit vorher hatte ich mir nämlich beim Öffnen eines Glases den kleinen Finger verletzt. Das hatte ich nicht weiter beachtet und war vor allem nicht damit zum Arzt gegangen, selbst dann nicht, als der Finger anfing, sich zu krümmen. Dieser kleine Fehler behinderte mich bei der Arbeit nicht, und so kümmerte ich mich nicht darum. Der Doktor hatte den gekrümmten Finger jedoch gesehen, als er mich wegen der Fehlgeburt untersuchte.

Nichts Böses ahnend streckte ich ihm die Hand hin. Er packte danach. Im selben Moment durchfuhr mich ein Schmerz, wie ich ihn im Leben noch nicht verspürt hatte, sodass ich laut aufschrie. Was bekam ich für einen Zorn auf den Doktor! Am liebsten hätte ich ihm mit der freien Hand in die Gusche, also auf den Mund, gehauen.

»Tut mir leid, Martl«, entschuldigte er sich. »Wenn ich dir den kleinen Finger jetzt nicht gerade gebogen hätte, dann hättest du bald vier krumme Finger gehabt.«

Dieser krumme Finger hatte mir aber wesentlich weniger Kummer bereitet als die Tatsache, dass ich ein Kind verloren hatte. Immer wieder überkam mich eine große Traurigkeit. Deshalb vertraute ich mich eines Tages meiner Freundin Alma an. Sie war eine sehr nette Person, zwei Jahre älter als ich und wohnte nur einige Häuser von uns entfernt. Wir hatten uns schon sehr bald angefreundet, nachdem ich in Udersleben Einzug gehalten hatte. Sie gab sich alle Mühe, mich psychisch wieder aufzurichten: »Martl, das ist ganz verständlich. Schau, dein Körper hat sich hormonmäßig auf dieses Kind eingestellt. Das dauert nun eine Weile, bis er sich wieder umgestellt hat. Danach geht es dir bestimmt wieder besser.«

Das wollte ich ihr ja glauben, aber es nützte nichts. Die Traurigkeit blieb. Auch nach Wochen war sie noch da, ja sogar nach Monaten. Da kam mir eine Idee. Am Abend kuschelte ich mich ganz dicht an meinen Mann ran und sagte: »Ich möchte gerne noch ein Kind.«

Das kam für ihn völlig überraschend.

»Ja, wieso das?«, wollte er wissen.

»Ich glaube, wenn ich ein neues Kind kriege, dann komme ich über den Verlust des anderen hinweg«, erklärte ich ihm.

»Ob das wirklich hilft?«, zweifelte er. »Schau mal, das Schicksal wollte nicht, dass du dieses Kind kriegst, weil es dich davor bewahren wollte, dass du dich übernimmst.«

»Das war nicht das Schicksal, das lag daran, dass ich mich beim Möhrenzupfen überanstrengt habe«, widersprach ich.

»Nenne es wie du willst, du wirst dich ja wieder wegen irgendetwas überanstrengen müssen«, wandte er ein. »Ich meine, es ist für dich besser, wenn du kein

Kind mehr bekommst. In der LPG bist du doch ganz schön eingespannt und dazu noch auf dem Land von meiner Mutter. Außerdem hast du mit unseren zwei Kindern auch genug zu tun.«

»Das ist halb so wild, seit Wolfgang in die Schule geht und Brigitte in den Kindergarten.«

Doch Karl war noch nicht fertig mit seinen Bedenken: »Das ist gut und schön, aber was machst du mit einem Säugling, wenn du ins Feld musst?«

»Erst hab ich ja mal acht Wochen Mutterschaftsurlaub. Und für die Zeit danach gibt es doch neuerdings die Kinderkrippe.«

Eine Weile war er still. Er schien ernsthaft nachzudenken. »Also, an mir soll es nicht liegen«, brach er endlich das Schweigen. »Aber du weißt, dass ich Probleme mit dem Herzen habe. Du bist nachher vielleicht diejenige, die allein dasteht mit drei Kindern und sie ernähren muss.«

»Aber Karl, sieh doch nicht so schwarz!«, protestierte ich. »Mit deinem Herzen, das ist doch halb so schlimm. Damit kannst du hundert werden. Bis dahin sind deine Kinder fast im Rentenalter.«

Davon war ich nämlich fest überzeugt. Da Karl kein Wasser in den Beinen hatte, konnte es meiner Meinung nach nicht so schlimm sein mit seinem Herzen.

So schnell, wie ich das erhofft hatte, tat sich in Sachen Schwangerschaft bei mir aber nichts. Nach einigen Monaten endlich dachte ich, der Erfolg habe sich eingestellt. Vier Tage später kam wieder die Ernüchterung. Und meine biologische Uhr tickte. Wenn schon ein drittes Kind, dann sollte es aber vor meinem vierzigsten Geburtstag kommen. Danach, dachte ich, bist du zu alt, um noch ein Kind aufzuziehen.

Und wie der Himmel es wollte, auf einmal sah ich tatsächlich Mutterfreuden entgegen. Dem Karl wagte ich aber erst etwas zu sagen, nachdem es mir der Arzt und die Hebamme bestätigt hatten. Bei der Hebamme war ich im fünften Monat gewesen. Nachdem sie mir den Geburtstermin errechnet hatte, warnte sie mich: »Also, Frau Friedrich, so wie beim letzten Mal machen wir das aber nicht. Sobald es losgeht, gehen Sie ins Krankenhaus. Das ist für Sie besser, das ist für das Kind besser und auch für mich.«

»Das habe ich meinem Karl bereits vor sieben Jahren versprochen«, antwortete ich lachend. »Er hat nämlich keine Lust, noch mal eine Nacht auf dem Sofa zu verbringen.«

An einem wunderschönen Septembertag, die Alma war gerade bei mir zum Kaffeetrinken, deutete sie aufgeregt auf meine Beine: »Du musst sofort ins Krankenhaus, bei dir läuft das Wasser weg.«

Noch bevor ich also die erste Wehe gehabt hatte, rief Alma die Klinik an und bestellte einen Krankenwagen. Der kam auch umgehend, und das war auch gut so. Ich lag nämlich noch nicht richtig auf dem Kreißbett, da kam mein Kind schon. Darüber wunderte ich mich aber gar nicht, denn ich hatte bis zuletzt, also noch am selben Morgen, auf Omas Feldern gearbeitet. Mein Kind kam am 24. September 1962 auf die Welt, also genau achtzehn Tage vor meinem vierzigsten Geburtstag. Was wollte ich mehr?

Diesmal fragte ich meinen Mann erst gar nicht, welchen Namen er für das Kind haben wolle. Gleich nach der Entbindung sagte ich zur Hebamme: »Schreiben Sie Juliane hin.«

Diesen Namen wählte ich zum Andenken an meine verstorbene Mutter. Es hatte mir nämlich immer leidgetan, dass ich bei meiner ersten Tochter nicht schon auf diese Idee gekommen war. Taufpatin wurde natürlich Alma.

Unsere Wohnsituation hatte sich verändert, seit ich damals in das Elternhaus meines Mannes eingezogen war. Zuerst hatten uns zwei Zimmer, eine Küche und eine Speisekammer zur Verfügung gestanden. In letztere haben wir später ein Bad einbauen lassen. Das schien uns damals auch ausreichend; unser erstes Kind hatte mit bei uns in der Kammer geschlafen. Als aber mein Vater ein zweites Mal bei uns eingezogen war und wir das Gefühl hatten, dass er nun bis zu seinem Lebensende bleiben würde, musste für ihn eine Dauerlösung gefunden werden, denn das Sofa in der Wohnstube war ja nur ein Notbehelf. Oma Reschen erlaubte ihm, sich mal auf dem Dachboden umzusehen. Er suchte sich eine Ecke aus und teilte sie mit einer Bretterwand ab. Dahinter richtete er sich häuslich ein, indem er ein Bett aufstellte und einige Haken in die Wand schraubte, an denen er seine Kleidung aufhängte. Für seine alten Koffer, die er wie Heiligtümer hütete, gab es auf dem Fußboden genügend Platz. Wenn er spazieren ging, fand er immer etwas auf der Straße. Das alles wanderte in seine Koffer.

Als sich unser zweites Kind angesagt hatte, schlug Reschen vor: »Baut doch auf dem Dachboden eine Kammer aus.«

Das taten wir auch. Jetzt hatte Wolfgang ein schönes Zimmer, in das auch Opa Einzug hielt. Das Kinderbett in unserem Zimmer war nun frei für Klein-Brigitte. Ehe das dritte Kind kam, baute mein Mann auch die zweite Dachkammer aus. Da hinein legten wir nun Brigitte, und das neue Baby kam wieder zu uns in die Kammer.

In der Wohnung unter uns war es mittlerweile auch eng geworden, denn von den drei Zimmern im Erdgeschoss bewohnte ja Oma eines. Als bei Werners Familie 1960 das zweite Kind angekommen war, hatte er schon die Finger nach dem Dachboden ausstrecken wollen. Oma aber, die immer noch Herr im Haus war, hatte ihn abgewimmelt: »Wenn ihr Platz braucht, baut doch nach dem Hof zu an.« Diese Mühe oder Ausgabe scheuten sie jedoch. Also erklärte meine Schwiegermutter sich bereit, Wilhelm, Jahrgang 1954, zu sich ins Zimmer zu nehmen. So war im Elternzimmer wieder Platz für Klein-Erika, geboren 1960.

Als meine Juliane acht Wochen alt war, musste ich meine Arbeit in der LPG wieder aufnehmen. Nun kam Opa Gustav zum Zuge. Er brachte das Kind jeden Morgen in die Kinderkrippe und holte es um drei Uhr am Nachmittag wieder ab. Bei schönem Wetter fuhr er sie auch noch ein bis zwei Stunden spazieren. Er war ganz vernarrt in meine beiden Mädchen und sie in ihn.

Und der Karl, der vorher die größten Bedenken wegen eines dritten Kindes geäußert hatte, war nachher überglücklich, dass wir Julchen hatten. Ja, alles hatte sich wunderbar eingependelt, alles lief. Jeder hatte sein Pensum Arbeit, das nicht zu knapp war. Dennoch waren wir eine glückliche kleine Familie, und von mir aus hätte alles so weiterlaufen können ...

Der Unfall

Sowohl Runkel- als auch Zuckerrüben werden je nach Witterung Ende März, Anfang April in Reihen ausgesät. Bis Ende Mai oder Mitte Juni haben die Pflänzchen eine gewisse Dicke und Größe erreicht, dass sie vereinzelt werden müssen, damit die verbleibenden Rüben genug Platz haben, um schön dick zu werden. In den ersten Jahren meiner LPG-Zugehörigkeit war das Vereinzeln reine Frauensache, die wir auf Knien rutschend von Hand machten. Das war eine sehr mühsame und zeitraubende Arbeit. Einige Jahre später aber hatte man eine einfachere und zeitsparendere Methode erfunden. Dazu benötigte man jedoch drei Männer. Einer saß vorne auf dem Trecker, der langsam über die Rübenreihen hinwegfuhr. Der zweite Mann saß hinten auf einem sehr niedrig angebrachten Sitz, mit dem Gesicht nach rückwärts gewandt, der rupfte im Fahren die überschüssigen Rüben aus. Damit er bei dieser Arbeit nicht runterfallen konnte, hatte er quer vor sich eine Eisenstange, die als Sicherheitsbügel diente. Der dritte Mann folgte zu Fuß, kontrollierte, ob die beiden anderen alles richtig machten, und leerte von Zeit zu Zeit den Eimer aus, der links vom zweiten Mann am Traktor hing und in den dieser während der Fahrt auch noch die Steine warf, die er vom Acker sammelte. Der dritte Mann kippte die Steine in ein großes Loch am Feldrand, das vor einiger Zeit durch einen Erdrutsch entstanden war.

An einem schönen Junitag 1964 wurden auf einem riesigen Feld die Zuckerrüben vereinzelt. Mein Mann arbeitete mit zwei seiner Cousins zusammen. Von einem der beiden lag die Frau zu Hause krank danieder – warum das wichtig ist, erzähle ich gleich noch. Karl war jedenfalls derjenige, der hinten auf dem Traktor saß. Plötzlich schrie er: »Erich, halt mal an. Ich muss runtersteigen, da liegt ein dicker Stein.« Er klappte die Eisenstange seitlich weg, hob den dicken Stein mit beiden Händen und legte ihn in den Eimer. Da er beim Aufheben des Steines gesehen hatte, dass direkt unter dem Fahrzeug weitere dicke Steine lagen, begann er, diese gleich wegzusammeln, sonst hätte er ja im nächsten Moment schon wieder absteigen müssen.

So lag er noch halb unter dem Traktor, als Cousin Erich schon wieder anfuhr. Das wäre nicht weiter schlimm gewesen, denn die Räder stehen ja weit genug auseinander. Aber durch den Ruck beim Anfahren fiel die Eisenstange herunter, direkt auf Karls Rücken. Cousin Anton, der zu Fuß hinterherging, schrie dem Fahrer zu: »Halt! Halt! Es ist was passiert!«

Gemeinsam hoben die beiden Cousins die Stange von Karls Rücken weg. Statt aber den Karl auf den Trecker zu heben und ihn zum nächsten Arzt zu bringen, ließen sie ihn eine Dreiviertelstunde im Dreck liegen. Während sie in aller Seelenruhe ihre Zigaretten rauchten, warteten sie ab, ob er von selbst aufstehen würde, und schließlich tat er das wirklich. Da es sowieso schon auf den Feierabend zuging und Karl starke Schmerzen hatte, beendeten sie ihr Tagewerk.

Erich und Anton brachten den Trecker weg, und Karl quälte sich zu Fuß nach Hause. Mir erzählte er jedoch von dem Vorfall kein Sterbenswörtchen, und zunächst auch sonst niemandem. Erst als seine Schmerzen zunahmen, vertraute er sich seiner Mutter an: »Heute hätte ich tot sein können.«

»Ja, mein Gott, was ist denn passiert?«, fragte Reschen erschrocken. Da erzählte er ihr, was sich am Nachmittag zugetragen hatte. Seine Mutter hat sich aber weiter erst nichts dabei gedacht.

Am nächsten Tag ging Karl wie gewohnt zur Arbeit, und ich besuchte am Nachmittag nichtsahnend die kranke Frau von Cousin Anton. Die empfing mich mit den Worten: »Ja, Martl, dein Mann hätte gestern tot sein können.«

»Wie das?«, fragte ich erstaunt.

Die Frau beschrieb mir dann genau, was passiert war, so, wie sie es von ihrem Mann erfahren hatte.

Auf meinem Nachhauseweg war ich aber dennoch nicht ernsthaft beunruhigt. Denn wenn mein Mann wirklich eine bedrohliche Verletzung davongetragen hätte, dachte ich, dann hätte ich ihm das doch angemerkt oder er hätte mir was gesagt. Als ich aber unsere Küche betrat – es war gegen fünf Uhr am Nachmittag – lag mein Mann bereits auf dem Küchensofa. Normalerweise kam er immer erst kurz nach sechs heim.

»Karl, was ist los?«, wollte ich wissen, und nun machte ich mir plötzlich doch Sorgen.

»Ich durfte früher heimgehen, weil ich so furchtbare Schmerzen im Rücken habe.«

»Ja, Karl, warum hast du gestern nichts gesagt? Du hättest doch gleich zum Arzt gehen müssen.«

So schnell ich konnte, lief ich zur Telefonzelle und schilderte dem Doktor kurz, was geschehen war. Darauf meinte der: »Da kann ich nichts machen. Er muss ins Krankenhaus. Ich bestelle gleich einen Krankenwagen.« Der kam auch sehr bald und brachte Karl nach Bad Frankenhausen. Auf welche Weise sie ihn dort untersucht haben, weiß ich nicht. Man stellte jedenfalls eine Nierenquetschung fest und schickte ihn nach einigen Wochen wieder nach Hause. Arbeitsfähig war er allerdings noch nicht.

Einige Wochen später sah der Karl, zu meiner Freude, wieder richtig gut aus. Er hatte sichtlich zugenommen und hatte schöne rote Backen. Was ich erst später erfuhr: Das war kein gutes Zeichen, sondern ein ausgesprochen schlechtes. Er hatte nämlich einen Wasserbauch gekriegt.

Inzwischen hatten wir uns schon wieder eine Kuh angeschafft. Gegen fünf ging ich hinunter, um sie zu melken. Als ich vom Melken wieder hochkam, lag mein Mann zur Seite gekippt auf dem Sofa und war nicht ansprechbar. Schnell rannte ich in die untere Wohnung und rief: »Werner, komm schnell hoch und hilf mir! Der Karl muss wieder ins Krankenhaus.« Aber war es zu glauben? Werner weigerte sich da wahrhaftig, mit mir hochzugehen.

In dem Moment erschien zum Glück Alma, meine Freundin, an der Haustür. »Du solltest dich schämen!«, kanzelte sie den Werner ab, »dass du noch nicht mal deinem Bruder hilfst, wenn der in Krankenhaus muss.« Sie rannte zur Telefonzelle und bestellte den Krankenwagen. Bis der eingetroffen war, hatten wir zwei Frauen den nicht gehfähigen Patienten schon irgendwie die Treppe hinuntergeschleift. Dann wurde er gleich nach Artern in die Klinik gebracht. Dort erfuhr ich, dass Karl einen Schlaganfall erlitten hatte.

»Mit neunundvierzig?«, fragte ich ungläubig.

Für meine Begriffe war ein Schlaganfall etwas, das nur alte Leute bekamen. Man erklärte mir, dass dieser Schlaganfall vermutlich eine Folge der Nierenquetschung sei.

Einige Wochen behielten sie ihn wieder in der Klinik. Dann war er abermals für einige Wochen zu Hause krankgeschrieben. Ende September ging er endlich wieder zur Arbeit, obwohl er sich nicht wirklich wohl fühlte.

Anfang Oktober machten wir unsere eigenen Kartoffeln aus, der Karl, seine Mutter und ich. Gleich neben dem Haus hatten wir nämlich einen kleinen Kartoffelacker. Nach viel Streiterei hatten wir es endlich durchgesetzt, dass Werner uns einen kleinen Teil der Gärtnerei überließ. Mitten in der Arbeit stöhnte Karl: »Martl, ich kann nicht mehr. Mir geht es gar nicht gut.«

Da sagte seine Mutter: »Dann tu wenigstens die Säcke zubinden, das spart uns auch schon Zeit.«

Während er noch dabei war, den ersten Sack zuzubinden, sackte er daneben zusammen. Ich stürmte zur Telefonzelle, bestellte schon wieder den Sanka, und mit Tatütata brachten sie ihn nach Bad Frankenhausen. Dort behielten sie ihn Woche um Woche. Immer wieder fragten die Kinder: »Wann kommt denn der Papa wieder?« Er war nämlich ein sehr lieber Vater, an dem alle gleichermaßen hingen. Sie vermissten ihn vielleicht noch mehr als ich, denn ich war so mit Arbeit eingedeckt, dass mir gar nicht viel Zeit blieb, an ihn zu denken. Ich konnte es mir auch nur ein- oder zweimal in der Woche erlauben, ihn zu besuchen. Dann nahm ich für eine Strecke den Bus, die andere legte ich zu Fuß zurück, sonst hätte ich zu lange Wartezeiten gehabt. Als der Papa im Dezember noch immer in der Klinik lag, bettelten die Kinder: »Wir wollen auch mit. Wir wollen auch den Papa besuchen.«

Deshalb steckte ich eines Tage die Juliane in den Sportwagen und schob ihn nach Bad Frankenhausen, während die beiden »Großen« munter neben mir hertippelten. Normalerweise durften keine Kinder in diese Abteilung, bei uns machten sie aber eine Ausnahme. Die Kinder freuten sich, ihren Papa endlich wiederzusehen. Der Karl aber freute sich noch mehr, als er nach vielen Wochen seine Kinder endlich wiedersah. Das kleine Julchen setzten wir ihm aufs Bett, und sie war ganz brav, so als ob sie schon begreife, dass der Papa schwer krank sei.

Auch Weihnachten mussten wir ohne unseren Papa feiern. Oma Reschen und Opa Gustav gaben sich alle Mühe, die Kinder die Lücke nicht allzu sehr spüren zu lassen.

Anfang Januar schob ich den Kinderwagen abermals zum Krankenhaus, während Brigitte und Wolfgang tapfer hinterhermarschierten. Wieder war die Freude auf beiden Seiten unbeschreiblich groß. Im Februar wiederholten wir die Wanderung nach Bad Frankenhausen. Aber selbst Anfang März war immer noch keine Rede davon, wann mein Mann endlich entlassen werden könne. Ende des Monats, als ich ihn in Bad Frankenhausen besuchte, hieß es dann, er werde nach Artern an der Unstrut verlegt.

Das war nun zu weit weg, als dass ich mit den Kindern diesen Weg hätte zu Fuß zurücklegen können. In der ersten Aprilwoche fuhr ich mit dem Bus nach Artern und versprach meinem Mann, dass ich ihn am Karfreitag das nächste Mal besuchen werde, also am 16. April. Am 15. April aber, am Gründonnerstag, stand plötzlich der evangelische Pfarrer in der Küchentür. Man habe bei ihm vom Krankenhaus angerufen, ich solle sofort kommen, mein Mann werde den Tag nicht überleben.

Ich fiel aus allen Wolken. »Wie komme ich jetzt so schnell hin?«, war das einzige, was mir einfiel.

»Ich bringe Sie hin«, bot der Pfarrer an. »Mein Motorrad hat einen Beiwagen.«

Ich ließ alles liegen und stehen und bat Oma Reschen, für mich einzuspringen. Da ich gerade beim Kochen gewesen war, hatte ich die Haushaltskleidung an und musste mich noch umziehen, und meine Kleine, mittlerweile zweieinhalb, wollte unbedingt mit. Sie begriff nicht, warum das nicht möglich war, schrie aus Leibeskräften und klammerte sich an mir fest. Ich musste mich regelrecht losreißen. Der Pfarrer, eine Seele von Mensch, wartete geduldig, bis ich startklar war.

Als ich in der Klinik ankam, erschrak ich beim Anblick meines Mannes. Er hatte einen Schlauch am linken Arm und einen in der Nase. Sein Gesicht war aufgedunsen und leichenblass. Er dagegen rief bei meinem Anblick erfreut aus: »Ja, Martl, wie schön, dass du heute schon kommst! Du wolltest doch erst morgen kommen.«

Wie sollte ich ihm meinen überraschenden Besuch nur erklären? Aber da fiel mir zum Glück etwas ein:

»Ja, Karl, du musst mir was unterschreiben, das heute noch auf die Post muss. Das brauche ich dringend, damit ich Krankengeld kriege.«

Ein solches Formular hatte ich tatsächlich dabei, aber damit hätte es keine Eile gehabt. Ich legte es ihm vor, und er unterschrieb es noch einwandfrei.

»Das werde ich jetzt zum Briefkasten bringen«, erklärte ich, »dann komme ich wieder.«

Die Schwester, welche die kleine Szene mitbekommen hatte, flüsterte mir auf dem Gang zu: »Ein Glück, dass Ihnen das so schnell eingefallen ist. Wir wollen ihn ja nicht beunruhigen.«

Zu der Zeit lag Karl in einem Raum mit zwei anderen Männern. Deshalb fügte die Schwester hinzu: »Frau Friedrich, bleiben Sie über Nacht hier. Es kann jeden Moment so weit sein. Ich geben Ihnen gemeinsam ein Zweibettzimmer.«

Ob der Karl geahnt hat, dass er bald sterben würde, weiß ich nicht. Aber ehe er sich darüber wundern konnte, dass man ihn in ein anderes Zimmer schob, erklärte ihm die Schwester: »Ihre Frau bleibt über Nacht bei Ihnen. Dann haben Sie gleich morgen Früh wieder Besuch und ihr erspart es die Hin- und Rückfahrt. Außerdem kann sie nach Ihnen schauen, das erleichtert uns die Nachtpflege.«

»Ja, aber die Kinder?«, gab er zu bedenken.

»Mach dir um die keine Gedanken. Die sind bei deiner Mutter bestens aufgehoben«, beruhigte ich ihn. Da lächelte er zufrieden und griff nach meiner Hand.

Nachdem der Arzt noch mal nach ihm geguckt und die Schwester alles Notwendige erledigt hatte, legte ich mich gegen neun Uhr todmüde in das andere Bett.

Aber an Einschlafen war lange nicht zu denken. Den Patienten hatte man fast sitzend gebettet, damit er besser Luft bekam. Ständig horchte ich, ob sich in seinem Befinden etwas änderte, und saß bei jedem Muckser im Bett aufrecht. Wenn man mich schon freundlicherweise an seiner Seite übernachten ließ, wollte ich keinesfalls seine Sterbestunde versäumen. Irgendwann übermannte mich die Müdigkeit dann doch, und ich schlief fest und traumlos.

Am nächsten Morgen warf ich sofort einen Blick hinüber zu Karls Bett. Gott sei Dank! Er atmete noch. Und er war glücklich, mich zu sehen. Er begann zu reden, und dann erzählte er und erzählte. Ich glaube, so viel hatte er in seinem ganzen Leben noch nicht an einem Stück gesprochen. Es war, als wolle er alles, was er bisher zu reden versäumt hatte, nachholen. Er sprach über seine Kindheit, über seine Zeit als Soldat in Frankreich. Im März 1945 habe er zum letzten Mal Heimaturlaub gehabt, und als er wieder zur Front zurückkehren wollte, habe seine Mutter gesagt: »Was willst du jetzt noch dort? Es geht doch schon alles drunter und drüber. Nur noch ein paar Tage, dann ist der Krieg aus.«

Sie hatte recht gehabt mit ihrer Prognose. Wenig später waren schon die Amerikaner einmarschiert.

»Sag, Martl, bin ich ein Deserteur?«, wollte er nun von mir wissen.

»Nein, Karl, du bist kein Deserteur. Diejenigen, die den Krieg angezettelt haben, sind alles Verbrecher, aber du hast vernünftig gehandelt, dass du auf deine Mutter gehört hast.«

Dankbar drückte er mir die Hand. Er sprach dann weiter über seinen Vater und über seine Lehre als

Gärtner, bis er schließlich vor Erschöpfung einschlief. Diese Pause nutzte ich, um hinauszuschleichen und vom Kliniktelefon aus bei unserem Pfarrer anzurufen. Ich bat ihn, er möge meiner Schwiegermutter ausrichten, dass ich weiterhin bei Karl bleiben müsse.

Auch am Nachmittag erzählte Karl wieder viel, und ich verbrachte eine weitere Nacht bei ihm. So ähnlich verlief auch der Karsamstag. Immer noch war er völlig klar im Kopf. Die Nacht von Samstag auf den Ostersonntag war eine sehr unruhige für mich. Immer wieder stöhnte mein Mann laut auf oder er rief nach mir. Er beruhigte sich aber stets schnell, wenn ich bei gedämpftem Licht an sein Bett trat, seine Hand nahm und begütigend auf ihn einsprach.

Am Ostermorgen bei Tagesanbruch schaute ich erneut zu meinem Mann hinüber. Fast hätte ich ihn nicht wiedererkannt. Sein volles braunes Haar war über Nacht schlohweiß geworden. Am Ostersamstag hatte er noch kein einziges graues Haar auf seinem Kopf gehabt – ganz im Gegensatz zu mir. Ich hatte nämlich schon mit Anfang dreißig einen weißen Kopf bekommen.

Der Arzt, der wenig später zur Visite kam, zeigte einen bestürzten Gesichtsausdruck. Um den Kranken sein Erschrecken nicht merken zu lassen, versuchte er das zu überspielen, indem er sagte: »Ja, Herr Friedrich, der Osterhase hat Ihren Kopf ja über Nacht weiß gefärbt.«

Mit einem gequälten Lächeln antwortete mein Mann: »Das macht nichts. Da passe ich noch besser zu meiner Frau.«

Am frühen Nachmittag äußerte der Karl die Bitte: »Martl, hol mir 'ne Schüssel Wasser und wasch mich von oben bis unten, jetzt, wo wir ohne Zuschauer sind.« Diesen Wunsch erfüllte ich ihm gerne.

Am Spätnachmittag kam der Arzt noch einmal, um nach meinem Mann zu schauen. Trotz seines Schlauches in der Nase schnupperte Karl auf einmal. »Ah, Herr Doktor, Sie riechen so gut. Haben Sie Schnaps getrunken? Ich tät jetzt auch gern einen trinken.«

Mit schmerzlichem Lächeln antwortete der Arzt: »Herr Friedrich, meine Frau liegt auch schwer krank nebenan.« Die Frau des Arztes ist übrigens noch in derselben Nacht gestorben. »Wenn ich Zeit habe, bringe ich Ihnen einen Schnaps«, versprach er ihm. Wenig später, es war gegen acht Uhr, brachte er dem Karl tatsächlich seinen Schnaps, den der mit sichtlichem Genuss trank.

Nachdem mein Mann seinen Schnaps getrunken hatte, wurde er wieder sehr gesprächig. Er zählte mir auf, wer ihn alles im Laufe seines Krankenlagers besucht habe, obwohl ihm das Sprechen mittlerweile große Mühe verursachte. Da kamen eine Menge Namen zusammen. »Alle haben mich besucht«, sagte er wörtlich, »nur mein Bruder Werner nicht. Die Rosemarie war auch nicht da. Aber die wollte ich auch gar nicht sehen. Die ist doch an allem schuld. Bevor sie zu uns ins Haus kam, habe ich mich mit meinem Bruder bestens verstanden.«

Dazu sagte ich gar nichts. Auf einmal war er still und schloss die Augen, atmete aber weiter. Auch ich legte mich hin, aber ich kam nicht zur Ruhe. Sein Atmen ging schwer und rasselnd und noch qualvoller als bisher. Immer wieder dachte ich, nun hat er seinen letzten Atemzug getan, und schaltete das Licht an. Eine Weile beobachtete ich dann, wie er nach Luft rang, und konnte nichts tun. So lag ich wach bis kurz nach Mitternacht. Auf einmal hörte ich einen ungewöhnlich lauten Atemzug – dann war es still. Eine unheimliche Stille erfüllte das Krankenzimmer. Reglos blieb ich in meinem Bett liegen. Er hat es hinter sich, dachte ich nur. Als ich mich endlich dazu überwinden konnte, an sein Bett zu treten, lag er ganz friedlich da. Aller Schmerz und alle Erdenschwere schienen von ihm abgefallen zu sein. Ich streichelte ihm noch mal die Stirn und hauchte ihm einen Kuss darauf. Dann läutete ich der Schwester. Die kam auch ziemlich bald herbei, warf einen Blick auf den Patienten und stellte fest: »Er hat es geschafft.«

Dann rollte sie das Bett hinaus. An der Tür wandte sie sich noch mal um: »Legen Sie sich wieder hin. Jetzt können Sie doch nichts machen, und morgen brauchen Sie Ihre ganze Kraft.«

Kaum, dass ich wieder lag, schlief ich ein, so tief und fest, dass ich am nächsten Morgen zunächst gar nicht wusste, wo ich mich befand. Wahrscheinlich hatte ich so gelöst schlafen können, weil der vorherige Druck von mir gewichen war. Als ich aber die Augen aufschlug, wurde mir nach einigen Momenten bewusst, dass ich in Karls Sterbezimmer lag. Da stürzte auf einmal vieles auf mich ein: Wie kommst du jetzt nach Hause? Du musst die Beerdigung organisieren. Es wird eine Menge Papierkram auf dich zukommen. Wie bringst du den Kindern bei, dass ihr Papa gestorben ist? Nun stehst du wirklich allein mit drei unmündigen Kindern da, wie es der Karl prophezeit hat. Er ist nicht mal ganz fünfzig geworden, und du hattest ihm gesagt, mit deinem Herzen kannst du hundert werden. Es war ja auch nicht sein Herz, das ihn umgebracht hat. Es war so ein dummer Unfall, der unser ganzes Leben auf den Kopf gestellt hat. Damit hatte niemand rechnen können.

Trotzdem habe ich es nie bereut, das dritte Kind bekommen zu haben. Es hat uns allen, auch dem Karl, so viel Freude gemacht und macht es bis auf den heutigen Tag.

Irgendwie wird es schon weitergehen, sprach ich mir selbst Mut zu. Der liebe Gott hat mich bisher nie verlassen, er wird auch weiterhin für uns sorgen. Bei diesem Gedanken sprang ich mit einem Satz aus dem Bett, zog mich an und rief vom Stationstelefon aus unseren Pfarrer an. Er hatte mir nämlich angeboten, wann immer ich einen Fahrdienst brauche, könne ich auf ihn zählen. Ein Cousin meines Mannes, der ebenfalls ein Motorrad mit Beiwagen besaß, hatte mir auch angeboten, dass er mich zum Krankenhaus fahren oder abholen werde. Aber der hätte jedes Mal zehn Mark verlangt, der Pfarrer dagegen tat es für Gotteslohn. Und ich wusste, dass ich nun noch mehr sparen musste als bisher, da uns der Ernährer weggestohlen worden war.

Es war am Ostermontag gegen neun Uhr als mich der Pfarrer in unserem Hof absetzte. Ihm blieb also noch genügend Zeit bis zu seinem Gottesdienst, der um zehn Uhr begann.

Schnell warf ich noch einen Blick in den Stall. In dieser Zeit waren die Kinder, die mich vom Küchenfenster aus hatten ankommen sehen, schon hinunter in den Hof gestürzt. Jubelnd umklammerten mich die beiden Mädchen und riefen durcheinander: »Wo ist der Papa?« »Warum hast du den Papa nicht mitgebracht?«

Wolfgang, immerhin schon dreizehn Jahre alt, verhielt sich zurückhaltend. In ihm muss bei meinem Anblick wohl eine Ahnung aufgestiegen sein, dass sein Vater nie mehr zurückkommen würde. Da ich während der Heimfahrt zu sehr mit meiner eigenen Trauer beschäftigt gewesen war, hatte ich mir gar keine Worte für meine Kinder zurechtgelegt. Darum wusste ich im Moment nicht, was ich auf ihre Fragen antworten sollte. Da rettete meine Schwiegermutter die Situation. Vom Fenster aus rief sie: »Ja, Kinder, wollt ihr nicht raufkommen und schauen, ob der Osterhase etwas für euch versteckt hat?«

Die Gute! Die Osterbescherung hatte sie extra zurückgehalten mit dem Hinweis: »Die Eier suchen wir erst, wenn eure Mama zurück ist.«

Da es ein kalter Ostermontag war, hatte sie die Eier in der Stube und in der Küche versteckt. Während die Kinder eifrig in allen Ecken suchten und jedes Sofakissen umdrehten – sogar der Große beteiligte sich daran –, konnte ich Karls Mutter endlich über die letzten Tage ihres Sohnes berichten. Sie bewahrte Haltung, wie ich es von ihr nicht anders erwartet hatte. Sie war es auch, die den Kindern später schonend beibrachte, was geschehen war. Was die Beerdigung anging und den ganzen Papierkram, da erwies sich ausgerechnet Rosemarie als meine wichtigste Hilfe und stand mir in vorbildlicher Weise bei. Das muss ich erwähnen, weil ich ja auch über das Ungute gesprochen habe, das sie getan hat.

Die Beisetzung fand am Freitag nach Ostern statt, morgens um elf Uhr. Ich brauchte mich wirklich um nichts zu kümmern. Als wir nach Hause kamen, stand das Essen auf dem Tisch. Meine beiden Schwägerinnen hatten eine Frau angestellt, die hatte gekocht, während wir in der Kirche und auf dem Friedhof waren. Am Nachmittag gab es noch Kaffee mit leckeren Torten, die mein Schwager Franz, der ja gelernter Konditor war, für uns gebacken hatte.

Erst einige Tage nach dem Begräbnis, als sich der ganze Trubel gelegt hatte, kam ich zur Besinnung und merkte nun erst, da mein Leben ohne Karl weitergehen musste, was ich an ihm verloren und wie sehr ich ihn geliebt hatte. Anfangs hatte ich mich zwar gegen die Verbindung mit ihm gesträubt, aber später hatte es mich nie gereut, ihn geheiratet zu haben. Mit ihm wusste ich endlich, wo ich hingehöre. An das Dorfleben hatte ich mich schnell gewöhnt, und damit hatte Karl mir eine neue Heimat gegeben. Auch mit seiner Mutter verstand ich mich bestens, und sie hat mir viel geholfen. Er war ein guter Ehemann gewesen und ich habe gut mit ihm gelebt. Rückblickend kann ich sagen, er war der beste Mann der Welt.

Natürlich war Karls Schwester Lenchen, die mittlerweile im Westen wohnte, auch zur Beerdigung gekommen. Am Tag darauf saßen wir noch in unserer Stube beisammen, da tauchte plötzlich Erich bei uns auf. Das war derjenige von Karls Cousins, der den Trecker gelenkt hatte und zu früh angefahren war. Sogleich schimpfte er los: »Was fällt dir ein, Martl, einen solchen Unsinn zu verbreiten? Das, was die Frau vom Anton alles erzählt hat, das ist gar nicht wahr. Davon stimmt hinten und vorne nichts.«

»Doch«, erwiderte ich. »Das glaube ich schon, das stimmt alles. So viel Fantasie hat die Frau gar nicht, dass sie sich so was erfinden könnte.«

Als der Erich darauf erneut heftig reagierte, versuchte Oma Reschen zu schlichten: »Streitet euch nicht. Davon wird der Karl auch nicht wieder lebendig.«

In dem Moment mischte sich Lenchen ein: »Gewiss, Mutter, lebendig wird der Karl davon nicht. Aber Martl würde wenigstens Geld kriegen.«

Da wurde ich hellhörig. Lenchen erklärte mir, die Cousins hätten sofort melden müssen, was beim Rübenzupfen passiert war. Dann hätte man einen Beweis dafür gehabt, dass Karls Tod auf einen betrieblichen Unfall zurückzuführen sei, und ich hätte eine Unfallrente bekommen. Ob da nachträglich noch was zu machen war, wusste aber keiner von uns.

Nun ja, vorerst kam ich über die Runden. War ich im Laufe der vergangenen zehn Jahre auch nicht gerade begeistert von dem gewesen, wie das in der LPG lief, so empfand ich es jetzt als mein größtes Glück, Mitglied zu sein. Denn wie hätte ich das allein schaffen sollen, zusätzlich zu Omas Land noch unsere fünfundzwanzig Morgen zu bewirtschaften? In der LPG hatte ich meine geregelte Arbeitszeit und bekam pünktlich zum Monatsende meine fünfzig Mark. Ich erfüllte meine Pflichten so gewissenhaft, dass der Mann, der uns beaufsichtigte, zu den anderen Frauen sagte: »Könnt ihr nicht mal ein bisschen mehr machen? Die kleine Martl macht viel mehr als die meisten von euch.«

Von dieser Zurechtweisung waren meine Kolleginnen allerdings nicht gerade begeistert.

Außer meinem Monatslohn hatte ich noch unsere Ersparnisse, auf die ich zurückgreifen konnte. Bei dem wenigen, was Karl und ich eingenommen hatten, haben wir nämlich noch Ersparnisse gemacht, sodass wir bei seinem Tod zehntausend Mark auf dem Sparbuch hatten. Karls Verwandte dagegen, die wesentlich mehr Einkommen gehabt hatten als wir, haben davon nichts erspart. Aber mit drei Kindern kann man auch von zehntausend Mark nicht ewig leben, also war ich gezwungen, weiterhin zur Arbeit zu gehen. Ja, ich überlegte sogar, ob ich nicht ganztags arbeiten sollte, um hundert Mark im Monat zu kriegen. Die Beerdigung allein hatte mich ja schon einen Haufen Geld gekostet, und es konnte ja auch mal eine größere Summe fällig sein, etwa eine Reparatur am Haus, wie wir das seinerzeit bei dem Hagelschaden am Dach erlebt hatten.

Aber noch ehe ich wegen der Aufstockung der Arbeitszeit zu unserem Vorsitzenden ging, geschah etwas Unerwartetes.

Bevor ich das aber erzähle, erst noch etwas anderes, was sich noch vorher ereignete. Nach Karls Tod arbeitete ich eine Zeit lang in einer Gruppe, in der gab es eine große, stolze Frau, die immer fein hergerichtet war. Sie hatte einen großen, stattlichen Ehemann. Wir dagegen, mein Karl und ich, waren beide klein. Diese Frau hatte pechschwarzes Haar, das war immer tadellos frisiert. Von meinem Haar ließ sich das nicht behaupten. Um zum Friseur zu gehen, fehlte mir das Geld, und um mich selbst zu stylen – wie man das heute nennt – fehlten mir die Zeit und das Geschick. Mein Haar, das ursprünglich braun gewesen war und das ab meinem dreißigsten Lebensjahr zusehends weißer geworden war, ließ ich einfach glatt wachsen. Und wenn es mir wieder mal zu lang erschien, stutzte Reschen mich ein bisschen zurecht. Für mich ist das gut genug. Bei der Arbeit trug ich ja eh ein Kopftuch. Und meinem Mann gefiel ich auch so.

Eines Tages, wir waren beim Mistausstreuen, setzte heftiger Regen ein. Was willst du machen? Weglaufen kannst du nicht. Die Arbeit muss ja in einer bestimmten Zeit erledigt sein. Da heißt es also, Zähne zusammenbeißen und durch. Mit einem Mal gibt mir die Helga, die Frau, die in meiner Reihe neben mir arbeitete, mit dem Ellenbogen einen freundschaftlichen Rippenstoß: »Guck mal, Martl« – dabei deutete sie mit dem Daumen in Richtung der feinen Dame – »jetzt müsste man einen Knipser« – also einen Fotoapparat – »dabei haben. Guck mal, wie der die schwarze Brühe herunterrinnt.«

Dummerweise hatte die »Dame« diese Bemerkung gehört und regte sich furchtbar auf. An mich gewandt giftete sie los: »Du kannst ganz still sein. Du und dein Karl, das war doch kein Ehepaar! Wir dagegen, mein Mann und ich, das ist doch ganz was anderes. Wir sind ein schönes stattliches Paar.«

Da wurde die Helga vielleicht böse! »Wie kannst du nur so dumm daherreden! Erstens hat die Martl überhaupt nichts gesagt, und zweitens ist es eine Gemeinheit, so eine geschmacklose Bemerkung zu machen, wo sie gerade ihren Mann verloren hat.« In ihrer Wut wäre sie der »Dame« bestimmt an die Gurgel gegangen, wenn nicht einige von den anderen, die mittlerweile auf das Schauspiel aufmerksam geworden waren, dazwischen gegangen wären. »Martl so zu beleidigen!«, schimpfte die Helga weiter, während einige sie festhielten. »Das ist eine Gemeinheit, wo sie gerade eine schwere Zeit durchmacht.«

Das war jedoch das einzige Negativ-Erlebnis, das ich in dieser Zeit hatte.

Nun aber zu dem überraschenden Ereignis. In meiner damaligen Gruppe gab es eine Frau, die Dora nämlich, die mir sehr geholfen hat. Das war während des Rübenhackens. Ohne jegliche Vorwarnung fiel ich einfach um. Ob es daran lag, dass ich zu wenig gegessen hatte, oder daran, dass ich psychisch sehr viel zu verkraften hatte, weiß ich nicht. Jedenfalls sprang Dora auf mich zu, tätschelte meine Wange so lange, bis ich wieder zu mir kam, und flößte mir Kaffee ein, echten guten Bohnenkaffee, von dem das Pfund damals fünfunddreißig Mark gekostet hat. Sofort kehrten meine Lebensgeister zurück. Dora bemerkte, dass ich keine Tasche bei mir hatte. »Du hast ja gar nichts mit«, stellte sie überrascht fest. Dann gab sie mir die Hälfte von ihrem Pausenbrot, das war sogar mit Wurst belegt. Ich biss herzhaft hinein und hatte bald wieder so viel Kraft, dass ich weiterarbeiten konnte.

Mir war bekannt, dass Dora die ärmste Frau von uns allen war. Deshalb habe ich ihr zum Dank für ihre selbstlose Hilfe am nächsten Tag etwas Gemüse aus meinem kleinen Garten gegeben, den meist Oma Reschen betreute. An das Gemüse von unserer Gärtnerei durften wir ja nicht mehr.

In der Folgezeit bin ich noch ein paarmal umgekippt. Immer hat mich dann Dora mit ihrem Kaffee wiederbelebt. Ich vermute, dass sie den von Verwandten aus dem Westen geschickt bekommen hat, denn von ihrem Einkommen hätte sie sich den nicht leisten können. Aus Dankbarkeit brachte ich ihr immer wieder mal von meinem Gemüse mit. Darüber war sie sehr froh, denn sie hatte keinen Garten. Nachdem ich das vierte oder fünfte Mal umgekippt war, sagte sie: »Martl, das ist nicht normal. Du solltest bald mal zum Arzt gehen.«

Diesen Rat hätte ich gar nicht befolgt, wenn mein Sohn nicht gerade eine neue Brille gebraucht hätte. Das war etwa ein halbes Jahr nach dem Tod meines Mannes. Ich fuhr mit Wolfgang nach Artern ins Krankenhaus, da lief mir zufällig der Arzt in den Weg, der Karl bis zu seinem Tod behandelt hatte. Er erkannte mich sofort wieder und fragte: »Wie geht es Ihnen, Frau Friedrich?«

»Ach, nicht besonders«, gestand ich. »Bei der Arbeit kippe ich immer wieder mal um.«

»O, dann sollten wir Sie doch mal eingehend untersuchen.«

Nach der Untersuchung sagte er wörtlich: »Warum sind Sie nicht schon eher gekommen? Allein mit Ihrem kaputten Kreuz hätten Sie schon vor zwanzig Jahren in Rente gehen können.«

Darauf erwiderte ich: »Ich kann doch nicht in Rente gehen. Da würde für mich ja kaum etwas herausspringen. Ich muss weiterarbeiten, denn zu Hause habe ich drei kleine Kinder und zwei alte Leute zu versorgen, und ich habe keinen Mann mehr.«

»Ja, kriegen Sie denn keine Rente von Ihrem Mann?«, erkundigte er sich.

»Nee«, antwortete ich, »ich kriege kein Geld.«

Er hörte dann sehr aufmerksam zu, als ich ihm erzählte, wie das mit dem Unfall und der LPG gelaufen war.

»Das ist ja allerhand! Jetzt gebe ich Ihnen einen Brief mit, den geben Sie bei Ihrem Vorsitzenden ab.«

Es dauerte noch geraume Zeit, dann bekam ich tatsächlich ganz offiziell eine Unfallrente. Als ich danach wieder mal mit Wolfgang in Artern in der Klinik war, wo man bei ihm einen Herzfehler feststellte – der hat sich zum Glück inzwischen ausgewachsen –, suchte ich auch den bewussten Doktor auf, um ihm zu berichten, wie das mit meinem Rentenantrag ausgegangen war, und mich bei ihm für seinen Einsatz zu bedanken. Da erzählte er mir hinter vorgehaltener Hand: »Wahrscheinlich ist dies das letzte Mal, dass wir uns sehen. Ich mache schwarz nach dem Westen, ich halte das hier nicht mehr aus.«

»Daran habe ich auch schon gedacht«, gestand ich ihm. »Aber ich kann doch nicht fort. Ich habe ja, wie gesagt, zwei alte Leute, für die ich da sein muss.«

Nachdem ich also mithilfe des Arztes die Witwenrente durchgeboxt hatte – sie war nicht gerade üppig, weil mein Mann ja nur zehn Jahre bei der LPG gewesen war –, arbeitete ich weiter, weil ich auf den Zusatzverdienst angewiesen war. Das war alles gut organisiert. Die beiden Großen gingen in die Schule und Juliane in den Kindergarten, und Oma versorgte die Kinder am Nachmittag. Ich ernährte mich weiterhin mittags von einem Stück Marmeladenbrot, wenn ich von Omas Feldern kam, bevor ich zur Arbeit auf die Genossenschaft ging.

Wenig später sprach mich unser Vorsitzender an: »Martl, du hast so viel gearbeitet, bleib doch daheim bei deinen Kindern.«

»Dann reicht mir das Geld aber vorne und hinten nicht.«

»Da werden wir schon eine Lösung finden«, versprach er mir. Er lud kurzfristig zu einer Versammlung ein. Unter anderem war meine Schwägerin Herta anwesend, einige Nachbarn und andere Verwandte von meines Mannes Seite. Der Vorsitzende räusperte sich und begann vor versammelter Mannschaft: »Martl, jetzt will ich dir mal was erzählen.«

Darauf entgegnete ich: »Du brauchst mir gar nichts zu erzählen, ich weiß alles.«

Vermutlich wollte er mir erklären, warum die Rente meines Mannes so bescheiden ausgefallen war, denn alle Mitglieder hatten darüber mit abstimmen können.

Nach einem weiteren verlegenen Räuspern erklärte er, dass wir eine Solidargemeinschaft seien, in der einer für den anderen einstehen müsse, besonders in einem Fall wie dem meinen, wo ich unverschuldet in Not geraten sei. Dann ließ er die Katze aus dem Sack: »Wir können nicht verlangen, dass Martl weiter arbeitet. Wir sollten ihr wenigstens fünfzig Mark im Monat geben, damit sie bei ihren Kindern bleiben kann und dass diese nicht verhungern.«

Die Herta hat sich dazu nicht geäußert, die Nachbarn auch nicht und die Verwandten erst recht nicht. Die Dora aber, die Frau, die mir mit ihrem Kaffee immer wieder auf die Beine geholfen hat, stand auf und erhob ihre Stimme: »Schämt ihr euch nicht?! Die Martl ist doch eure Verwandte! Ich würde sagen, sie müsste hundert Mark im Monat kriegen, nicht bloß fünfzig.«

Zunächst herrschte betretenes Schweigen. Dann murrten die Verwandten: »Was? Für Nichtstun hundert Mark im Monat?«

So lernt man seine Verwandtschaft kennen.

Dann habe ich ein halbes Jahr lang fünfzig Mark monatlich gekriegt.

Rosenkohl im Trabi

Nachdem dieses halbe Jahr um war, wollte ich meine Arbeit auf den Feldern der Genossenschaft wieder aufnehmen. Zu der Zeit wog ich fünfundvierzig Kilo bei einer Körpergröße von 1,45 Meter. Als ich darüber mit dem Vorsitzenden sprach, sagte er zu mir: »Martl, willst du dich ruinieren? Du bist doch sowieso nur noch Haut und Knochen. Und wenn du jetzt wieder so schwer arbeitest, machst du dich ganz kaputt. Mein Rat: Martl, geh nicht mehr zur Arbeit.«

Noch bevor ich fragen konnte, wie ich ohne diesen Zusatzverdienst überleben solle, fuhr er fort: »Ich habe einen anderen Vorschlag für dich: Willst du nicht Rosenkohl putzen? Das machen schon einige von unseren Frauen. Das ist keine schwere Arbeit, und sie wird gut bezahlt. Außerdem kannst du das zu Hause machen.«

Da wurde ich neugierig, ließ mir beschreiben, wie das abläuft, und erklärte mich spontan bereit, diese Arbeit zu übernehmen. Später erfuhr ich, dass bereits das halbe Dorf Rosenkohl putzte. Vor allem ältere Menschen und Frauen, die kleine Kinder zu versorgen hatten, waren mit dieser Aufgabe betraut worden. Rosenkohlputzen war aber nur eine Beschäftigung für das Winterhalbjahr. Das bedeutete, dass man im Winter sehr fleißig sein musste, damit man für das Sommerhalbjahr gleich mitverdiente.

Ohne die Mithilfe meines großen, fleißigen Sohnes hätte ich das gar nicht geschafft. Als ich mit dem Rosenkohlgeschäft anfing, war er immerhin schon fünfzehn Jahre alt. Im Schuppen gab es noch einen alten Handwagen aus Familienbesitz. Mit diesem zog Wolfang jeden Nachmittag, sobald er von der Schule kam, los zum Genossenschaftsbau, um für mich Rosenkohl zu holen. Dieser Rosenkohl stammte von riesigen Genossenschaftsfeldern in einer entfernter liegenden Region, denn in unserer Gemeinde wurde dieses Gemüse nicht angebaut. Nach der Ernte wurden die Röschen grob von den Strünken abgeschlagen – ob das maschinell oder von Hand geschah, weiß ich nicht – und in grobmaschige Säcke zu je zehn Kilogramm verpackt. Diese wurden auf Eisenbahnwaggons geladen, die sie zu diversen Bahnhöfen brachten. Von dort kamen sie auf große Lastwagen, die sie an den Genossenschaftsbauten abkippten. Dort holten sich die Leute das, was sie bearbeiten wollten.

Wolfgang packte sich so viele Säcke auf seinen Handwagen, wie der fassen und er ziehen konnte. Keuchend kam er immer bei uns im Hof an. Dann trug er mir die Säcke in die Küche, aber höchstens vier oder fünf, nicht die ganze Wagenladung. Sonst hätte man sich in der Küche nicht mehr rühren können.

Mit einem kleinen spitzen Messer schnitt ich die gelben bzw. die angefressenen Blättchen ab und stopfte die geputzten Röschen wieder in den Sack. Die Abfälle sammelte ich in einem Eimer. Das war ein prima Hühnerfutter. Während ich arbeitete, machte mein Sohn seine Hausaufgaben. Danach trug er Sack für Sack von dem geputzten Kohl hinunter und brachte jedes Mal einen neuen Sack mit hoch. Am Abend fuhr er die fertigen Säcke zur Ankaufstelle für Obst und Gemüse, wo ihm gleich die entsprechende Summe an Geld ausbezahlt wurde. Dann lud er sich im Unterdorf seinen Wagen erneut voll, damit ich für den folgenden Vormittag mit Arbeit eingedeckt war.

Es ist nicht so, dass ich alleine so viel Kohl bearbeitet hätte, meine Freundin Alma war mit von der Partie. Sie hatte sich nämlich auch dazu entschlossen, ihren Lebensunterhalt durch Rosenkohlputzen zu verdienen. Aber warum sollte jede von uns das allein in ihrem stillen Kämmerlein machen? Es war doch viel netter, dass wir das gemeinsam machten, dabei ließ es sich gemütlich plaudern, und die Sache war nicht so eintönig. Da meine Küche die größere war, machten wir das bei mir.

Jeden Morgen, bevor Alma zu mir kam, ging sie in die Bäckerei und kaufte frische Brötchen. Derweil deckte ich den Frühstückstisch, brühte Malzkaffee auf und stellte Margarine sowie Marmelade bereit. Nachdem wir uns gestärkt hatten, ging es dann los.

Zu Beginn des Herbstes war das noch recht vergnüglich. Aber je weiter das in den Winter hineinging, desto unangenehmer wurde unsere Arbeit. Durch den Transport in den zugigen Waggons und auf offenen Lastwagen sowie die Lagerung im Freien waren die kleinen Köpfe oft hart gefroren. Sie ließen sich dann nicht nur schlechter bearbeiten, es froren einem auch schier die Finger daran fest. Da half es nur, dass man diese zwischendurch in kaltes Wasser tauchte. Das kam einem dann wie lauwarm vor und taute die Hände wieder so weit auf, dass man eine Weile weiterarbeiten konnte.

Wenn der Wolfgang am Abend das Geld von der Gemüseannahmestelle nach Hause brachte, teilten Alma und ich es uns redlich. Dabei hatte ich aber noch den Vorteil, dass ich das »Hühnerfutter« behalten durfte, denn Alma hatte keine Hühner. Nachdem ich dieser neuen Tätigkeit einen ganzen Winter lang nachgegangen war, wurde Wolfgang aus der Schule entlassen und begann eine Lehre. Aber auch in der nächsten Wintersaison karrte er uns eifrig Rosenkohl heran. Nur manchmal jammerte er: »Ach, wenn wir doch nur einen Trabi hätten, dann wäre das alles viel einfacher. Am Lagerplatz fahren einige Leute vor, die ihren Kohl ins Auto einladen und ihn bequem im Wagen heimfahren.«

»Aber mit deinen sechzehn Jahren dürftest du ja noch gar nicht Auto fahren«, wandte ich ein.

»In zwei Jahren werde ich aber achtzehn, dann könnten wir uns doch einen Trabant kaufen.«

Wehmütige Erinnerungen wurden in mir wach. »Diesen Traum hatte dein Vater schon gehabt. Deshalb hatten wir ja so eisern gespart. Die Garage hatte er schon gebaut, und wenn er den Unfall nicht gehabt hätte, hätte er sich im selben Sommer noch einen Trabi gekauft. Er war es nämlich leid, bei Wind und Wetter mit dem Motorrad zu fahren.«

Mein Mann hatte sich gleich zu Beginn unserer Ehe eine RT 125 gekauft.

»Was ist eigentlich aus Papas Motorrad geworden?«, wurde Wolfgang nun hellhörig.

»Das habe ich schon ziemlich bald nach seinem Tod verkauft, weil es nutzlos rumstand und ich Geld für die Reparatur der Treppe brauchte.«

»Und was ist aus eurem Ersparten geworden?«

»Davon haben wir gelebt, mein Junge.«

»Dann werden wir jetzt wieder eifrig sparen, dann kann ich in zwei Jahren meinen Rosenkohl auch im Trabi heimfahren.«

Über seinen Eifer musste ich lächeln. »Tut mir leid, Wolfgang, ich muss dich enttäuschen. Selbst wenn ich noch hundert Jahre lang Rosenkohl putze, wird das Geld nicht für einen Trabant reichen. Denn von dem Geld, das ich im Winter spare, leben wir im folgenden Sommer.«

Zu der Zeit bekam Wolfgang fünfundneunzig Mark Lehrlingsgeld im Monat. Davon sparte er jeden Pfennig, den er erübrigen konnte, in der Hoffnung, sich mit achtzehn einen Trabi kaufen zu können. Nach einem Jahr aber merkte er, dass sich sein Traum davon auf keinen Fall erfüllen lasse. Also schraubte er seine Wünsche zurück und kaufte sich mit achtzehn ein gebrauchtes Moped mit Anhänger. Auf diesen lud er nun unseren Rosenkohl, was für ihn die Sache schon wesentlich vereinfachte. Aber als er sein Ingenieurstudium begann, konnte er nicht mehr Chauffeur für den Rosenkohl spielen. Seinen Part musste nun seine kleine Schwester übernehmen, die mittlerweile elf war. Das konnte sie aber auch nur für einige Jahre, denn nach der achten Klasse wechselte sie auf Empfehlung des Lehrers über auf die Erweiterte Oberschule, kurz EOS genannt. Diese befand sich in Bad Frankenhausen, und weil die Busverbindung dahin sehr schlecht war, musste sie im

Internat wohnen. Diesen Schritt hatte der Lehrer schon Wolfgang empfohlen, aber der hatte nicht gewollt, was ich im Interesse meines Rosenkohlunternehmens als ganz angenehm empfunden hatte. Als der Lehrer drei Jahre später dieselbe Empfehlung für Brigitte aussprach und sie begeistert davon war, meldete ich sie gleich auf der EOS an. Mit Wehmut dachte ich daran, dass mir mein Vater eine solche Weiterbildung verweigert hatte. Allerdings muss ich zu seinen Gunsten zugeben, dass wir nun auch andere Zeiten hatten. Bei meinen Töchtern kam der Staat für das Schulgeld auf, und für den Internatsaufenthalt brauchte ich nur zehn Mark monatlich für Verpflegung dazuzahlen. Das kam mich billiger, als wenn ich das Kind zu Hause verköstigt hätte. Als Juliane dann auch ins Internat nach Bad Frankenhausen zog, befand sich Brigitte längst in Halle an der Saale, wo sie Pharmazie studierte.

Doch bevor meine Jüngste aus dem Haus ging, hatten wir bei uns zwei Todesfälle zu beklagen. Im August 1971 klagte Oma Reschen, die in all den Jahren nie krank gewesen war, eines Mittags über Schmerzen in der Brust. Es ging ihr nicht wirklich schlecht, aber sie legte sich tagsüber aufs Sofa und blieb dort liegen, bis sie abends in ihr Bett ging. Nachdem sie den dritten Tag lag, musste ich aus irgendeinem Grund nach Bad Frankenhausen. Meiner Juliane trug ich auf: »Bleib bei der Oma und frag sie am Nachmittag, was sie zum Kaffee haben möchte. Um vier Uhr holst du mich vom Bus ab, und dann kaufen wir das beim Bäcker ein.«

Meine Kleine war auch pünktlich an der Bushaltestelle. »Nun«, wollte ich wissen, »was möchte die Oma zum Kaffee haben?«

»Nichts«, war Julianes Antwort.

»Was heißt nichts?«, fragte ich etwas ungehalten. »Hast du sie nicht gefragt?«

»Doch, ich habe sie gefragt. Aber ehe sie geantwortet hat, ist sie gestorben.«

»Kind, mach keine Witze!« Ich war wirklich aufgebracht.

»Ich mache keine Witze«, verteidigte sich da meine kleine Tochter. »Als ich die Oma fragte, hat sie nur die Augen aufgemacht und gleich wieder zu. Und dann hat sie nicht mehr geatmet.«

»Und was hast du dann gemacht?«

»Ich bin zu Alma gerannt« – die wohnte nur zweihundert Meter von uns entfernt – »und habe ihr das erzählt. Sie ist gleich mit mir zu uns gegangen, und nun bewacht sie die Oma.«

Reschen ist zweiundachtzig Jahre alt geworden und wurde sehr von uns betrauert.

Auch in den nächsten Todesfall war meine Jüngste irgendwie verwickelt. Es war Ende November 1972. Mein Vater, der nie krank gewesen war – abgesehen von seinem Leistenbruch – und der nie Medikamente genommen hatte, ging ohne Jacke hinaus und zog sich prompt eine Lungenentzündung zu. Er hatte sein Krankenlager auf dem Küchensofa. Am 1. Dezember, die Kirchturmuhr schlug gerade zwölf, tat er seinen letzten Schnaufer und war tot. Für Alma, die bei mir zum Rosenkohlputzen weilte, für mich und Julchen hatte ich bereits gedeckt und gerade den Suppentopf auf den Tisch gestellt. Wenig später stürmte unsere Jüngste hungrig herein und schnupperte. »O prima, Erbsensuppe!« Schon saß sie am Tisch mit dem Löffel in der Hand. Noch ehe ich Luft geholt hatte, um meiner Tochter eine – wie auch immer geartete – Erklärung zu geben, stieß Alma mich an und flüsterte: »Lass sie doch.« Dann schöpfte sie dem Kind seine Lieblingssuppe auf, die es mit dem gesunden Hunger der Jugend verzehrte. Juliane fiel gar nicht auf, dass wir Erwachsenen die Suppe überhaupt nicht anrührten. Uns war der Appetit nämlich vergangen. Mein Vater wäre vierundzwanzig Tage später – also am ersten Weihnachtstag – neunzig geworden.

Nach seiner Beerdigung lief mein Leben ziemlich gleichmäßig dahin. Alma und ich putzten weiterhin eifrig unseren Rosenkohl. Da mir Juliane nach Beendigung ihrer achten Klasse der Allgemeinen Oberschule für den Kohltransport nicht mehr zur Verfügung stand, musste ich mich mit Alma selbst auf den Weg machen. Nun konnte ich meinen Sohn voll und ganz verstehen. Erst jetzt merkte ich, wie mühsam dieses Geschäft war, und hätte mir auch einen Trabi zum Heimfahren des Gemüses gewünscht.

Weil ich in all den Jahren immer viel Rosenkohl im Haus gehabt hatte, blieb es nicht aus, dass es davon auch mal zu den Mahlzeiten gab. Der Rosenkohl aber, den wir bei der Sammelstelle ablieferten, wurde mit Lastwagen zurück zu den Güterwaggons gefahren und von dort in eine riesige Fabrik, wo er in Gläser eingemacht wurde. Die Tiefgefriermethode war noch nicht üblich.

Im Juni 1978 war Brigitte fertige Apothekerin, bekam gleich eine feste Anstellung und stand somit auf eigenen Füßen. Inzwischen war auch mein Sohn fertiger Ingenieur und lag mir auch nicht mehr auf der Tasche.

Somit hätte ich es gar nicht mehr nötig gehabt, weiterhin Rosenkohl zu putzen. Dennoch machte ich mit Alma weiter und legte jede Mark, die ich übrig hatte, auf die Seite. Man konnte ja nie wissen, wozu man das Geld mal brauchen würde. Erst im Jahre 1982 reichte ich die Rente ein. Genau zu meinem sechzigsten Geburtstag wurde sie bewilligt. An dem Tag hörte ich schlagartig mit dem Rosenkohlgeschäft auf, nachdem ich genau fünfzehn Jahre damit zugebracht und schönes Geld verdient hatte.

Einige Tage später, als ich im Konsum beim Einkaufen war, sprach mich eine Nachbarin an: »Frau Friedrich, Sie sind sicher sehr froh, dass die Rosenkohlputzerei aufgehört hat?«

»Und ob!«, antwortete ich. »Meine Finger hätten das nicht mehr lange mitgemacht. Außerdem hängt mir Rosenkohl dermaßen zum Halse raus, dass ich wohl für den Rest meines Lebens keinen mehr essen werde. Abgesehen davon bin ich nun ein freier Mensch und kann tun und lassen, was ich will.«

Nun konnte ich mir endlich einen Traum erfüllen, den ich seit langem geträumt hatte. Dabei kam mir auch das ersparte Geld zugute. Inzwischen war es nämlich Rentnern erlaubt, in den Westen zu reisen. Schon kurz nach meinem sechzigsten Geburtstag stellte ich einen Antrag, dem stattgegeben wurde, und so reiste ich als Erstes zu meiner Schwägerin Lenchen in Mühlheim an der Donau. Ach, war das ein unbeschreibliches Gefühl, zum ersten Mal die Grenze nach Westdeutschland zu passieren! Von Lenchen aus fuhr ich auch zu meinem Cousin Josl Lebeda, mit dem ich in der Kindheit so einige Ferienwochen bei unserer Tante Julie verbracht hatte. Er hatte im Krieg ein Bein verloren und lebte schon lange in Karlsruhe. Wie habe ich es genossen, mit ihm über Erlebnisse aus Kindertagen zu plaudern!

In der Zwischenzeit war unsere Juliane in die Fußstapfen ihrer großen Schwester getreten. Sie wurde ebenfalls Apothekerin, fand auch sofort eine feste Stelle und machte gleichfalls ihren Doktor. Aber vorher noch, es war im Oktober 1984, ich schaute zufällig aus dem Küchenfenster, da fuhr ein Trabi in unseren Hof ein. Wer kommt mich denn da besuchen? dachte ich. Die Fahrertür ging auf – und niemand anderer stieg aus als mein Sohn! Stolz winkte er zum Fenster hinauf.

»Ja, Wolfgang, wie kommst du denn an den Trabant?«, fragte ich, als er die Küche betrat. »Soviel ich weiß, hast du doch gar nicht auf der Warteliste gestanden, zumindest keine sechzehn Jahre.«

Mir war nämlich bekannt, dass es sehr lange Wartezeiten gab, wenn man ein solches Fahrzeug erwerben wollte. Fünfzehn, sechzehn Jahre waren keine Seltenheit. Ja, es sollte sogar Leute geben, die siebzehn oder achtzehn Jahre warteten, bis sie ein fabrikneues Auto kaufen konnten. Man hatte mir von Leuten erzählt, die haben gleich bei der Geburt ihres Kindes für dieses den Kaufvertrag für einen Trabi abgeschlossen, damit es den zu seinem achtzehnten Geburtstag hatte.

»Ja, Mutti, man muss eben wissen, wie man das macht.«

»Dann verrate mir mal, wie du das gemacht hast.«

Zunächst erzählte er mir ausführlich, dass es Leute gebe, die schon seit sechzehn oder siebzehn Jahren auf der Warteliste gestanden hätten und gestorben seien, bevor das Auto geliefert wurde. In diesen Vertrag sei dann ein Sohn oder Enkel eingestiegen. Es gebe aber auch Menschen, die hätten nie die Absicht gehabt, einen Trabi zu kaufen. Die hätten lediglich einen Kaufvertrag abgeschlossen, um ein Geschäft damit zu machen. Kurz bevor er fällig wurde, hätten sie ihn für viel Geld an jemanden verkauft, der nicht lange warten wollte oder konnte.

»Und in solch einen Vertrag bist du eingestiegen?«, vermutete ich.

»Aber nein, Mutti, das wäre mir viel zu teuer gewesen. Da hätte ich ja zusätzlich zum Kaufpreis eine hübsche Summe für den Vertrag hinlegen müssen.«

»Wolfgang, jetzt mach es nicht so spannend. Erzähl mir endlich, wie du zu dem schönen Auto gekommen bist.«

»In Halle auf dem Schwarzmarkt«, lautete seine Antwort kurz und bündig.

Das ließ ich mir aber doch genauer erklären: In Halle boten Leute über einen Händler ihr altes Fahrzeug an. Bei dem konnte man es unverbindlich anschauen und ein schriftliches Gebot durch eine etwas geöffnete Scheibe ins Auto werfen. Nach einer halben Stunde konnte man nachfragen, wie die Sache steht.

»Und da ich für diesen Wagen offensichtlich das höchste Gebot gemacht habe, bekam ich den Zuschlag.«

»Das heißt zu Deutsch, du hast ihn nicht besonders billig bekommen?«

»Du hast recht, Mutti, er war fast so teuer wie ein Neuwagen.«

»Um Gottes Willen! Wie alt ist er denn?«

»So um die zwanzig Jahre.«

»Ich fasse es nicht! Für so eine alte Karre blätterst du fast achttausend Mark hin? Bist du übergeschnappt?«

»Nee, Mutti, das hab ich mir genau überlegt. Ich brauche jetzt dringend ein Auto, und wenn der Trabi, den ich mir vor einigen Jahren bestellt habe, endlich geliefert wird, kann ich diesen Wagen wieder gut verkaufen und mit dem Geld den neuen Wagen zahlen.«

»Dann ist er ja noch älter und noch klappriger, dann kriegst du doch nichts mehr dafür«, waren meine Bedenken.

»Sag das nicht. Die Wartezeiten werden immer länger. Der Wagen hat erst sechzigtausend drauf und ist gut gepflegt worden. Zugegeben, der Unterboden ist ein bisschen rostig, aber dagegen kann man was tun. Jedenfalls ist er fahrbereit, und das ist die Hauptsache. Wie ist es, willst du nicht eine kleine Probefahrt mit mir machen?«

»Das ist eine gute Idee. Ich muss sowieso noch zum Konsum. Dann brauche ich meine Einkäufe nicht zu schleppen.«

Im Konsum kaufte ich dann gleich für die nächsten Tage mit ein. Das Angebot, dass mir das Zeug heimgefahren werde, hatte ich ja nicht alle Tage. Als meine Sachen im Kofferraum verstaut waren und ich wieder stolz neben meinem Sohn Platz genommen hatte, fragte ich: »Erinnerst du dich noch, als Bub hast du dir gewünscht, für mich Rosenkohl im Trabi befördern zu können?«

»Klar erinnere ich mich.«

»Siehst du, Wolfgang, dieser Wunsch geht heute in Erfüllung. Ich habe extra ein Kilo Rosenkohl gekauft. Den darfst du mir jetzt heimfahren.«

»Ach, Mutti«, lachte er. »Was du immer für Ideen hast! Aber was dein Kilo Rosenkohl angeht, dafür hätte ich keinen Trabi gebraucht. Den hätte ich dir am kleinen Finger heimtragen können.«

Ja, was soll ich sagen, diesen Trabi, der ihm sehr gute Dienste getan hat, konnte er mit achtzigtausend Kilometern wieder sehr gut verkaufen. Er hatte lediglich einen Verlust von fünfhundert Mark, dafür hat er aber drei oder vier Jahre lang ein Auto gehabt.

Wer Liebe gibt

Der Wahlspruch meiner Schwiegermutter war: »Wenn du Liebe gibst, kriegst du sie doppelt zurück.« Diesen Spruch habe ich mir auch zu eigen gemacht und durfte immer wieder erfahren, dass er stimmt.

Nach dem Tod meines Mannes haben wir schwere Zeiten durchgemacht. An materiellen Dingen konnte ich meinen Kindern nicht all das bieten, was sie sich gewünscht hätten oder was andere hatten. Was ich ihnen aber reichlich gegeben habe, war Liebe und Zuwendung. Nicht, dass ich mir dessen bewusst gewesen wäre, aber als sie längst erwachsen waren, haben sie mir das alle drei bestätigt. Nun bekomme ich diese Liebe doppelt und dreifach zurück, was ich wieder meinerseits bestätigen kann. Nicht nur, dass sie alle drei ordentliche Menschen geworden sind, was eigentlich schon Lohn genug für mich wäre. Sie sind für mich auch immer da, wenn ich etwas brauche oder ein Anliegen habe. Aber damit nicht genug, sie bringen mir von sich aus sehr viel Liebe und Aufmerksamkeit entgegen. Dafür bin ich dem lieben Gott sehr dankbar, bestätigt es mir doch, dass ich mit seiner Hilfe alles richtig gemacht habe.

Meine Kinder fanden alle gute Ehepartner, mit denen ich sehr zufrieden sein kann. 1981 kam Theres, Brigittes erstes Kind zur Welt. Was für ein beglückendes Gefühl, das erste Enkelchen im Arm zu halten!

Dann kamen noch weitere Enkel, 1984 wurde Wolfgangs Tochter Monika geboren, und im Jahr 1986 erlebte ich gleich zweimal Omafreuden. Brigittes Sohn Robert kam im Februar zur Welt und Julianes Sohn Alexander im Dezember. Bedeutete jedes Enkelkind bei seiner Geburt für mich schon ein wahres Glück, so erlebe ich jetzt weitere Freuden an ihnen. Sie hängen alle mit zärtlicher Liebe an ihrer Großmutter, und sie sind ebenfalls alle ausgesprochen tüchtig. Auch was die Wahl ihrer Partner angeht, zeigen sie eine glückliche Hand. So kommt es, dass ich mittlerweile acht Apotheker in der Familie habe, wovon die meisten schon promoviert haben und die anderen noch dabei sind. Das erfüllt mich doch mit einigem Stolz, denn wer hätte gedacht, dass die kleine Martl mal auf eine so prachtvolle Nachkommenschaft blicken könnte? Nur schade, dass mein Karl gar nichts davon miterleben konnte.

Ja, seit zwei Jahren bin ich sogar schon Uroma. Meine erste Enkelin, Theres, hat im Jahre 2011 eine kleine Klara zur Welt gebracht.

Aber jetzt habe ich vorgegriffen. Zunächst hatten wir 1989 die »Wende«. Die beiden Teile Deutschlands waren also wieder vereint. Das war für meine Familie eine ebenso große Freude wie für die übrige Nation. Endlich konnten wir alle ungehindert unsere Verwandten im Westen besuchen und umgekehrt. Was für uns aber ebenso erfreulich war, wir konnten endlich hinreisen, wohin wir wollten. Das genossen wir sehr. Da wir bisher so »eingesperrt« leben mussten, hatten wir einen großen Nachholbedarf. Außer der Tschechei, wie sie in meiner Jugend gewesen war, und den Orten

Mühlheim an der Donau und Karlsruhe kannte ich ja noch nichts von der Welt. Nun nahmen mich meine Kinder jedes Jahr mit in den Urlaub, mal nach Mallorca, mal nach Ischia oder auf eine andere Insel. Ach, war das schön!

Wir führten in dieser Zeit nicht nur intensive Familiengespräche, ich lernte auch eine Menge fremder Leute kennen. Egal, wo ich war, ob im Aufzug, auf einer Parkbank oder am Strand, alle haben mich angesprochen und mich gefragt, wie es mir geht. Wahrscheinlich lag das daran, dass es in dem Urlaubsort keine andere Person in einem so hohen Alter gab. So kam man ins Gespräch und ich erfuhr, wo die anderen Feriengäste her sind. Das waren Leute aus der Schweiz, aus Österreich, aus Holland, aus dem Schwarzwald, aus Luxemburg, aus dem Rheinland und was weiß ich woher noch.

Im Urlaub umsorgten besonders meine Töchter mich liebevoll. Eines Tages am Strand von Mallorca, sagte ein wildfremder Mann, der um einiges jünger war als ich, zu mir: »Haben Sie aber gute Töchter! Das beobachte ich schon die ganzen acht Tage, die ich hier bin. Ich habe drei Töchter, aber nicht eine von ihnen geht so liebevoll mit mir um. Die kommen immer nur und halten die Hand auf.«

Inzwischen haben wir aber nicht nur elf wunderschöne Urlaubsreisen gemacht, wir haben auch viele von der Großfamilie zu Grabe getragen. Meine beiden Schwäger Werner und Franz starben Anfang der neunziger Jahre. Schwägerin Herta starb schon wesentlich früher und Schwägerin Rosemarie einige Jahre später, und auch Schwägerin Lenchen weilt schon lange nicht mehr unter uns. Annl, meine Schwester, und ihr Sohn Rudl sind ebenfalls gestorben. Meine Freundin Martl und ihr Mann Rudl sind gleichfalls längst begraben, ebenso wie meine Freundin Alma und ihr Mann. Selbst sämtliche Cousins und Cousinen, die von meines Mannes Seite wie die von meiner Seite, sind nicht mehr am Leben. Wie es aussieht, bin ich die Letzte aus meiner Generation.

Anscheinend wollte der liebe Gott mich noch nicht haben, denn ich überstand zwei Treppenstürze mit einigen Brüchen, und kurz vor meinem achtzigsten Geburtstag überlebte ich einen Herzinfarkt. Seitdem lebe ich mit zwei Bypässen. Ja, und nun habe ich im letzten Oktober bereits meinen neunzigsten Geburtstag feiern dürfen. Ich brauchte mich um nichts zu kümmern, alles haben die Kinder und Enkel organisiert.

Bei der Feier werde ich wohl mit meinen Kindern und ihren Familien allein sein, dachte ich, denn meine Freunde und älteren Verwandten sind ja längst begraben. Wie staunte ich daher, dass der große Saal, den meine Nachkommen festlich geschmückt hatten, voller Leute war. Es müssen sechzig bis siebzig Personen gewesen sein. Alle Nichten und Neffen meines Mannes waren mit ihren Familien gekommen. Als Kinder waren sie schon immer gerne bei mir oben gewesen, und auch jetzt haben wir ein wunderbares Verhältnis zueinander. Sie haben sich immer aus den Streitigkeiten herausgehalten, die wir Erwachsenen miteinander hatten.

Sogar Enkelkinder von Lenchen waren da. Sie waren aus dem fernen Amerika angereist. Und was mich auch besonders freute, meine einstigen »Ziehkinder« Gretl und Ursula waren da, was in mir liebe Jugenderinnerungen wachrief.

Was mich allerdings wunderte und worüber ich mir schon Tage und Wochen vor meinem Festtag Gedanken gemacht hatte, keines von meinen Kindern oder Enkeln hatte gefragt, was ich mir zum Geburtstag wünsche. Außer einem Blumenmeer auf und um meinen Gabentisch sah ich nichts liegen.

Als wir dann beim Kaffeetrinken – mit wunderbaren Torten – waren, erhob Brigitte sich und ihre Stimme: »Mutti, du wunderst dich vielleicht, dass wir alle mit leeren Händen gekommen sind. Aber ehrlich gesagt, was hätten wir dir schon bringen sollen? Das wenige, was du in deiner übergroßen Bescheidenheit brauchst, hast du alles. Und die Freunde und Verwandten haben dir bereits ein Blumenmeer zu Füßen gelegt. Wir Kinder und Enkel kommen jedoch nicht ohne Geschenk. Das, was wir dir schenken wollen, lässt sich allerdings nicht in Geschenkpapier packen und auf den Gabentisch legen. Deshalb trage ich es im Namen meiner Geschwister mündlich vor.«

Hier machte sie eine Kunstpause, und ich überlegte, was das wohl sein könne, ohne dahinterzukommen. Dann fuhr Brigitte in ihrer Rede fort: »In den letzten Jahren hast du immer wieder mal den Wunsch geäußert, du möchtest deine alte Heimat wiedersehen und bedauernd hinzugefügt: ›Das ist ja leider nicht möglich.‹ Diesen Wunsch wollen wir dir nun erfüllen. Du sollst aber nicht allein reisen, alle deine Kinder und Enkel, mit Partnern, soweit sie abkömmlich sind, reisen mit.«

»Und ich auch«, meldete sich Gretl zu Wort, »ich will auch die alte Heimat wiedersehen.«

»Und wann brechen wir auf?«, fragte ich da gleich, denn von mir aus hätte es sofort losgehen können.

»Wenn der Winter vorbei ist und die Tage wieder länger werden«, sagte Juliane.

»Wir haben so an Ende April, Anfang Mai nächsten Jahres gedacht«, ergänzte Wolfgang.

»Ja, Kinder, das ist eine wunderbare Idee, und es freut mich riesig, dass ihr euch das ausgedacht habt. Aber die Sache hat einen Haken: Bis dahin lebe ich nicht mehr.«

»Aber Mutti!«, protestierten alle Kinder und Enkel, einschließlich der Gretl, mittlerweile auch fast achtzig Jahre, »natürlich lebst du bis dahin noch. Du wirst uns doch die Freude nicht verderben.«

Und was soll ich sagen? Am 26. April 2013 setzte sich die Karawane in Bewegung – in drei Autos ging es in die Tschechei, und es wurde für mich wirklich eine Reise in die Vergangenheit. Eine größere Freude hätte man mir nicht machen können. Wie stolz war ich darauf, meine Kinder und Enkel an die Stätten meiner Kindheit führen zu können. Vieles in Voigtsbach erkannte ich noch wieder, vor allem das alte Gemeindehaus, in dem ich aufgewachsen bin. Von außen ist es nun viel schöner als früher, es ist nämlich eine Pension daraus gemacht worden. Natürlich hätte ich auch gerne einen Blick in das Innere geworfen. Also läuteten wir an der Tür. Eine Frau öffnete und sprach uns in Tschechisch an. Meine mageren Tschechisch-Kenntnisse, die im Laufe der Jahre noch verblasst waren, reichten nicht aus, um mich mit der Frau verständigen zu können. Hier sprang meine Enkelin Monika hilfreich ein, die mit der Frau perfekt Englisch sprach. Demnach steht die Pension zum Verkauf, und die gute Frau hatte uns für Kaufinteressenten gehalten.

Nein, reingebeten hat sie uns nicht, und wir wollten auch nicht aufdringlich sein. Wir durften aber ein Foto mit uns allen vor der Haustür machen, zur Erinnerung an Omas früheren Wohnsitz.

Das Elternhaus meiner Mutter steht auch noch, aber wir sahen es nur von Weitem. Gretls Elternhaus, die Bäckerei, ist einem Neubau gewichen, während das Haus des damaligen Fleischers noch steht. Was noch an alten Häusern steht, wirkt ziemlich verwahrlost und bildet einen bizarren Gegensatz zu den schmucken Neubauten.

An der Talsperre waren wir ebenfalls. Man muss aber nah hingehen, wenn man das Wasser sehen will, denn die Bäume, die zu meiner Zeit noch jung waren, sind üppig gewachsen und versperren einem die Sicht von der Straße aus. Der Stausee ist nach wie vor eine Badeattraktion.

Reichenberg sah ich ebenfalls wieder. Dort hatten wir uns für ein paar Tage im Grandhotel »Zum Goldenen Löwen« einquartiert. Dieses Hotel war im Jahre 1904 anlässlich der Weltausstellung vom österreichischen Kaiser Franz-Josef eingeweiht worden. Als Kind hatte ich manchmal bewundernd davor gestanden und beobachtet, was für feine Leute dort aus- und eingingen. Ich hätte mir nie träumen lassen, dass ich selbst einmal darin schlafen würde.

Nach vier Tagen waren wir wieder daheim. Für mich war es sehr interessant, dass ich alles einmal wiedergesehen habe. Meine Sehnsucht war nun gestillt.

Inzwischen bin ich auch mit meinem Schicksal, der Ausweisung, ausgesöhnt. Damals hatte ich sie für ein großes Unrecht angesehen, das man uns Deutschen zugefügt hatte. Da ich mich nie um Politik gekümmert hatte, hatte ich ja keine Ahnung davon gehabt, dass Hitler und seine Leute den Tschechen schon vorher so viel Unrecht angetan hatten, dass unsere Ausweisung nur die Vergeltung dafür gewesen ist. Mittlerweile haben mich meine Kinder auch darüber aufgeklärt, dass schon viele politische Gespräche geführt worden sind in Sachen Annäherung von der Tschechei und Deutschland. Dass man erfreuliche Fortschritte auf diesem Gebiet gemacht hat, habe ich persönlich erleben dürfen. Wir konnten ungehindert einreisen und uns frei im Land bewegen. Das ist doch wunderbar!

Jetzt ist der Kreis geschlossen: Ich bin in Voigtsbach geboren, und nun mit neunzig Jahren habe ich es noch mal sehen dürfen. Vieles hat sich geändert, einiges habe ich wiedererkannt. Vor allem erkannte ich, in Voigtsbach bin ich nicht mehr zu Hause. Ich bin glücklich, in Udersleben, im Herzen von Thüringen leben zu dürfen. Thüringen ist nun meine wirkliche Heimat.

Nachwort

Nachdem ich die Geschichte von Martl geschrieben hatte, machte ich mir so meine Gedanken: Wie schafft es ein Mensch, der so viele Tiefschläge hinnehmen musste, mit neunzig Jahren immer noch fröhlich zu sein und optimistisch in die Zukunft zu blicken? Ich gewann die Erkenntnis: Martls Geheimnis ist ihre Zufriedenheit.

Unabhängig voneinander bestätigten mir das auch ihre drei Kinder. Sie waren sich auch alle – wieder unabhängig voneinander – einig, dass ihre Mutter Eigenschaften bzw. Gaben besitzt, die man längst nicht bei jedem alten Menschen findet.

Hier einige Zitate der Kinder: »Sie hat das Gut Familie stets gehegt und gepflegt und uns gelehrt, es zu achten. Wir hatten ja sonst nichts.«

»Sie gab und gibt für uns Kinder immer alles.«

»Mit ihrem goldenen Humor machte sie uns das Leben leichter und umschiffte selbst damit so manche Klippe.«

»Ihr unerschütterliches Gottvertrauen half ihr immer wieder auf die Beine, wenn sie tief unten war.«

»Wir lieben sie alle, weil sie so unkompliziert ist, weil sie allem Negativen noch eine positive Seite abzugewinnen weiß, und wir hoffen, dass wir sie noch lange haben dürfen.«

Was kann man über eine Mutter Schöneres sagen?
Roswitha Gruber

Stammtafel der Marta Friedrich, geb. Blank

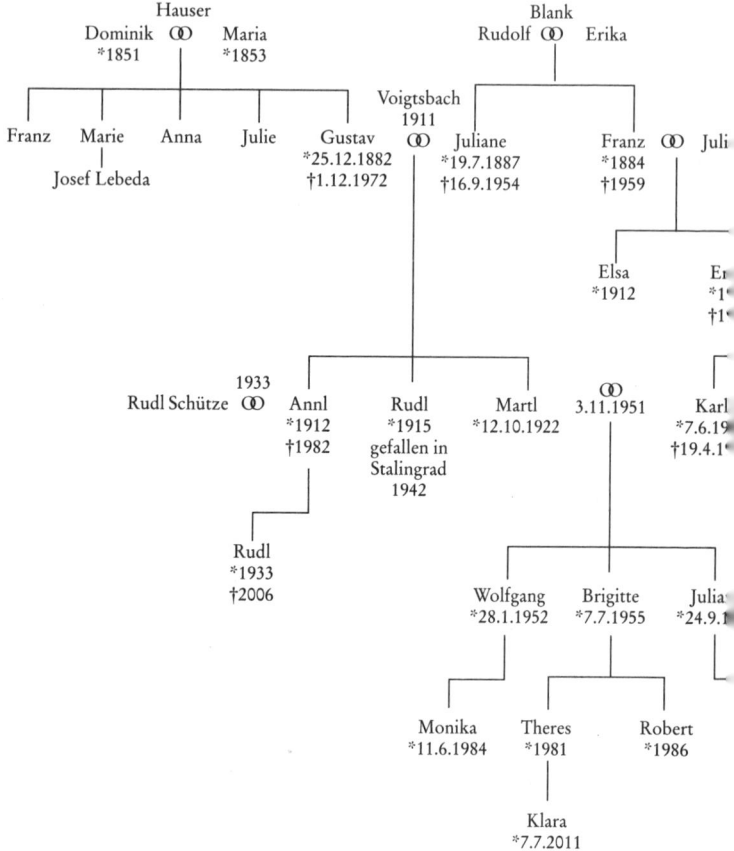

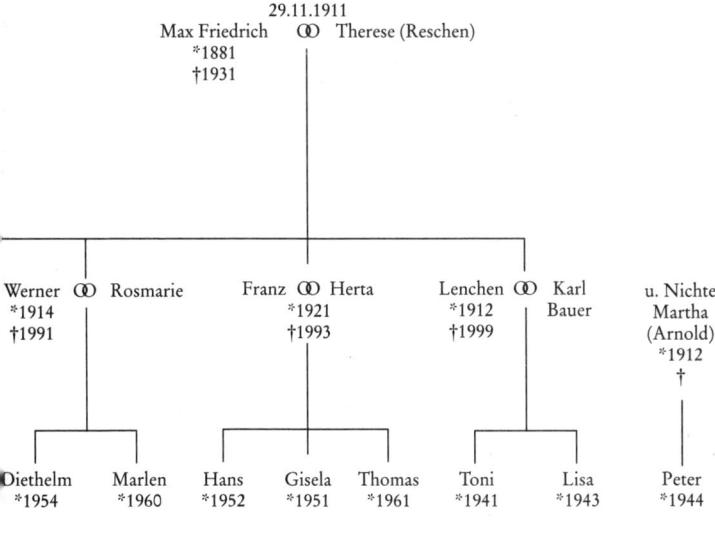

Weitere Bücher von Roswitha Gruber

Das Leben ist kein Oktoberfest – Eine Wirtin erzählt
368 Seiten
ISBN 978-3-475-54182-7

Die Zwillinge Liesl und Gretl wachsen in München auf, bis der Zweite Weltkrieg das Familienglück zerstört. Der Vater gilt als verschollen, die Mutter lebt mit den Kindern in einer mittelfränkischen Stadt in bitterer Armut. Daher setzt Liesl alles daran, Wirtin eines eigenen Speiselokals zu werden. Es ist ein langer steiniger Weg, bis sie ihr Ziel erreicht. Doch dann fangen die Probleme erst richtig an.

Landliebe rostet nicht – Erinnerungen einer Schweizer Bergbäuerin
256 Seiten
ISBN 978-3-475-54146-9

In einem bäuerlichen »Mischbetrieb« wächst Vreny sehr behütet auf. Sie kann sich daher nichts Schöneres vorstellen, als ein Leben zwischen Alp und Bauernhof zu führen. Ihre Eltern haben andere Pläne und möchten, dass sie als Lehrerin arbeitet. Doch Vrenys Entschluss steht fest, sie möchte einen Bauern als Ehemann und findet in Franz ihre große Liebe.

Nach mir kräht kein Schwein – Eine Bäuerin erzählt
256 Seiten
ISBN 978-3-475-54091-2

Helena wächst in einer bäuerlichen Großfamilie auf. Schon früh ins Arbeitsleben eingespannt, kann sie sich nichts anderes vorstellen, als selbst Landwirtin zu werden. Sie hat den Ehrgeiz, eine richtige Ausbildung zu durchlaufen, genau wie ihre männlichen Kollegen. Trotz aller Widerstände meistert Helena ihr Schicksal mit Humor und Tatkraft.

Lena – Eine Südtiroler Bergbäuerin
272 Seiten
ISBN 978-3-475-54125-4

Kurz nach dem Ersten Weltkrieg wird Magdalena in Südtirol geboren. Ihre Jugend ist von den Kämpfen um Südtirol überschattet. Als älteste von vier Töchtern muss sie den Bauernhof des Vaters übernehmen. Ihre Ehe wird in die Auseinandersetzungen um ihre Heimat hineingezogen. Doch Lena nimmt mit Mut und Gottvertrauen ihre Zukunft in die Hand.

Hanni – Eine Schweizer Bergbäuerin
256 Seiten
ISBN 978-3-475-54047-9

Hanni heiratet den Witwer ihrer Schwester, denn der Bergbauer braucht eine Mutter für sein Kind und eine Bäuerin für seinen Hof. Daraus entwickelt sich eine tiefe Liebe, aus der zwölf Kinder hervorgehen. Trotz Armut und vielen Schicksalsschlägen meistern sie mit Gottvertrauen und Liebe alle Schwierigkeiten.

Anna – Eine Sennerin aus dem Salzburger Land
256 Seiten
ISBN 978-3-475-54073-8

Auf dem Bauernhof ihrer Pflegeeltern verbringt Anna eine arbeitsreiche, aber schöne Kindheit. Beruflich bleibt Anna keine Wahl: Sie wird Sennerin, wie ihre Mutter und Großmutter vor ihr. Wie diese liebt Anna das Leben und Arbeiten auf der Alm, keinesfalls aber möchte sie ihnen in jeder Hinsicht nacheifern.

Erinnerungen einer Bergbäuerin
304 Seiten
ISBN 978-3-475-54003-5

In den Büchern von Roswitha Gruber wird Zeitgeschichte lebendig. Hier erzählt sie die Geschichte der Bergbäuerin Sabine: von ihrem schweren, arbeitsreichen Leben, aber auch von ihrem größten Reichtum: ihren zehn Kindern, mit denen sie Aufregendes, Schmerzliches, aber vor allem viele wunderschöne Stunden erlebt.

Aloisia – Eine Hebamme spielt Schicksal
352 Seiten
ISBN 978-3-475-53874-2

Zwei Frauen liegen in einem Münchener Krankenhaus in den Wehen. Die Hebamme Aloisia fühlt sich überfordert. Ohne ärztliche Hilfe ist sie ganz auf sich allein gestellt und zum Handeln gezwungen. Sie trifft eine Entscheidung, die viele Jahre ihr Gewissen belasten wird. Erst als sie 94 Jahre alt ist, kommt die Wahrheit ans Licht.

Tagebuch einer Berghebamme
288 Seiten
ISBN 978-3-475-53981-7

Der Erfahrungsbericht beruht auf Erzählungen von Marianne, die 35 Jahre als Hebamme in den österreichischen Bergen tätig war. Sie war bei Wind und Wetter, zu jeder Tages- und Nachtzeit zur Stelle, wenn es darum ging, Mutter und Kind die Geburt zu erleichtern.

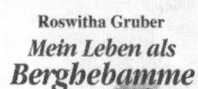

Mein Leben als Berghebamme
256 Seiten
ISBN 978-3-475-59318-5

Die Geburtshelferin Marianne hat viel aus Ihrem Arbeitsleben zu erzählen. In diesem Buch werden bewegende und außergewöhnliche Erlebnisse aufgearbeitet, bei denen Freud und Leid oft dicht beieinander lagen. Erneut hat Rowitha Gruber zahlreiche intersssante Begebenheiten aus Mariannes Berufsalltag erfahren.

Erlebnisse einer Berghebamme
264 Seiten
ISBN 978-3-475-54026-4

Roswitha Gruber erzählt authentisch und lebendig aus dem Leben und dem Berufsalltag der Geburtshelferin Marianne. In ihren vielen Arbeitsjahren hat sie über 3000 Kindern geholfen, das Licht der Welt zu erblicken. Die bewegenden Schicksale der Menschen, die sich Marianne anvertraut haben, gehen jedem nahe.